菁英體制的陷阱

社會菁英為何成為威脅平等正義、助長貧富不均，甚至反噬自己的人民公敵？

丹尼爾・馬科維茨 著
Daniel Markovits

王曉伯 譯

The Meritocracy Trap

How America's Foundational Myth Feeds Inequality, Dismantles the Middle Class, and Devours the Elite

獻給莎拉與我們的孩子們

專文推薦

成功的詛咒：評《菁英體制的陷阱》

張鐵志 *VERSE*創辦人暨總編輯

（一）

二〇一五年，耶魯大學法律系教授丹尼爾．馬科維茨（Daniel Markovits）在法學院畢業典禮上演講。他本來想要警告畢業生，未來要抗拒利用自己的競爭優勢來謀取個人利益，要積極地為公眾利益服務。但他在寫稿時突然了解到，這群天之驕子所承繼的特權在為他們提供競爭優勢的同時，也為他們帶來磨難。

他跟學生說：「你們的生命被毀了」。

他說，你們的一生不斷地努力學習、工作，而未來必須繼續如此，如此才能維持你和你的小孩在菁英階級中的位置，維持你的菁英性。你必須一直拚下去，「把自己用盡」。

然後，他寫了一本書批判這個菁英體制，英才制（meritocracy）＊。

對英才制的批判在這幾年是熱門議題，而且評論者就是來自這些菁英中的菁英學府。丹尼爾．馬科維茨是耶魯的法學博士（J. D.）、牛津的哲學博士，碩士是倫敦政經學院的計量經濟學，大學是耶魯大學數學學位。也是在這兩年，哈佛大學知名政治哲學家邁可．桑德爾也出版《成功的反思》（原書名英文直譯是《英才的暴政》）。

桑德爾作為政治哲學家比較是從道德性的論述角度出發，馬科維茨在本書中則更像是一本政治經濟的批判，讓英才制的問題更殘酷地暴露出來。

(二)

在歷史上，先是世襲貴族統治世界，然後是土地和資本的掌握者成為統治者。到了二十世紀中期，美國的幾個主要菁英大學開放大門，讓更多成績優異的小孩得以進入窄門，菁英教育性質於是改變，企業也有了更多高級菁英可以用，「英才制」開始主導世界。

這看似是很大的進步：人人機會平等，可以透過好的教育，改變自己的命運，而不再是看血統與非自己掌握的因素。

但「英才制是虛假的」，馬科維茨說。如今的世界是一種「英才的不平等」，這些最頂尖才能、最努力、和得到最好教育的人——尤其集中在科技、金融、醫學和法律——獲得極高的報酬、聲望與權力，成為這個世界的新菁英。英才制造成一種前所未見且獨樹一格的失衡情況，使得新鍍金時代大為失色。「菁英們不僅是壟斷了所得、財富與權勢，同時也把持了產業、公共榮譽與個人尊嚴。菁英體制將中產階級排除在社經利益之外，同時還號召菁英們集體進行一場維護其階層的毀滅性競賽。」

當前世界的社會不平等是過去這十年最重要的議題，也有很多著述。當年馬克思的階級不平等是無產階級與有產階級之間，法國學者皮凱提的超影響力著作《二十一世紀資本論》認為當前的不平等是資本和勞動者，而馬科維茨的獨特觀點在於，如今社會不平等的擴大，並非因為所得的來源由勞動轉向資本，而是所得由中產階級轉向英才菁英。

這一小撮菁英造成中產階級消失（亦即向下移動，成為馬克思分析的無產階級化），斷絕了他們的所得、權力與尊嚴，甚至讓許多中年白人因為用藥、酗酒出現「絕望的死亡」（death of despair）（他在這裡引述諾貝爾獎經濟學得主安格斯迪頓的研究）。而且，也如同桑德爾的分

＊編註：meritocracy 在中文世界的翻譯沒有高度共識，本文採用的是「英才制」。但本書《菁英體制的陷阱》因顧及主文前後所述及若干比對，及原作者傾向採用「菁英」，故全書統一以菁英體制闡述之。

析，他指出這個中產階級的不滿、屈辱與憤怒導致了本土的民粹主義，支持川普上台。

不只如此，本書更指出這個菁英階層已經鞏固起一套新時代的世襲制：他們從小就花更多資源培養小孩，讓他們更聰明、更有競爭力，更能進入最好的學校（而這些學校從幼稚園到研究所都極為昂貴）。而當這些年輕人拿到哈佛、耶魯的文憑，幾乎就保證進入那個菁英階層。如此代代相傳，教育體制只是不斷再生產與深化社會既有的不平等。

而且這個現代貴族階層，如同古早時代，在每一方面都是和其他人區隔開來：從就讀學校、消費方式、通婚對象和居住區域。至少在美國，這是一個全面分裂的世界。「這些差異不斷累積，最終導致菁英體制造成的分裂過於巨大難以聯繫，富人與一般大眾不相往來，相互之間也沒有同理心與同情心。」

但這並非一直都如此。戰後初期美國社會的相對平等，是一個以中產階級為主的富裕社會。在另一位哈佛政治系教授的著作《我們的孩子》（*Our Kids*，中文翻譯成《階級世代：窮小孩與富小孩的機會不平等》）中，就有非常深入的討論。本書一個鮮明的例子是柯林頓總統和小布希總統當年家庭背景很不相同，但他們的生活和機遇並沒有差異很大。

本書最獨特也許最爭議的觀點是，一如本文開頭作者對他的畢業生演講，他不是要批評這些菁英做錯了什麼，而是指出他們也是自我剝削的受害者。他說，「菁英工作場所諸如科技業、銀行、律師事務所、顧問公司，甚至一些大型企業與其他的『白領鹽礦坑（意謂極端辛苦與壓迫的工作場所）』其實並無二致。」菁英的工作場所令人耗盡心力，而他們會發現自己越來越難自他們的工作中找到熱情與意義。舊時代下的傳統財富較能夠允許貴族階層表現自我，新財富（人力資本）卻是使得菁英失去自我。「菁英體制為菁英階層帶來心靈上的痛苦，使他們陷入存在性焦慮與深沉的異化之中。即使是再多的所得與再高的地位都無法減輕這樣的痛苦。」

但真的大多數超級菁英都真的這麼痛苦？作者當然同情他的學生，但這些分析看在不屬於那一小撮人的大眾中，可能會不是滋味。

此外，雖然可能不是本書主要論點，但我認為他的論證所衍生的嚴重社會問題是，這種英才制讓整個社會的價值因此遭到扭曲，因為如書中所說，一個人若是想讓他自己或子女得到菁英級的收入，他所能選擇的工作範圍十分狹窄，主要是集中在金融、管理、律師與醫師。至於中產階級所從事的工作，例如教師、記者、公共服務，甚至工程師，幾乎沒有一個工作的薪資能夠與那些菁英相匹敵。

在經濟學早有一種理論叫做「資源的詛咒」，亦即有天然資源如石油的國家，不會去用力發展經濟，因此造成嚴重不平等與發展的停滯。作者認為，現今的美國出現一種類似的狀況，只是他們的資源詛咒是人力資源的詛咒：「對人力資本的重視促使創新聚焦於利用超高技能人力資源的產業與工作——金融業與菁英管理。這些產業都是著重於一小批菁英階層的財富與權勢上……他們相當於採掘產業，只不過他們的財富並非靠天然資源的開採，而是來自超高技能菁英的人力資本。」其結果是「不斷強化菁英的特權，同時也不斷打壓中產階級，使其邊緣化。長期以來造成為害資源豐富國家的病痛——社會與經濟的分層化、不民主的政治、貪汙腐化與成長低迷——勢將接踵而至。」

(三)

英才制，原本應該是讓世界變得更公平，現在卻變成其原本所要對抗的一切：一個新的集中財富與特權的階級，而且是可以延續幾個世代的現代種姓制度。

這是一個「贏者全拿」的社會，但英才制的意識形態卻讓我們覺得這是公平的。作者說的兇狠：「英才制的不平等其實就是來自該體制本身的錯誤……英才的傳統觀念實際上就是一種虛榮的意識形態，用來掩飾與洗白其優勢分配的不公。英才制不過只是寡頭鐵律的最新說法，它根本就是貴族體制的商業與共和版」。

本書強調的是，是英才制的成功，而非失敗，才造成了現在的不平等。但如果要為英才制辯護的話，其實是美國的英才制太扭曲，太集中於特定領域，且不平等的差距太嚴重，所以造成本書所說的陷阱。

該怎麼辦？

作者提出兩個解方，一個是教育應該更開放，另一個是讓中產階級的工作回到經濟體制的中心。這兩個都不容易，但也不是不可能：美國確實是已開發國家中最不平等的國家，而他們可以透過制度改革成不那麼極端。

然而，制度的改革之外還有觀念。我們必須重新扭轉這個社會的價值分配，讓財富、名望等報酬更適當地分配給不同領域的人。

世界知名倫理學者彼得辛格（Peter Singer）說，我們需要承認人類有不同天分。「英才制本身並不會產生一個給予每個人利益同樣考慮機會的社會。所以唯有能給予這些不具有最高薪資工作的才能的人適當報酬——事實上這些工作對我們的社會可能是更必要的，從教師、護士、警察到清潔人員——英才制才是一個可接受的理想。沒有這些，英才制就不是一個理想，因為它讓不能從事這些高報酬工作的人，受到不合理的對待。」

有才能的人、更努力付出的當然應該得到更好的回報。教師與護士，或者詩人與作家，沒有比律師和投資銀行家更沒有才華，或更不認真。世界不可能是完全平等的，但至少可以別那麼不平等，可以讓更多不同的才能和價值得到合理回報，可以讓超級菁英們更尊重不同社會位置的人。

這樣的社會不是會更好一點嗎？

目次
Contents

專文推薦　成功的詛咒：評《菁英體制的陷阱》　張鐵志　005
導論　015

第一部　菁英體制與其不滿
第一章　菁英革命　037
第二章　菁英體制的傷害　059
第三章　階級戰爭風雨欲來　093

第二部　菁英體制如何運作
第四章　工作中的富人　131
第五章　菁英繼承　175
第六章　晦暗與光鮮的工作　231

第三部　新貴族
第七章　全面分裂　281
第八章　不均擴大有如滾雪球　327
第九章　菁英主義的迷思　359
結論　我們該怎麼辦？　375
致謝　395
註釋　403
圖表　423

導論

菁英的優勢就是一場騙局。

然而我們的文明都在抗拒這樣的結論。每一位正直之人都會同意競爭優勢應該是經由能力與努力掙得的，不是靠繼承與世襲而來。菁英體制的理念——社會與經濟的獎賞應是來自成就，不是血統——已成當代新寵。貴族社會雖曾風光一時，但已是明日黃花，菁英體制才是今日所有先進社會的信條。

菁英體制承諾打破之前的世襲菁英制度，讓一無所有，只有才能與野心的人能夠擁有有為者亦若是的機會。菁英體制同時也承諾將個人優勢與公共利益相結合，堅持財富與社會地位應是靠著自身的成就而來。這些理念尋求建立一個崇尚辛勤工作與才幹的社會。

但是菁英體制的運作並不如原先預期。今天，中產階級[1]的孩子們在學校輸給富家子女，而中產階級的成年人則是在工作上輸給菁英大學畢業生。菁英體制阻礙了中產階級更上層樓的機會，然後還責怪這些在所得與社會地位的競爭中落敗的人，儘管遊戲規則本身只會讓富人贏得競爭。

菁英體制也對菁英本身造成傷害。菁英的養成需要富有的父母投資數以千計的小時與數以百萬美元計的資金來讓他們的孩子得到菁英教育。這些所謂的菁英在工作上必須費盡心力，並無所不用其極地利用他們的教育來獲取當初投資的回報。菁英體制迫使一個個焦慮不安又虛偽不實的菁英陷入一場為保護所得與社會地位而殘酷無情的終身競賽。

最終，菁英體制造成菁英與中產階級的分裂。它使得中產階級憤恨難平，同時又誘使菁英形成腐化的特權階層。菁英體制將整個社會捲入一個各階級相互指責、互不尊重，而又機能盡失的巨大漩渦之中。

菁英體制魅力四射的外裝掩蓋了這些傷害，人們難以接受菁英體制本身竟是罪魁禍首——認真思考，的確如此。即使是當代最嚴厲的評論家也都擁抱菁英體制的理想，他們指責那些腐敗的菁英藉著自己的成就來獲取個人的利益，但他們在責備破壞菁英體制運作的個人行為時，同時也繼續強調此一體制的原則。

但實際上，是社會與經濟結構，而非個人，造成如今充斥於美國生活中的不滿與混亂。不論初衷與之前的成果是什麼，菁英體制如今都只專注於擷取利益，並且造成貧富不均，危害社會。追根究柢，這些麻煩的根由不在菁英制度沒有充分發揮功能，而是菁英體制過度濫用。

菁英本身已變成偽造的美德與典範。菁英體制——儘管其本意是博愛與公平正義——如今卻變成當初所要推倒的目標。它已成為一套集中與轉移世代財富和特權的機制，甚至是滋養與製造仇恨和分裂的新貴族世襲體制。

菁英體制虛假的承諾

我就是一位菁英體制下的產物，是本書所揭露的濟濟英才中的一位。

一九八七年的夏天，菁英主義方興未艾之際，我自德州奧斯丁的公立高中畢業，前往東北部的耶魯大學就讀。自此之後，我花了十五年的時間在多所大學間進修——倫敦政經學院、牛津大學、哈佛大學，以及最後落腳的耶魯法學院，一路走來獲得一長串的學位。[2]

今天，我在耶魯法學院教書，我的學生與年輕的我相似得令人害怕，他們無一不是專業父母與菁英大學下的產物。我將老師教導我的東西傳授給他們，我的身家與我的階級地位都是拜菁英機制與它所提供的培訓和就業所賜。

如今，菁英主義已達全盛期，它的旗幟飄揚於標榜以出產菁英為目的的學校之上。例如哈佛大學就自稱是「全球抱負不凡的學者天堂，」哈佛大學的任務報告還補充強調其辦學目的並不只是為了學術上的精進，同時也是「為我們的社會培育公民與公民的領袖，」學生可以在此學習「如何對世界做出最大的貢獻。」只願聘用哈佛大學與其他高級院所畢業生的企業也將這樣的主張帶入這些菁英的就業生涯。高盛（Goldman Sachs）就曾自稱「可能是全球最為菁英薈萃的工作場所。」該公司並在其網站上大力宣揚其菁英所做出的成就，例如藉由投資仲介帶來紐澤西州紐華克的「復興」與紐奧良的「再起」。這些熟悉的劇本一再重複——大肆宣揚菁英的才幹，並且強調菁英對公共利益的貢獻就如同助產士之於社會的興旺一樣不可或缺，由此將其階層與民主生活中的道義責任相結合。

這些承諾引發一場革命。以前貴族社會都是透過繼承權與血統來獲得社會地位，並且濫用其不該有的特權來積聚非正義的優勢。今天，菁英體制則是宣稱以才幹與努力來贏得社經地位——公平而且光明正大，因為任何人都可以使用這樣的方式。以前，懶散的貴族不事生產，他們奢華的生活是靠著剝削別人的勞力而來。今天，辛勤工作的菁英們則是表示他們在盡其所能，為他們所領導的社會做出貢獻。

過去的階級體制邪惡又令人生厭，今日菁英體制則是宣稱造福社會——帶來正義與博愛。就其拉丁語源而言，菁英因其達成的成就而獲得榮耀，並且完全融入民主時代之中——彌補了階級體制的不足。

菁英社會的禮儀使得其理念更加具體化與親近，予人一種自成一體，其所享有的優勢也是理所當然的觀感。畢業典禮已成美國夏季的主旋律之一，由此可以看出菁英體制的運作。耶魯法學院的畢業典禮長達兩天。傑出校友，包括比爾·柯林頓（Bill Clinton）、喬·拜登

（Joe Biden）、露絲・貝德・金斯柏格（Ruth Bader Ginsburg）與索尼婭・索托梅爾（Sonia Sotomayor）鼓勵畢業生追隨他們的熱情，發揮他們的才能，造福人類。教授們戴著顏色鮮豔的帽子，身著羊毛、絲綢、甚至皮草製成的長袍。大學官員則是穿戴鑲有珠寶的衣領，手持儀杖。一位前院長更是身著歐洲最古老大學波隆納大學所授與榮譽法學博士的華服來參加畢業典禮。

這些慶典絕不隨便與馬虎，它們不像婚禮，而是提出嚴肅的目標，並且針對政治與個人傳達成深刻的意義。畢業典禮的演講往往是再三強調菁英是為公共利益服務。然而菁英體制這種中世紀華麗的排場仍然留有其所取代的貴族社會餘韻——舊瓶裝新酒。[3]在大學的哥德四方院中，夏天午後留下一條長長的陰影，感覺歷史重演就活生生地展現在眼前。大學就像是一條繩索，延伸了好幾個世代，從未中斷。畢業演講則是將過去與未來無縫接軌，將轉變的壓力化於無形，安撫這些即將踏出校門進入社會的畢業生。這些禮儀使得未來變得似曾相識，儘管還未出現。它們確保菁英體制成為現代生活中的主軸。

菁英社會自有一套模式，且不斷地重複使用，進而形成一種大家都熟悉的生活形式。這樣的形式使得菁英體制擁有超凡的魅力，得以捕捉人們的想像與吸引大家的目光。然而他們也利用基本禮儀與置身於日常生活之中的運作來掩蓋其所帶來的傷害。確實如此，菁英體制使得獎賞成就的其他方式顯得荒謬無比——以個人好惡與裙帶關係來進行特權的分配，造成不公與腐敗，或者純粹就是出於愚蠢，彷彿這些高位都是靠抽籤來決定的。

菁英體制在進步的同時，也形成一個全新的壓迫性階級，甚至是過去一個世代所不曾出現的。菁英體制造成一種前所未見且獨樹一格的失衡情況，使得新鍍金時代大為失色。菁英們不僅是壟斷了所得、財富與權勢，同時也把持了產業、公共榮譽與個人尊嚴。菁英體制將中產階級排除在社經利益之外，同時還號召菁英們集體進行一場維護其階層的毀滅性競賽。菁英體制所造成的貧富不均——富人與窮人間的差距日形擴大——為美國前景帶來陰影。

隨著菁英體制造成的貧富不均持續擴大，其本身所面臨的壓力也日益加重，它所宣稱的道德責任崩塌，其耀眼奪目的禮儀也失去魅力。菁英體制不再能捕捉人們的想像力，反倒是引來一波波的抗拒。菁英體制承諾以推動公共利益來獲得自身優勢的宣示已成陳腔濫調，不再具有說服力，其過去的優點已不再令人信服。

菁英體制如何壓迫中產階級與剝削菁英

菁英的競爭將美國的中產階級驅逐於魅力十足的社經生活核心之外，並且阻斷他們更上層樓——阻斷通往社會地位、獎勵、榮譽與財富之路的機會。雖然菁英體制的能量、雄心與創新改變了人類歷史的主流，但是現在卻將充沛的創意之源侷限於越來越狹隘的菁英階層，與現實越來越疏遠，甚至脫離了廣大中產階級的想像範圍。

菁英體制使得常春藤盟校、矽谷與華爾街成為菁英野心的競技場。創新者可以在這裡改變世界，開發網際網路（史丹福大學與谷歌）、社交媒體（哈佛與臉書）、財務（普林斯頓與華爾街），還有數以千計的其他場域。但是中產階級的孩子們卻是被安排在菁英體制的尾端，他們不但可能不會開發出下一代創新產物，反而可能會成為未來創新的受害者。菁英體制將大部分民眾放逐於他們自己的社會之中——限制中產階級的孩童於枯燥乏味的學校就讀，成人則被綁架於沒有出頭天的工作之上。

一般的看法是將菁英體制與機會均等[4]混為一談，但是儘管菁英體制曾經擁抱機會均等，並且在早期將其菁英層對外開放，但是現在更像是壓制社會動能的阻礙，而不是促進動能的力量。過去引領眾人由平庸的生活進入美國菁英社會的大道如今是越來越狹窄，中產階級家庭根本無力負擔富有家庭為子女投資的教育經費，而一般學校無論在資源與教學品質上都遠遠落後菁英學校。頂尖大學儘管強調他們注重的是成績而不是血統，但是他們的入學競爭使得中產階級的子女根本沒有贏的機會，導致其整個學生群完全向財富傾斜。總而言之，現在的菁英教育主要的服務對象就是菁英階層，不是一般大眾。

菁英體制同樣也導致工作機會傾向於受過超級高等教育與來自菁英大學的畢業生，使得機會失衡的情況一路由學校延伸到職場與社會，才能與苦幹實幹已不再能確保一份好工作。沒有菁英程度的中產階級在一個日益強調超高等教育與華而不實培訓的職場中，處處受到限制與歧視。

菁英體制不只是阻絕機會，同時還壟斷成果，而其所強調的價值更在道德的高度上對受害者極盡侮辱。菁英體制不僅將中產階級阻絕於進入菁英學校與獲得一份好工作的機會之外，同時還把學校與工作上的成就提升至心靈榮耀的層次。菁英階層於是竭盡所能要達到此一標準，確保眾人難以匹敵。菁英階層之外的美國大眾對此都深有體會，菁英階層只會強調中產階級的萎靡與倦怠。就算是物質條件還可以接受，菁英體制也使得中產階級的精神生活陷入緩慢持續下降的沉淪之中。

菁英體制也不再像過去那樣為菁英帶來特權。它現在所強調的培訓與工作正是過去平均提供給社會的機會，但反而限制了菁英潛力的發揮。當初耗盡中產階級精力的負擔，如今也成為菁英階層不勝負荷的重擔。

貴族來自於出生，菁英則需要靠培育而來。過去的世襲菁英可以靠著繼承權不費吹灰之力將其地位傳給他們的子女。上一代貴族撒手人寰後，下一代就可自動承接其頭銜與豪宅。但是菁英就大大不同了，凡是希望將其地位傳承下去的家庭必須持續不斷地建立與累積其特權，而且每一代都必須依賴自己的成就來確保其菁英的地位。為了達到這樣的目的，菁英階層以他們特有的方式來養育他們的子女。相較於貴族階層可能對於教育子女缺乏熱誠與能力，菁英階層——尤其是女性，會犧牲事業全心扮演菁英母親的角色——持續不斷地將他們的財富、技能與精力投入他們子女的教育之中。

富有家庭的孩子則需要花費大量時間來吸收這些教育。他們一生有三分之一的時間——從出生開始一直到跨入成人的門檻——都會受惠於這些菁英養成的教育，然而這些教育所帶來的沉重壓力與要求也使他們備受煎熬，這是中產階級，甚至他們半個世紀前的祖輩所難以想像的。美國憲法規定總統必須在三十五歲以上，以確保他具有擔任職務的成年人心智。然而在今天，一位三十五歲的菁英很有可能仍在校園內學習。

隨著菁英體制日趨成熟，菁英們也就益發緊張，如今甚至連在菁英階層中最高位的人都開始反對當初造就他們的這種密集與競爭式的培訓。千禧一代是菁英體制成熟後的第一代，對於這樣的負擔，感受尤其深刻。千禧一代的菁英可能經過精雕細琢，也可能相對脆弱，但是並不會自認與眾不同。他們不會把每項挑戰視為自己的特權，但也不致於被沉重的競爭壓力所擊倒。他們並不放蕩也不頹廢，只是緊張與疲累。

他們的自我意識強烈。我在耶魯的學生——菁英體制的模範與樣板——對於他們所擁有的特權待遇，其感受是困惑與不知所措多過自滿與揚揚得意。他們大部分出生於菁英階層的家庭，他們知道已被過度渲染，而在本能上懷疑他們是否值得擁有這樣的特權。（特權已是菁英大學文化的一部分，有一小批來自背景相對中等家庭的菁英學生，為了緩和他們進入此一有如外國社會的壓力，自行成立了一個「第一代專業人士」的社團。）這些菁英學生在校園內受到大力栽培，同時也必須接受調教、鍛鍊、塑造與包裝。然而他們其實鄙視這種為爭取優勢的操作，並對自己身為其中一員自嘲不已。最近一項調查指出美國社會掀起一波在聲譽經濟中追求所得與地位分配的集體狂熱，這些菁英學生就是此一熱潮下的犧牲品。

我的學生就和菁英體制下所有的同輩一樣，都深陷因為害怕掉隊而引發的集體焦慮之中。他們懷疑自己過去的成就，同時也擔心未來會一直承受自校園一路到進入職場的競爭壓力與磨難。如今，即使是菁英也會擔心——非人為因素，不過理由充分——菁英體制並不會帶動其真正的繁榮，菁英也許會很富有，但是過得並不好。

看菁英體制如何撕裂社會

菁英體制所帶來的層層壓力環環相扣，形成變異，有如一場有兩種面目的災難。菁英體制一方面聚焦於獲取所得與地位的機制，同時也致力將中產階級驅逐於贏取實際利益機會之外的競爭，並且壓迫菁英階層集體追求有名無實的成果。菁英體制因此驅使菁英與中產階級——富人與其他人——進入一個相互擁抱，然而又充滿敵意的漩渦之中。菁英體制製造的貧富不均引發階級間的誤解、摩擦、衝突，甚至公開的對立。菁英體制成為階級鬥爭、撕裂社會與政治生活的溫床。

中產階級感受到菁英階層剝奪他們原本也可擁有的機會與優勢（教育、工作、所得與地位）

的恥辱與難以接受的排斥。這樣的感受自然孕育出直接針對菁英體制理念的怨恨與不信任。中產階級於是開始視菁英學校、大學與專業公司為非我族類的異地，沉溺於偏離正軌的價值，甚至要將這樣的價值觀施於每一個人——就像是俱樂部，專門讀一些沒有絲毫價值的書籍、充斥政治正確與以權謀私的操作。諷刺的是（儘管是依循內在邏輯），這些出自於排斥感的怨恨，往往卻是針對菁英體制所倡導的融合性，尤其是——例如抱怨其政治正確的傾向——該體制擁抱多文化菁英的理念。

這些怨恨，直接而強烈，其結果甚至可能改變世界。它們促使唐納·川普（Donald Trump）藉由持續不斷地攻擊現狀，拒絕接受他所謂的「成就」，以及責怪是菁英與文化外來者的腐敗聯盟導致美國淪落至此，而贏得這個富有、強大與樂觀的國家總統寶座。川普以其預言世界末日的就職演說而將其暗黑的視野取代美國夢——將美國描繪成一個向下沉淪，深陷貧窮、犯罪與經濟衰敗的國家——將其稱之為「美國的浩劫」。他充滿幻夢的世界與言語表達的方式（美國第一）讓國內深受大衰退之苦的民眾，以及飽受經濟危機打擊與在戰爭中失利的國家，更加感到挫折與怨恨。一個強大而繁榮的社會其實並不需要表現得像是被打敗而備受屈辱的樣子。菁英體制形成的貧富差距與其所製造的怨恨，解釋了美國為何會如此的原因。

川普主義所帶來的怨恨與其所追求的否定主義，表達了在菁英體制最底層生活的精神負擔，這些人也就是川普就職演說中所指的「被我們國家遺忘的男人與女人，從此將不會再受到漠視。」這批人對川普承諾「讓美國再次偉大」的宣言，以及取代美國傳統政治路線的行為感到振奮不已。調查顯示，在沒有學士學位的白人之中，有近三分之二都認為川普在共和黨全國代表大會上所發表滿懷憤怒的演說道出他們對美國的感受。[5]同時，在川普的共和黨中有近五分之三的人都認為學院與大學對美國有害無益。

菁英體制下的貧富不均與階級衝突同時也對菁英階層形成腐化。中產階級子女被排除在競爭優勢之外的現實，並不能保證富有家庭的子女一定就能進入菁英階層。菁英體制所形成的競爭差距使其階層形成一個尖銳的金字塔，即使是在最頂端的菁英都有朝不保夕的危機意識。菁英們深怕掉隊的恐懼與焦慮自然使其與社會大眾脫節，形成自認較中產階級高人一等的優越感。與此同時，菁英階層儘管無法解釋其中原因，但是清楚意識到菁英體制站在他們這一邊，而且懷疑為他們帶來榮耀的力量同時也是籠罩中產階級的陰影。因此，不論他們的動機是多麼純正，對保有他們的勝利果實是多麼謹慎，他們都會被捲入他們所製造的貧富失衡之中，即使是建立了宏大的功業也無法逃過。

有關權力與責任的基本原理都是將菁英與公共利益併為一談，也就是說當菁英表現良好，全體社會都會受益。但是隨著菁英的負擔加重，失衡加劇，這些道理也成陳腔濫調。菁英階層早期生活中的志得意滿如今已被恐慌與脆弱的自大感所取代。

心靈脆弱的菁英鄙視中產階級的習慣與價值，以此一態度作為其躲避自我懷疑的防衛機制。

菁英階層崇拜功名，哪怕僅是些許超越或是貶抑社會一般大眾的差異，由此來對抗內心不斷加重的不安全感。他們自有一套堅持的態度與操作——有的顯得十分荒謬（食物勢利眼），有的又相當冷酷（企業調整）——藉此來向別人，同時也是對自己，證明高人一等。這種扭曲又混亂的態度更是加深了中產階級的怨恨，並且也削弱了菁英階層的政治影響力。今天，菁英階層已不再期望他們能夠為美國政治帶來光明的願景，他們甚至在彼此之間都無法維持這樣的期望。社會大眾對菁英體制的不滿使得川普的黑暗民粹主義儘管受到菁英的鄙夷，依然得以主導政治想像。

菁英體制的矛盾

菁英體制光鮮亮麗的外表捕捉了眾人的想像力，也使得評論家目眩神迷。它主宰了當代的自我意象，享有免於遭到批評與腐化指責的特權。但是若除去外衣，就會顯露底部的敗絮。菁英體制內部的缺失與其外表形成充滿諷刺意味的強烈對比。

中產階級對菁英的怨恨其實遭到誤導。今天，原則上，任何人都能成功，教育並非奢侈品，人人負擔得起，甚至連過去門檻最高的貴族學校與大學——只收基督教白種男性的學校，即使是這樣，還要自其中精挑細選——現在的入學基本條件也只是在於學術上的成就。工作與事業也已脫離過去的本國沙文主義，而全面對努力與才幹開放。過去明確限定各項資格而把一般大眾阻絕於門外的機關如今也宣示只要符合條件，願意接受任何人。

菁英階層的焦慮感更是令人訝異。他們所受的培訓遠比過去完備，他們也遠比前輩優秀。他們因為教育而得到的社經利益也遠比過去優渥。這些菁英們應該對他們的過去感到驕傲，並對未來的地位與所得充滿自信。

無論如何，有關菁英體制的怨言與不滿持續增加。隨著菁英體制造成的貧富差距擴大與其光芒褪色，菁英階層的焦慮感也與原先中產階級的不滿相互結合。他們會將生活經驗與現實連接，由此而對今天支配經濟與社會，不論是在個人還是公眾生活的問題，益發不滿。菁英體制所形成的不均情勢已成為美國現實與政治的一部分。

對菁英體制的不滿與批評最終引來公眾對政府當局的攻擊。雖然它們看來都是各自獨立，甚至相互對立，但中產階級所受到的壓迫與菁英階層所承受的負擔都是來自同一個根源。透過不同的方式與路徑，美國的菁英、中產階級與美國本身都落入菁英體制的陷阱。

和所有宏大的物體一樣，在近距離難以窺得菁英體制的全貌。在經濟失衡持續擴大長達五十年後——乍看之下——菁英階層與中產階級根本是活在兩個不同的世界。根據一般的看法，現在有兩個美國，一個是有錢人的美國，一個則是其他人的美國。[6]不論是來自左派還是右派，最強烈的批評之聲，都是指責美國在經濟、政治，甚至社會生活上已經分崩離析。

然而退一步就可看出這樣的看法是錯誤的。菁英與中產階級並沒有分裂，完全相反地，富人與其他人其實是糾纏在一個單一且具有破壞性的經濟與社會邏輯之中。他們看來完全相反的負擔其實是菁英體制疾病的兩種症狀。菁英階層藉由將別人排除在外的手段來獲取競爭優勢，與此同時，這些跨過菁英門檻的人也遭到無情的攻擊。兩個階級都被這種強大卻又無法解釋的挫折感籠罩——中產階級前所未有的怨氣與菁英階層難以理解的焦慮——就像是河流中一道水流所形成的漩渦將他們全都捲進去。

本書《菁英體制的陷阱》就像醫師遇到一種新疾病一樣，先是單純地列出菁英體制的癥狀。因此，第一部就是敘述菁英體制的缺失，它所形成的階級在將大多數人排除在外，同時又為少數人帶來傷害之際，所產生的人類成本。這裡強調的是在菁英體制不公下的現實生活面與其中所釋放的情緒，讓處於菁英體制鴻溝中的所有人能夠了解他們的生活經驗，並且有所體認：「是的，我們就是這樣。」由於菁英體制閃亮的外表遮掩了它的邪惡，從而也迷惑了受其傷害的人，以肯定該體制來紓解自己的挫折感，儘管這樣會造成酸楚的自我檢驗與苦澀的自我譴責。

第二部是描述菁英體制的運作是如何進行社會與經濟的操作——在所得、教育與工作等方面。它將解釋菁英體制的發展方式是如何造成競爭優勢的不合理，以及對中產階與菁英階層帶來傷害。這些觀點顯示其中所產生的貧富差距與壓力，並不是在於菁英體制運作上的偏差或是脫離該體制的操作，而是直接來自於它的成功與完美。菁英體制內部的運作本身形成了陷阱。

最後，第三部是揭開菁英體制的面具——顯露其新貴族階級的本質，其目的是要主宰一個最大財富資源並非來自土地而是人力的世界。菁英體制宣稱自己公平博愛，將個人利益與公共利益相結合，以及提倡自由與機會均等。然而在現實中，菁英體制所形成的社經失衡卻背叛了它的原則與價值。就像過去的貴族社會，菁英社會的不公也對生活於其中的人帶來全面性的影響。菁英社會就和貴族社會一樣，其所造成的差距同時也形成了一個能夠自我維持且持久的階層。功名本身已不再是代表卓越的表現——就像古代貴族所宣揚的虛假美德——如今反而成為將不公平競爭合理化的藉口。

逃離菁英體制陷阱

本書的構想是來自菁英體制內的機能——正是撐起該體制魅力的支柱之一，然而其中也充滿了複雜性與反諷。

二〇一五年五月，也就是在唐納·川普現身於他的大廳宣布他將競總統一個月前，耶魯法學院的畢業班邀請我發表畢業典禮演說。和其他許多人一樣，我想到的主題是經濟失衡，因此我決定就這批菁英畢業生所承接的優渥待遇與美國一般大眾所分配到的貧瘠利益做一對比。我原本想的是對畢業生發表一則傳統的道德故事——警告他們要抗拒利用自己的競爭優勢來謀取個人利益的誘惑，同時要積極地為公眾利益服務。

但是當我坐下來撰稿，想像面對我熟識的這些學生發表演說時——我深刻了解他們所承繼的特權在為他們提供競爭優勢的同時，也為他們帶來磨難，我拋棄了原本想發表一篇大義凜然演說的打算，取而代之的是一個怪異的念頭——混雜著強烈的同情與預示惡兆的奇特想法。雖然我無法看穿菁英體制的矛盾，找出解決之道，但是一種感情上的表態成為我演講稿的架構。人們其實遠比一般看法要善良，但是所處環境卻更為凶險。

菁英體制所擁抱的熱誠與對其不滿的怨恨，其實都誤判了我們所面對的挑戰。我們確實應該對菁英體制與經濟失衡感到焦慮，然而光是指出缺點或是糾正錯誤，並不能解決問題。事實上，它們所反映的是我們在架構我們的培訓與獎勵上的失能——就一個基本與立即的觀點而言，就是我們的生活。這樣的診斷沒有傷害任何人，但是的確會引來不適。

這樣的診斷雖然使人不適，但是也點燃治癒的希望。我們一直把經濟失衡視為零和賽局：假設對底層的利益重分配勢必會加重上層的負擔，但是事實並非如此。菁英社會的不公對所有人都沒有好處，而擺脫菁英體制的陷阱對大家都有益處。自菁英體制解放，可以重建現在被排除在尊嚴與繁榮之外的美國中產階級，讓他們能充分參與經濟與社會生活。自菁英體制解脫也能讓陷於自我剝削的菁英得以用少量的財富與地位來換取寶貴的休閒與自由時間，重回真實的自我。自菁英體制解脫也能治癒該體制為社會帶來的壓迫與缺乏信任。

問題仍是在於如何擺脫菁英體制的陷阱：該如何突破政治現狀與制定新政策來重建民主化的

社會與經濟秩序。這不是一件簡單的工作。如果本書的診斷正確，菁英體制的不公是來自經濟與社會的力量，此一力量強大無比，有如兩個世紀前工業資本主義取代封建時代下的農業社會。如果有時間旅者來到一八〇〇年，向英明的英國國王或是首相解釋：一八六〇年，工業革命會破壞整個社會秩序，並且造成經濟嚴重失衡，例如出生於曼徹斯特市區的小孩預期壽命會降至黑死病以來的最低水準，他可能會說這是無可避免的。

不過，我們已較我們的先輩更為自覺與具有效率。如果我們能夠了解菁英體制不公所造成的傷害是全面性的，我們就能召集政治意願予以治療。如果我們能夠召集政治意願，我們在政策制定上就會擁有較高的自由度與影響力。本書認為政治理解——強調結構性的力量，不僅僅是道德批判——是尋求理性且有效行動的必要條件。本書主張將政治理解化做強大的政治力量來推動改革，並且提出具體的政策來重建公平與民主的經濟與社會秩序。

這樣的希望可以藉助與菁英體制相關的優勢——清晰的思路與將理解轉換為行動的能力。認為菁英體制可以解決自己問題的想法其實並不相互矛盾，該體制應該解除陷阱，重拾主張民主的初衷，積極重建開放與公平的社會，其中菁英大力提倡公共利益，並由此獲得肯定。

但是從另一方面來看，希望並不等於計畫。要擺脫菁英體制的陷阱，在政治上必須克服該體制為公眾生活造成的弱點與不良的鼓勵。富人與其他人必須學習辨識造成他們分裂的各種焦慮——從民粹主義、仇外思想到狹隘的競爭思維與傲慢自大的優越感。他們必須認識到他們的痛苦甚至對立，其實都是來自菁英體制此一單一的根源。兩個階級應該攜手結盟，透過承擔菁英體制為對方造成的傷害，來化解自身的痛苦。

儘管所有人都會因為民主的重生而獲益，但是要建立這樣的聯盟需要高度自律的想像力。然而菁英體制的弊病已使得這種寬宏大量，自醒救贖的美德難以再現。與此同時，焦慮與痛苦也使得富人與其他人難以認清一些即時出現，乍看之下頗具誘惑力的替代品其實反而是形成風暴的種子。現在就有一個具有強大操控性的寡頭政權與心懷憤恨的民粹主義者聯盟，企圖完全抹黑菁英體制，為其帶來嚴重威脅。

無視此一風險——其結果就是當年茫然的美國人民讓唐納·川普崛起——是對菁英體制莫大的反諷。

第一部

菁英體制與其不滿

第一章　菁英革命

翻開人類歷史，收入與辛勞向來是背道而馳。窮人往往需要長時間辛苦工作。一八〇〇年，英國勞工平均每週要工作六十四小時；一九〇〇年，美國典型勞工一週要工作六十小時，到了一九二〇年代，藍領勞工每週工作仍須超過五十小時。他們的工作辛苦沉悶。後來興起的中產階級儘管緩和了勞工階級的工作壓力，並且吸收了大量勞工，但是並沒有消除這樣的情況。一度帶動中產階級欣欣向榮的製造業工作使得勞工筋疲力竭。

反觀那些富人，過著奢靡浪費的休閒生活，上流社會幾個世紀、甚至千年以來一直是保持優雅的態度，並且鄙視勞務。

低薪資使得勞工難以擺脫卑微的收入。十九世紀的勞工收入情況甚至連小康都談不上，雖然二次戰後的經濟蓬勃發展使得二十世紀中期的勞工所得升級進入中產階級的小康狀態，但是距離菁英財富仍是遙不可及。

反觀富人，憑靠著大部分為繼承所得的土地、工廠或是其他資本所滋生的收入來維持他們優渥的生活。富人與其他所有人都將他們的生活環境歸因於出生，而不是選擇或是成就。即使貴族的稱號早被眾人忽視或是廢除，但是社會仍為世襲的貴族體制所主導。你只要問問窮人的工作有多辛苦就可知道他們的生活有多艱難了。

今天，前所未有的社會與經濟變遷改變了行之有年的舊社會。中產階級的工作正在逐漸消失，幾個世紀以來一直在奮力推動經濟成長的勞工也不再像以前那麼辛苦。然而這並不是中產階級不想工作，而是遭到閒置——失去了工作機會。全面性的科技轉型大量消滅中產階級的工作，使得中級技能的勞工在今日的經濟環境中供過於求。在這些趨勢下減少的工時總數接近上世紀中期男性與女性間工時的差距。也就是說，此一新秩序對於勞工與中產階級所造成的壓迫，情況之嚴重，就如同兩個世代之前女性在工作上所遭受的性別歧視一樣。這樣的壓迫也剝奪了中產階級獲得工業發展所提供之收入與地位的機會。

新科技並未消滅所有的工作。事實上，社會對擁有超高技能的菁英人士的需求反而增加。那些一度閒散安逸的富人，如今卻與中產階級大相逕庭，轉而勤奮工作，辛勞的程度不僅前所未見，甚至超過整個社會。擁有學士學位以上程度壯年人（男性與女性）的失業人口，還不及高中以下程度壯年人的一半。與此同時，在獲得工作後，菁英階層的工作時間遠比中產階級要長，休閒時間也較少。的確，不談省時省力的家電產品，菁英階層現今享受到的休閒時間遠不及上世紀中期的水準。

菁英階層的價值觀與習慣逐步順應新趨勢，上流社會的方向也有所轉變，如今他們重視工作而鄙視休閒。每位富人現在都知道，當有朋友問道：「你最近還好嗎？」標準答案應是「很忙。」老一代的富人階層一定會視這樣的回答為恥辱，然而現代的菁英人士則是藉此來表現他們的重要性。

新秩序也引發薪資革命。中產階級的工作仍無法讓一個人致富，但是菁英的工作卻能讓他們賺取優渥的薪酬。高等工作的年薪通常是五十萬美元、一百萬美元，甚至五百萬美元，有少數工作的酬勞更是達到一千萬美元、一億美元，甚至十億美元。[1]的確，今天富人的財富大都是靠其工作而來，工作已成為致富之道。更重要的是，菁英階層靠著超高的技能得到高薪工作，這些技能是經歷嚴格且密集的培訓而來，同時他們為了保有工作必須面對激烈的競爭。今天，若是詢問某人學習的時間有多長、工作有多辛苦，所透露的不是他有多窮，而是他多有錢。

此一趨勢也徹底改變了由誰居於社會頂端的地位。新秩序否定了由貴族階級主導的舊社會，取而代之的是主張社經優勢應是來自能力、努力與成果，而不是血統的菁英概念，而且這三項條件必須經過不斷的競爭來得到驗證，首先是在學校，接著是在職場上。

過去是由閒散安逸的貴族菁英居於主導地位，他們大肆剝削與利用下層的勞動階級。隸屬於這些菁英的勞工，包括奴隸、農奴、契約僕人，甚至產業工人（他們視勞動為榮譽）。然而現今則是勤奮工作的富人主導其他階級。千年以來一直壟斷社會資源與與地位的貴族階級如今終於讓位給一個新的菁英階層——一個非但不是居於下層，而且還是地位超高的勞動階級。

此一菁英階層的組成核心是上述所提賺取超高酬勞的人（也許是百分之一的家庭）和在此一酬勞等級的社經軌道工作的人（可能是百分之五到百分之十的家庭）。菁英體制主要是透過兩項運動來建構菁英階層，每一項都牽涉到競爭與比賽。經過組合，他們完成建構並且設下陷阱。

首先，菁英體制將教育變成一場爭取加入菁英階層的嚴酷競賽。它將針對少數菁英階層的培訓聚焦於在頂尖學校與大學競爭中拔得頭籌的人。其次，菁英體制將工作轉換為要求嚴格與酬勞豐富的職位以支撐菁英階層。它崇尚技能，將工作與酬勞集中在少數居於超高地位的菁英階級。

菁英體制的這兩種面目——菁英教育嚴酷的競爭與菁英工作上龐大的壓力以及優渥的酬勞——已根深蒂固，看似與生俱來，甚至是無可避免。現在已很難想像沒有它們的生活會是什麼樣子，但是這兩種面貌其實都是新近才有的，它們崛起的故事為我們打開了一探菁英體制究竟與其缺失的窗口。

菁英的培訓

過去所謂菁英的教育從來就與嚴格沾不上邊。在二十世紀直到一九五〇年代晚期，菁英大學都是以出身，而不是成就，作為入學標準。常春藤聯盟並不會錄取或是追求所謂的「出類拔萃之輩」，其目的是擦亮美國頂尖世家的招牌。即使是研究所或專業學院，在挑選他們的學生時，態度草率得令人吃驚。舉例來說，一位上世紀中期的耶魯（Yale）法學院畢業生最近告訴一位口述歷史學家，他之所以進入耶魯，是因為當時的招生辦主任傑克・泰德（Jack Tate）在一場大學招生會上告訴他：「你只要來應徵就會錄取。」

情勢在二十世紀中期開始改觀。哈佛大學（Harvard）校長詹姆斯・布萊恩・科納特（James Bryant Conant）與稍後跟進的耶魯大學校長金曼・布魯斯特（Kingman Brewster）尋求開放與擴大美國菁英的層面，並且為其注入活力，反對貴族階層的排他性，重建大專院校的錄取標準，強調學業成績而不是出身。到了一九七〇年，長期以來由上層家庭與大專院校所組成的上流社會菁英聯盟，改由激烈的競爭來決定能否進入美國最好的大學。這樣的轉變也引發一場革命——不僅是在程度上，同時也在不同的出身上，從而改變了菁英教育的基本特性。

招生官員也一改過去草率評估社會適應力的習性，而以嚴格審核的方式來挑選高材生。美國家庭傳統的應徵方式也產生變化，過去是選擇有助自己社會地位的一、兩所大學來應徵，現今則是根據大學排名來應徵。

之前的一個例子可以說明這樣的轉變。今天平均一年有五萬人應徵美國法學院，其中可能有三千人會來應徵最頂尖的學校耶魯法學院。耶魯法學院的錄取標準非常嚴格——由三位老師分別獨立審核每一項應徵——而在這樣的程序下，耶魯只會錄取約百分之八的應徵學生（其錄取難度是上世紀中期的四倍）。錄取學生的成績中間值是大學成績平均為A，且法學院入學考試（Law School Admission Test，LSAT）的分數要在前九十九名以內。在如此嚴苛的錄取標準下，應徵者幾乎都是放下自尊，到錄取他的最高排名學校註冊。根據了解，在耶魯錄取的應徵者中有大約百分之八十最後都會選擇來註冊入學。

耶魯法學院提供的也許是一個極端的案例，但是絕非特例。擴大招生範圍使得此一模式更加穩固，難以更動。美國五大法學院——耶魯、史丹福、哈佛、芝加哥與哥倫比亞——總共錄取了百分之五的應徵者。這五大法學院所錄取的學生成績中間值是大學成績平均為A，LSAT的分數要在前百分之三。[2]雖然沒有精確的數字，不過合理估計每年大約有兩千人獲得錄取進入這五所法學院，而且不超過五人——等同於沒有人——會進入十大名校之外的學校。

在菁英學生的一生中，尋求進入法學院的競爭並不罕見。事實上，就讀頂尖法學院，只不過是為這些菁英學生嚴苛的求學生涯再添一筆。在頂尖專業學院就讀的菁英學生，之前都是在經過精挑細選的大學就讀，而且成績表現都是A：今天哈佛、耶魯、普林斯頓（Princeton）與史丹福（Stanford）的入學競爭要比二十年前嚴苛三倍。此外，這些在菁英大學的學生，有許多之前都是在具有高度競爭性的明星高中、萬中選一的小學，甚至幼兒學校就讀。換句話說，為了確保獲得菁英教育，一名學生必須在菁英體制下各階段的求學競賽中名列前茅，而且所有競爭者在各個競爭階段所爭取的最大獎都是同一所學校。

這些學校都會給予學生相對應其菁英地位的嚴格培訓。菁英學校會大量投資於學生的教育上：私立的菁英學校平均一年花在每位學生身上的經費達七萬五千美元（是公立學校平均水準的六倍多），菁英大學與研究所平均一年花在每位學生身上的經費更是在九萬美元以上。這些投資於菁英教育的經費高達數百萬美元，遠超過中產階級學校所能負擔。

教育與其大量的投資取得成功，學習與競爭培育出勤勉與野心，培訓則建立技能。哈佛法學院的院長在歡迎新生時承諾「這是培育律師、公僕與改變世界領導人最佳的法學院。」而在耶魯法學院，院長最近告訴畢業班，他們「坦白說，就是這星球上最好的律師新血。」這些話聽來也許是自吹自擂，然而都是具體而明確的事實，並在學生與社會地位的競爭中得到證明。展現這些事實成為這些菁英學生一輩子的主軸。三十年來，耶魯法學院的畢業生——與其他頂尖大學以及專業學院各個領域的畢業生——不斷地學習、工作、練習與培訓。他們不斷接受檢驗，直到通過篩選。這些試煉，就是加入菁英行列的意義所在。

今天，菁英高等學位的終生教育與加入此一行列的競爭與培訓，遠比過去嚴格。過去用以證明出身與培育優雅風度的精修學院如今已變成嚴格的培訓中心，強調學業成績與建立技能。因為如此，菁英所代表的是嚴格的要求、野心與邁向成功的培訓。在此一過程下產生的菁英，遠比過去的同輩能幹與勤奮，沒有人能夠比得上。

菁英的工作

菁英的工作將他們在求學過程的模式延續到他們的成人生活之中。菁英的工作所反映的是他們在學校所經歷的嚴格要求與激烈競爭以及對自學校學得技能的崇拜。與此同時，這些高級勞工所獲得的社會地位與所得，與他們工作所需要的努力是相配合的。今天，社會對菁英工作的需求與獎賞都遠高於過去的水準。

菁英的工作習性——富人的日常生活節奏——在過去就和求學時一樣懈怠，貴族階級既欠缺特殊才能也不知勤奮為何物，他們缺乏方法與動機來接掌工作。因此，上世紀中期的經濟秩序自然就必須把中產階級的勞工置於中心，主掌製造與銷售，以及金融與經營製造和銷售產品的公司。上世紀中期的經濟可說是完全由中級技能的中產階級所主導，中級技能的工業勞工主宰製造業；中級技能的獨立商人主宰零售業；中級技能的社區銀行家、放貸幹部與股票經紀人主宰金融業，中級技能的經理則主宰全美國的企業。舊時代的貴族階級本能地將勞動市場拱手讓給中產階級，這些閒散安逸的貴族根本就是邀請中產階級來主導經濟。

現在不再是這樣了。

過去的貴族階級將工作交到中產階級手中，但菁英體制下的菁英工作者不但擁有技能，而且也願意勤奮工作。因為如此，他們自然也吸引經濟的關注。過去四十年來，電腦、機器人與其他的新科技已改變了產品的製造與服務的提供。這些具有破壞性的科技（是由具有利害關係的發明者開發出來，並且量身訂製，完全配合菁英教育所提供的技能）將生產中心由中級技能轉移到超高級技能的專業人員身上。

例如工業自動化機器人以能夠設計與為機器人寫程式的超高技能人員取代原本的中級技能勞工。配送、倉管與電子商務的創新，也使得中產階級的獨立商人被底層的沃爾瑪（Walmart）接待員與亞馬遜（Amazon）的倉庫管理員所取代，或是被擁有大型商店的超級富豪——包括全球最富有的家族〔沃爾瑪的華頓家族（Waltons）〕與全球最富有的人〔亞馬遜的貝佐斯（Jeff Bezos）〕等在最高層的人——所吞噬。金融衍生商品與其他金融新科技讓華爾街的菁英勞工不再需要中產階級的社區銀行經理、放貸幹部與股票經紀人。新的管理技術也讓高階主管與執行長完全跳過中間層的經理而直接控制生產線的勞工。以上這些與其他無數的創新使得中產階級的技能無用武之地，菁英人士的地位則是獲得大幅提升，因為他們所擁有的技能已成為經濟的重心所在。總體而言，中產階級的工作遭到取代而轉移到菁英手中，從而也形成了菁英人士階層。

今天的律師行業就反映了這樣的情況。在一九六二年的時候（當時律師的收入僅有現在的三分之一），美國律師協會可以自豪地宣稱，平均每位正常執業的律師「一年有近一千三百個收費小時。」反觀今天。大型律師事務所也可以同樣自豪的姿態表示，「如果管理得法，」平均一年有兩千四百個收費小時「並非不合理，」而且「這是希望成為合夥人的必要條件。」然而一年兩千四百個收費小時代表一週六天，每天早上八點做到晚上八點，中間還不得休假或生病。頂尖法學院的畢業生在進入律師事務所之後，通常需要與同事或合夥人一週工作六十、八十，甚至一百小時。

律師由於每一收費小時的起算需要間隔六分鐘，因此得以記錄這種屬於所有菁英人士共有的工作經驗。金融業的菁英以前是根據「銀行家時間（Bankers' hours）」來工作——本來指的是銀行自十九世紀以來直到上世紀中期所制定每個營業日上午十時到下午三時的上班時間，不過後來泛指為安逸舒適的工作。以前的菁英經理人是「組織人（Organization men）」，在強調年資而不是表現的企業內享有終身僱用的待遇。然而今天的投資銀行家「每天工作十七小時……每週七天，」「直到午夜或是凌晨一點，每晚如此，包括週末，整整一天的週末，而且每週或者每隔一週都可能需要通宵達旦地工作。」同樣的，組織人也讓位給哈佛商業評論（Harvard Business Review）所謂的「極限工作（Extreme job）」，這樣的工作是每天至少有十小時在工作場所……需要大量旅行……需要全天候服務客戶，以及需要在上班時間之外從事與工作相關的活動，與擔負不只一項工作的責任。

以上律師、金融業與企管的工作史所反映的是一種廣泛的大趨勢——他們並非特例，而是菁英工作的新法則。今天，在全國百分之一最富有的家庭中，有人每週工作五十小時以上（是五分之一最貧窮家庭的十五倍）。總體而言，來自所得最高的百分之一族群中的壯年人，每週工作時數平均要比屬於最底層的二分之一同輩高出近百分之五十。[3]

今天各界的菁英工作都需要長時數——這已是理所當然的常規了，然而在過去卻是無法想像，因為會被美國上流社會菁英人士視為一件丟臉的事。過去幾個世紀以來，舊秩序下的上流社會瞧不起不是出於熱情——榮譽、勇氣與感召——而是為了薪資辛勤工作的人。這樣的態度一直到上世紀中期都還存在，但是今天已完全改觀。各界菁英人士都把長時間工作視為增加自己身價的一種方式，並且幾乎是強迫性地宣揚自己的勤勉精神——包括透過他們喜愛演講的習性——來提升自己的社會地位。菁英體制把努力與勤奮地工作——忙碌，變成身價與為社會需要的一種表徵，一種榮譽勳章。

菁英的培訓、技能與勤奮的態度不僅帶來社會地位，同時也帶來優渥的收入。今天進入紐約或其他大城市律師事務師工作的新人第一年平均可賺得二十萬美元（事實上每一位耶魯法學院的畢業生只要認真去找，都可以獲得有此一薪資水準的工作）。同時，律師菁英們的所得會隨著他們的事業日趨成熟而大幅增加。今天美國有一家律師事務所能夠為每位合夥人每年帶來超過五百萬美元的獲利，還有七家以上的律師事務所能為其每位合夥人每年帶來一百萬美元以上的獲利。這些事務所的合夥人完全都是來自菁英法學院的畢業生。美國獲利最豐的前五大律師事務所，有一半以上的合夥人都是來自傳統上「前十大」法學院，在那家每位合夥人每年可獲利逾五百萬美元的律師事務所，有五分之四的合夥人都是來自傳統上「前五大」的法學院。[4]

專科醫師、金融專家、管理顧問與菁英經理人都需要高級學位的加持，由此每年可賺得數十萬美元的酬勞。在這些領域，菁英人士的收入很容易就可超過一百萬美元。然而真正所謂的高所得者——投資銀行的總經理、大企業的高級主管與待遇優渥的對沖基金經理人，每年可賺得千萬，甚至上億美元的收入。以律師事務所來說，最頂尖的事務所只會僱用來自最頂尖法學院的畢業生——基本上就是哈佛、普林斯頓、史丹福、耶魯，也許還有麻省理工（MIT）與威廉斯（Williams）學院，他們甚至不會招收來自其他地方的新人。受此影響，學校教育所帶來的經濟報酬近幾十年來突飛猛進——尤其是菁英學校與大學，是股票或債券投資的兩倍到三倍。由此也產生了由教育來分類的所得區隔。

各產業的勞動市場現在是越來越重視菁英教育的技能，擁有超高技能的人員於是主導就業市場。與此同時，中級技能的勞工變成冗員。在某些領域，中產階級的就業一直沒有恢復：中級技能的製造工作、零售業、中階管理幹部的職位都消失殆盡。在其他領域，新的工作秩序將低層勞工與菁英人士完全區隔開來：中級技能的社區銀行家不是被一般的辦事員所取代，就是被華爾街的高級投資客所取代。與此同時，甚至出現一個由低層勞工專門為富有家庭提供個人服務的市場，該市場欣欣向榮，因為富人現在都需要長時間工作以賺取高薪，根本無法打理個人雜務。

總而言之，創新已使得職場上所謂晦暗工作與光鮮工作間的區隔益發擴大。晦暗是因為這些工作無法帶來立即的回報，而且升職無望；而光鮮的工作則是因為他們的收入與社會地位——不是工作本身的意義——帶來榮耀。（隨著菁英體制的發展，越來越多的中階工作為晦暗與光鮮的工作所取代，其中絕大部分都變成晦暗的工作。[5]）菁英體制為中級技能的工作造成巨大陰影，黑暗吞噬了晦暗的工作，然而同時又為光鮮的工作增添虛假的光彩。隨著社會益趨重視少數菁英所創造的經濟產出，菁英體制的勤奮文化恰恰符合需求。

空前的失衡情勢

菁英體制的兩個要件共同發展，如今已合而為一。精心規劃的菁英教育培植超高技能人員，他們擁有強大的工作倫理與特殊技能。這些人員促成勞動市場的轉型，使得市場向他們的技能傾斜，同時也以由此創造出的新工作來主導市場。這樣的轉變使得中級技能勞工遭到閒置，而新菁英則是成為酬勞優厚的生產力重心。這些戰利品隨著菁英競爭益趨激烈而日形增加。如今，在最高所得前百分之一的階層，甚至是這百分之一中的十分之一，也許有三分之二或四分之三的所得是來自他們的工作，因此也是拜他們所受教育所賜。[6]這批新一代的菁英又會把他們的所得大量投資於子女的教育上，從而形成循環。

菁英所受培訓的經費與他們所賺得的收入，數字之龐大難以估算。然而菁英體制因而造成的經濟失衡，情勢之嚴重也遠甚於過去，而且美國的情勢也遠較其他富有國家嚴峻。

今天，美國最富有家庭中的前百分之一占據了全部所得的五分之一。而在這百分之一中的前百分之十則是占了所有所得的十分之一。[7]這代表在美國一百戶家庭中，最有錢家庭的所得是二十戶普通家庭平均所得的總和，而在每一千戶家庭中最富有的人，其所得是一百戶一般家庭平均所得的總和。相較於一九五〇到一九七〇年間的階段，百分之一最富有家庭的所得所占比例增加了一倍，而在這百分之一中最頂端的百分之十，所得所占比率更是成長兩倍。[8]此外，儘管大家抱怨資本對經濟生活的控制越來越強，但是其中有三分之二到四分之三的增幅都是來自菁英的所得——也就是來自所謂菁英人士的酬勞。由此顯示，經濟失衡的擴大，並非因為所得的來源由勞動轉向資本，而是所得由中產階級轉向菁英人士。

隨著失衡的情況日趨擴大，差異程度上的不同也形成另一種差異。在上一世紀的中期，美國的經濟分配情況大致與其他富有民主國家類似，包括加拿大、日本與挪威。然而今天美國所得不均的情況，已較印度、摩洛哥、印尼、伊朗、烏克蘭與越南更嚴重。[9]這些國家數據是由地方情勢累積而成，然而若是聚焦於某一地區，這些數據就會顯得更是令人沮喪的具體與明顯；例如康乃狄克州的費爾菲德郡（Fairfield County），所遭受的經濟失衡情況甚至超過泰國的曼谷。[10]

美國已成為一個由菁英體制構成的經濟體與社會，在該體制下空前複雜的競爭、評審、成果與獎賞，都是圍繞著培訓與勞動。這樣的情勢——一種嚴重失衡的經濟秩序，其中每千人中最富有的人竟然還在為了生活而拼命工作——是全人類過去從未經歷過的。

名利雙收的誘惑

但是也有人為菁英體制造成的失衡提出強力辯護。菁英體制初期站在道德上的高點對抗出生繼承權，再加上新菁英的技能與勤奮，使人難以爭辯該體制競爭優勢應來自努力與才能的主張。此一論調絕對要優於為其取代的貴族體制的血統論。即使今天的社會對菁英體制日益不滿，但是該體制仍能維持其良好的名聲。

菁英體制發展出一種概念，他們堅持以等級與測試的分數來評鑑學生的學習成績，以薪資來評定勞工的產出，並將這兩種方式與個人優勢與公共利益相結合。菁英體制的運作更是強化了這樣的關係。如教育測驗與薪酬諮商這類的專業無異於為這樣的關係提供了證明與認可。透過這些途徑，菁英體制將勤奮——轉換成經濟與社會產出的努力與技能——變成衡量競爭優勢的工具。

這些關係使得菁英革命得以推翻呆板、遲緩與懶散的貴族體制，並將菁英階層開放給任何有野心與才能的人，同時吸引菁英人士為推動經濟進步貢獻活力與動能。以此觀之，菁英體制的存在是為促進整體的繁榮。菁英龐大的生產力可以確保即使富人在經濟失衡的狀態下過得較好，也能讓其他人也過得不差。菁英人士將他們的高所得歸功於他們的勤奮，此一凱旋主義的論調主張菁英體制改變了失衡狀況本身，在其中加入道德層面的元素；因此，菁英體制下的失衡並不帶有剝奪與濫用的特性。相對於貴族體制造成的不均與失衡充滿浪費與不公不義，菁英體制下的失衡則是具有立即的高效與正義。

在二〇〇七到二〇〇八年的金融危機重創菁英的自尊心之前，凱旋主義主導菁英體制的意識形態，使其免於受到任何批評與指責的反對力量挑戰。即使是今天，在菁英體制凱旋主義強大的力量面前，批評的聲音都十分微小，至少是遭到扭曲或是沒有殺傷力。

菁英體制以其外顯的效能與內在的邏輯偽裝自己，而其機制與禮儀（大學、畢業典禮）更是強化了這樣的偽裝。菁英體制的運作是將其觀念注入日常的生活之中，為眾人建立一個圍繞其觀念運轉的生活情境。菁英體制的形成是靠著生活體驗，並不僅是觀念的傳播，並且由此捕捉人們的想像力，從而也限制了批評的力量。菁英體制的意識形態與其所造成的失衡相互串聯，共同向前，有如一套免疫系統，儘管寄生蟲越來越多，然而最終卻成為不可或缺的一部分。偽裝使菁英體制——實際上只是最近才出現的新趨勢——看來必要、自然且無可避免。針對菁英體制造成失衡的批評從一開始就荒腔走板，將其塑造成不可避免的趨勢——有如無可取代的暴政一般。

然而即使是抨擊菁英體制造成經濟失衡的批評，也會避免直接攻擊菁英體制本身。一項常見於政界左、右兩派重要人士間的批評是富人的財產並非來自本身辛勤工作所得，而是來自裙帶關係與機會主義——舊時代貴族社會的遺緒。根據這樣的觀點，菁英學校與大學招收學生是根據其文化資本、階級背景與家世，而不是聰明才智與學業，菁英雇主則是根據社會關係與出身來招收新人，不是技能與才幹，而菁英人士豐富的所得靠的是尋利行為與徹頭徹尾的詐欺。第二個較為常見的批評則是深受湯瑪斯・皮凱提（Thomas Piketty）論點的影響，將不斷擴大的經濟不均情況歸於所得由勞動者手中轉移到資本累積上，最終形成寡頭壟斷。根據這一論點，經濟與社會的力量是將財富與所得的重分配再度集中於資本密集與社會上層上面，從而再建舊時代的食利菁英，成為二十一世紀新版世襲式資本主義下主導經濟與政治的階級。

這些批評是攻擊菁英體制的善意。他們指責菁英體制已偏離正軌才造成經濟失衡，他們並且暗示菁英體制在化解經濟不均上應做得更好。然而這些最嚴厲的指責卻不是否定菁英體制的存在，而是表達對該體制的期望，由此顯示他們也拜倒在菁英體制的魅力之下。菁英體制已成為社會普遍對經濟不均不滿的出氣筒，這已成為當代的意識形態主流。也就是說，菁英體制已是現代的基本常識。

這樣的情況是直接出自菁英體制的本質。首先來說，經濟不均本身——一種不具剝奪性的不均——很難找到指責的藉口。只要中產階級的生活不虞匱乏，菁英階層過得更舒適又有什麼不對，尤其是他們的財富都是來自同樣的勤奮與努力？這些的抱怨明顯帶有嫉妒的味道。與此同時，以詐欺、裙帶關係與世襲資本主義來指責經濟不均看來較為名正言順。他們在對經濟不均的指責中加上道德的成分，然而出於道德的憤慨自成一格，強調的不是經濟不均，而是菁英體制的根本（菁英的培訓、努力與技能），顯得對富人過度同情，對這個世界也過度自滿，哪怕只是最微小的事情。

批評者藉由這些對經濟不均的指責同時也趁勢解除了他們本身對此一情勢形成的責任。提出批評的知識分子與專業菁英可能僅屬百分之一，但是他們大可自我安慰，告訴自己並非騙子與食利者。這些菁英人士本身也自經濟不均中獲益，然而他們藉由指責以權謀私的惡行或是世襲資本主義復活，躲避別人對他們所得、社會地位以及菁英體制的質疑。這些菁英可以辯解問題不在他們，而是別人，他們扮演無辜的旁觀者角色，對經濟不均的情勢表示遺憾。他們站在屋頂上大聲叱喝，堅決不承認自己也是共犯之一，拒絕承擔責任，但也不會放棄關係到他們生存的任何條件。的確，將指責的矛頭指向一些老鼠屎的個人行為，並且果斷地與這些惡行劃清界線，非但不會為菁英體制帶來惡名，反而更能彰顯它的光環。

社會大眾的一般看法已把菁英體制美化，同時也遮掩了它的瑕疵。儘管站在道德高點的指責千真萬確，但是那些腐敗的行為只是發生於體制下的邊緣地區。詐欺、尋租與世襲資本主義的興起確實使得經濟不均的情況惡化，但是真正造成不均的主因是在別處，是在菁英體制的內部，因此這些針對經濟不均的批評也就顯得有些蒼白無力。

菁英學校與工作的篩選過程確實有任人唯親的裙帶關係成分，但是總體上仍是以學業成績與技能為依據，也就是以功績為基礎之善意誠實的評判。富爸爸為他們子女提供經過精心規劃的教育與培訓造成巨大的成績落差，因此菁英學校的招生本身就是向財富傾斜，菁英其實不需要裙帶關係就可以成立自己的王朝。的確，此一效應強大，一些頂尖學校的招生過程儘管加強以學業為導向的標準，並且減少傳承優先的規模，但是其所招收的學生依然可能會比較富有。大學的傳承優先作風，使其難以量化裙帶關係在其學生構成中造成的效應。不過有一個案例足以顯示功績是如何超越裙帶關係，使得菁英學生向財富傾斜。耶魯法學院長期以來一直面臨如何維持菁英學校名聲的壓力，包括維持學校排名所繫的超高ＬＳＡＴ分數，該校最近結束為校友子女加分的招生作業。總體而言，頂尖學校的學生會有越來越多是來自所得分配最高的百分之一家庭，而不是所得分配在下半部的家庭。

同樣的，儘管有些菁英藉由以權謀私或假公濟私的手段賺得大筆財富，但是基本上大家仍是靠著勤奮工作來賺取所得。銀行或許能以誤導的手法賺得高達上百萬美元的收入——例如高盛（Goldman Sachs）一項叫做珠算（ABACUS）的金融產品遭美國證券交易管理委員會認定為詐欺。證管會指責高盛行銷此一資產擔證券吸金一千五百萬美元，然而卻未揭露該投資組合的主要設計人﹝對沖基金經理人約翰．寶森（John Paulson）﹞與其對作的事實。但是此一所得與高盛動輒以十億美元計的營業額相比有如滄海一粟。一般而言，雖然一些菁英憑藉詐欺的手段賺得數以十億美元計的收入，但是也僅是該階層以兆計所得的一小部分。整體上，菁英所得的成長主要仍是有賴與績效表現相關的酬勞增加。

最後，儘管資本搶走了勞工的所得份額，而在菁英人士超高所得抬高中間所得的情況下，其中百分之一的份額增幅中有四分之三可能是來自勞工內部所得的移轉。有一些例子能夠顯示這樣的模式，例如大企業執行長的酬勞在一九六〇年代中期是普通生產工人所得的二十倍，不過現在已達三百倍——這是我們都知道的事實。[11]許多產業的酬勞都是依循這樣的趨勢。在一九六〇年中期，一位心臟科醫師的收入可能是護士的四倍，但是在二〇一七年已達七倍以上。[12]律師事務所每位合夥人的獲利在一九六〇年代中期可能還不到祕書薪資的五倍，然而現今已超過四十倍。[13]

變化最大的可能是金融業。大衛·洛克斐勒（David Rockefeller）一九六九年當上大通曼哈頓銀行（Chase Manhattan Bank）董事長時的年薪約一百六十萬美元（以二〇一五年的美元計價），大約是當時銀行出納員薪水的五十倍左右。摩根大通（JPMorgan Chase）現任董事長暨執行長傑米·戴蒙（Jamie Dimon）去年的酬勞達到兩千九百五十萬美元，是銀行出納員現今薪資的一千倍以上。

根據了解，現今大約有百萬名菁英人士從事上述高薪工作。由此顯示，經濟不均情勢加劇，並不是在於資本凌駕勞工之上，而是菁英人士的成長壓迫到中產階級勞工。

經濟失衡加劇的罪魁禍首並非是一些操行不端的惡人，站在道德上的高點指責這些人反而忽略了其中的道德複雜性，只是自以為是地強調結構性的錯誤。的確，一般對於經濟不均的指責已成陳腔濫調。當批評本身就擁抱菁英體制，批評自然無力，而且實際上看來反而是在支持他們宣稱要譴責的經濟不均，這些道德家反而貶低了問題的重要性。現在唯一的爭議應是菁英體制導經濟失衡惡化的問題到底有多嚴重。

菁英體制並不是經濟失衡加劇的解藥，反而是其根由。菁英體制的內在邏輯已變得不民主而且反對經濟平等。即使菁英體制的運作一如其所宣傳的，它仍是在促進社會地位與財富的世襲繼承與加速經濟不均的惡化。正直人士面對他們無法控制與躲避的經濟與社會力量，都會理性對待，盡可能避免產生只能讓少數人獲利的結果。

當代的悲劇中心所反映的是菁英體制的勝利。菁英體制——並沒有背叛其理念，反而是實踐其理念——製造出一套主張平等人士應該予以譴責的世襲繼承秩序。因此，要打擊經濟與社會的不平等，首先需要對抗菁英體制本身的理念。

第二章　菁英體制的傷害

中產階級的子女出生於二次大戰之後，菁英體制尚未興起的時代，他們受到社會的熱烈歡迎，戰後的美國社會心胸開闊，快速發展。中間所得在一九四〇年代中期到一九六〇年代中期成長近一倍，因此這些孩子儘管沒有加入菁英的行列，長大後依然要比他們的父母富有許多。[1]他們的福氣廣為散播，不僅及於個別的家庭，並且形成文化。上世紀中期的中產階級欣欣向榮，他們積極利用他們的財富開創新生活。

中產階級的蓬勃發展也改變了世界的風貌。隨著汽車普及縮短了距離，建築商大興土木以趕上中產階級對住家的強大需求，城市開始轉變。鄉村與偏遠社區變成了郊區，而郊區生活則帶來了之前無法想像的富裕感。例如密西根州的聖克萊爾湖畔（St. Clair Shores），在一九五〇年代原本是一個枯悶乏味的度假小鎮，然而卻搖身一變，成為底特律的衛星城，欣欣向榮。[2]當地一位保齡球館老闆回憶當年的盛況，他的球瓶小弟在十八歲生日當天辭去這份他們自小打工的工作，前往三大車廠之一求職。他們會獲得一份週薪一百美元的工作，可能相當於現今年薪四萬美元。他們受到工會保護的工作，可以確保他們終身僱用，如果表現良好，還可以受訓成為機工、製模工與其他技工，最終可獲得相當於現今年薪約十萬美元的酬勞，而且還享有其他福利。上世紀中期的勞工完全可以達到這樣的人生目標，更重要的是他們也無需高中以上的學歷。

保齡球館老闆口中「生活優渥的工人階級」使得聖克萊爾湖畔日趨興盛，於一九六二年興建了樓高二十七層的湖畔俱樂部公寓大樓（Shore Club Highrise Apartments and Marina），俯瞰該鎮賴以得名的聖克萊爾湖。其他類似的發展遍及該鎮，在新道路的連接下，一個新社會於是誕生。上世紀中期的美國勞工步步高升，重建美國階級結構，為自己創造新名號，並且建立一個以廣大中產階級為主力的社會。約翰．肯尼斯．加爾布雷斯（John Kenneth Galbraith）上世紀中期的經典著作《富裕的社會》（*The Affluent Society*），主要談的就是當代中產階級的興起。

今天，菁英體制使得中產階級的生活再度轉變，然而卻是每況愈下。中產階級並沒有變得比較貧窮，的確，經濟成長使得他們今天比上世紀中期富有。但是當代中產階級的日子仍因為菁英體制而過得比較差。過去中產階級生機蓬勃的地區，如今菁英體制卻使其變得停滯不前、死氣沉沉。上世紀中期中產階級所懷抱的夢想，菁英體制卻將其發配到經濟落後與文化閉塞的地區。

聖克萊爾湖畔的情況就反映出這種衝突不斷、糾葛不清的新世界。這個小鎮並沒有遭到實際的剝奪及不公不義的對待或壓迫：聖克萊爾湖畔的家庭所得中間值不到七萬美元，差不多就是全國中間值的水準，是貧窮家庭所得的三倍左右。與此同時，該鎮貧戶僅占百分之九，在全國水準之下。[3]該鎮街道兩旁都是樹木，孩童會在住家經過精心照料的後院玩耍。他們的住家大小適中——三間臥室，總面積一千一百平方英尺——都是堅固且維護良好的一樓平房。在湖畔的房子則稍微再大一些（通常是兩層樓）。聖克萊爾湖畔鼓勵種植花草，對於美化環境還會給予獎勵，同時也會對一些缺失發出傳票，甚至只是微不足道的缺失也是如此，例如油漆剝落或是在前院餵鳥。當地居民都很喜歡這樣的生活，一位議員就曾驕傲地表示，該鎮擁有超個三十個志願性質的市政委員會。聖克萊爾湖畔的夏季始於號稱是密西根州規模最盛大的陣亡將士紀念日大遊行，二〇一八年的遊行嘉賓是奧運會花式溜冰選手南茜·克里根（Nancy Kerrigan）與阿爾·索伯特克（Al Sobotka），他是底特律紅翼冰球隊（Detroit Red Wings）洗冰車的駕駛。該鎮的夏季結束於哈潑大道（Harper Avenue）的古董車大遊行。這些情況在在反映當地居民的生活仍保有六〇年代的中產階級價值觀。

這樣的生活方式與其穩定性，使得聖克萊爾湖畔在菁英制下沒有什麼好期待的，反而有許多需要擔心之處。菁英體制正逐漸瓦解當地在上世紀中期所建立的經濟。

該鎮南邊的鄰居是前文化與經濟引擎底特律，然而當地在經歷數十年的混亂之後，最終成為美國有史來最大城市破產案的主角。這座城市再也無法重回上世紀中期的富足：成就上世紀中期中產階級的製造業工作大部分一去不回，聖克萊爾湖畔的居民沒有人認為還有回來的可能。造就上世紀中期財富的泉源已經乾涸。

聖克萊爾湖畔今日的經濟情勢既無法吸引在別處的企業前來設立據點，也無法刺激本地新創企業的成立，也就是說該鎮經濟難以吸引新的投資進來。當地無法提供所謂真正的菁英工作，當地工人也缺乏晉升為經理或專業人士的機會。聖克萊爾湖畔的成年人中擁有學士學位的不到四分之一，擁有碩士或專業學位的，每十人還不到一位。[4]因此實際上，該鎮根本沒有所謂的富人，至少就全國的水準來看。該鎮一位女性企業家與地方領袖表示當地少數最富有的人年所得是在三十萬美元到四十萬美元之間——然而這個數目老實說並不大，不在最富有的百分之一之列。

當年帶動聖克萊爾湖畔在上世紀中期蓬勃發展的經濟與社會動能如今已經消逝無蹤，該鎮的商業文化也是衰頹停滯。當地一些建築物——美術與工藝村與上世紀中期的摩登農場——現在都破舊不堪，而且也沒有新的建築取代。當地沒有時尚或潮流商店、餐廳或是俱樂部，而且也沒有任何昂貴、奢華、刺激與新奇的活動。反之，當地居民有時晚上會到像是吉伯特小屋（Gilbert's Lodge）之類的餐廳用餐，這兒的漢堡（自一九五五年開業迄今）要價十二美元，深盤披薩的價格還會再高一點。（當地一位老師表示，以這樣的價格，意味來到吉伯特小屋用餐的人可能都是該鎮上流人士。）

聖克萊爾湖畔現今予人的感覺僅是保存良好，並非過去的生機盎然。（吉伯特小屋幾年前遭到祝融之災，餐廳老闆後來予以重建，設有模型火車，牆上並掛有動物頭顱的裝飾品。）該鎮之所以保存得宜，主要是依賴老一輩勞工（現已退休）在上世紀中期經濟時代所賺取與儲蓄的收入所得。然而這些保存的力量正在逐漸衰退之中。聖克萊爾湖畔公共圖書館是當地的文化生活中心，目前的職員人數是過去的三分之一，而且緊縮的預算使其只能依賴打工人員或短期合約僱員。這座圖書館也越來越依賴私人的捐助來維持基本的營運，一位職員表示閱讀室所使用的桌子還是在一九七一年購買的（儘管這些桌椅在幾年前曾經整修過）。

就算聖克萊爾湖畔能夠維持現狀，其殘破的情況也使其難以重返繁榮或是進行改造與推動發展，而且它也不是一個會讓人願意搬過來居住或是探訪的地方。該鎮人口在一九七〇年達到頂峰，此後迄今已減少三分之一。[5]現在已經沒落的湖畔俱樂部公寓大樓——公寓未經裝修，公共空間凌亂不堪——仍是當地最高的建築物。湖畔彭特飯店（Shore Pointe Motor Lodge）是在該鎮全盛時期建造的，主要是因應度假遊客的需求，然而現今仍是當地唯一的旅館。

菁英體制使得美國所有的中產階級社區都面臨與聖克萊爾湖畔相同的命運。底特律汽車業減少大量工作——聖克萊爾湖畔之所以衰敗的主因——正是美國製造業的寫照，總計美國共失去近千萬個中產階級工作。普遍來說，超高技能的菁英人士已取代了中級技能的中產階級在經濟生產中心的位置。在所有的經濟部門，創新都導致中產階級的工作讓位給少數晦暗工作與大量的光鮮工作，轉變之劇烈，使得所得的再平衡向菁英傾斜，同時不利於中產階級，結果是菁英所得成長，中產階級的所得卻是停滯不前。而在最高所得階層前百分之一者的收入成長三倍之際，實質中間所得卻僅較一九七五年增加十分之一，事實上自二〇〇〇年以來中間所得就未曾增加。[6]

菁英體制的推崇者聲稱該體制所形成的階級架構是善意且公正的：造成的不均並不具有剝奪性，因此是無害的，而且這樣的不均主要是由於勤奮而來，因此是無辜的。但是中產階級的經歷卻告訴我們另一個故事。菁英體制使得中產階級持續大量遭到閒置，斷絕了他們的所得、權力與尊嚴。同時，菁英體制在阻斷中產階級因工作而來的所得與社會地位之外，本身還把勤奮提升至獲取社會地位的主要條件。因為如此，菁英體制也視中產階級為其負擔。菁英體制藉由其不均正義的主張，又為飽受經濟創傷的中產階級施加道德上的侮辱，這樣的侮辱只會帶來更大的傷害。

機會的侵蝕

菁英體制造成的不平等不僅傷害結果，同時也侵蝕機會。

當今的社會益發重視教育投資的回報與少數表現傑出的學生，然而聖克萊爾湖畔中產階級的子女大都只會進入普通公立高中就讀，在學術能力評估測試（SAT）上大概也只會取得中等的成績——大致是全國平均水準。他們高中畢業後大都會進入當地的大學——馬科姆社區學院（Macomb Community College，迄今仍以廣播電台與電視廣告來鼓勵高中學生接受專業技工的培訓）、韋恩州立大學與密西根州立大學。根據線上訊息顯示，有些學生會尋求進入密西根大學，但是該鎮文化中並沒有追求更高學位或是專業領域的野心。事實上，聖克萊爾湖畔從來沒有一位學生去申請常春藤聯盟的學校或是其他真正的菁英學校，當地居民表示，如果有的話，一定會登上當地的報紙。

再一次地，這樣的模式遍及全國。今天中產階級子女的前景就和他們的父母一樣，漸趨黯淡，他們進入菁英大學的機率其實與貧窮家庭子女差不多。在高度競爭的菁英大學，來自所得分配最高的四分之一家庭的學生人數大約是以六比一的差距超過所得分配在中間階層的家庭，而在最頂尖的菁英大學，這種向財富傾斜的情況更是嚴重。例如哈佛與耶魯，來自所得分配最高的百分之一家庭的學生人數，甚至已超過所有來自所得分配在下半部家庭的學生。美國人民目前每十人只有一人擁有高級學位（學士後學位），以此觀之，中產階級可能已完全被排除在研究所與專業學院之外。

菁英體制造成的不平等貶低了中產階級的地位——不僅限制了他們的前景，同時也剝奪了他們追求更上層樓的機會。當今的社會菁英遠比過去任何一代都懂得如何培訓，的確，他們對培訓重要性的了解遠超過任何事情。因此，他們會大量投資於子女的菁英教育上，投資規模之大，遠超過中產階級父母所能負擔。菁英體制的內在邏輯強調的就是密集與嚴格的教育，而在有生之年盡可能為子女提供菁英教育已成為新版世襲制的主要機制。

菁英的教育投資規模之大，令人咋舌。位於富人區，資金來源主要是靠當地豪宅房地產稅的頂尖公立學校，平均每年對每位學生的教學支出是中產階級普通學校的兩到三倍，包括聖克萊爾湖畔在內。這樣的投資可以買到遠超過一般的教育。聖克萊爾湖畔的中學全校可能只有一位音樂老師，他每週需要往返於各校之間教導七百五十位學生，而且可能還沒有音樂教室，只有一輛推車。反觀經費富裕的學校所能提供的設施是一般學校無法想像的，例如在麻賽諸薩州的牛頓（Newton），擁有一座高科技的氣象站；在加州的科羅納多（Coronado），有一所數位媒體學院擁有立體模型打印機（3-D Printer）。此外，這些富有的學校也能高薪聘請較好的師資。一項調查顯示，在富學生較多的學校，校長的資歷要比窮學生較多的學校校長整整多出一年，老師的資歷則比平均水準多出兩年左右，而且有百分之二十五以上都擁有碩士學位。同時，初當人師的數目（這些人通常還在學習如何教學的道路上奮鬥）也比一般學校少了一半。

私立菁英學校的學生通常有百分之八十是來自所得分配在最高的百分之四的家庭（聖克萊爾湖畔的一位老師表示這就像是一個門禁森嚴的高級社區），在教學上的投資近於奢侈，平均在每位學生上的支出是一般公立學校的六倍。這些學校的設施令人驚豔，校區感覺就像是大學。私立菁英學校所聘僱的老師人數是一般學校平均每位學生的兩倍。[7]這些老師本身就是菁英，都受過密集與嚴格的培訓：在富比世雜誌（Forbes）所列排名美國前二十所預備學校中，有四分之三的老師都擁有高級學位，也就是說學士後學位。

菁英階層對教育的大量投資獲得豐富的回報。今天富學生與窮學生的學業差距已超過一九五四年白人與黑人學生間的差距，最高法院就是在該年對著名的布朗對教育局訴訟案（Brown v.

Board of Education）做出宣判的。美國今天貧富不均所造成的教育失衡，甚至比其種族隔離政策時期還要嚴重。[8]教育失衡不僅在富人與窮人間形成區隔，同時也將中產階級分隔開來。例如現在富家子弟與中產階級子女間的學業差距之大，已超過中產階級與窮人家子女間的差距。當這些孩子申請大學時，學業上的差距會更形擴大，各大學也會因此更加著重於學業成績特別優異的菁英子弟。如今富家子弟與中產階級子女間SAT分數的差距，要比中產階級較貧家子弟高出的差距，還要高出一倍。這樣的差距使得非菁英家庭子女難以克服階級上的阻礙達到菁英的水準。根據統計，在來自最貧窮三分之一家庭的子女中，每兩百人中大約只有一人的SAT分數能夠達到進入耶魯的水準。

這種不平等的模式在菁英體制內在邏輯裡處處可見——該體制的立論是任何人都可以靠傑出的表現而成功，因為在該體制下，大學是根據學業成績作為錄取標準，同時也是根據技能的高低來僱用員工——然而實際執行卻證明都是假的。強調卓越的表現，不論其原則與動機為何，反而在申請大學與職場上製造出中產階級根本無法通過的競爭。儘管總是會有特例，但是一般而言，貧家子弟與中產階級的子女在爭取進入菁英大學的競爭中，根本無法和富家子弟匹敵，因為後者自小，甚至在娘胎裡，就開始接受持續不斷且精心規劃地密集教育投資。同樣的，僅接受一般培訓的勞工，也無法與受過菁英培訓，擁有超高技能且勤奮工作的高級工作人員競爭。

影響所及，這些模式使得社會流動性大受限制。在最貧窮的五分之一家庭中，每一百名子女只有一人；在中產階級家庭的子女中，每五十人還不到一人，能夠掙得有資格進入最富有的五分之一階層的財富。因為如此，美國貧戶與中產階級的子女，在所得階梯上向上攀升的成功機率，不及法國、德國、瑞典、加拿大、芬蘭、挪威與丹麥等國（上述國家中最後四個的社會流動性是美國的兩倍以上，有的甚至是美國的三倍）。絕對經濟流動性也告減退。今天中產階級子女所賺得的收入高於父母的機率較上世紀中期已下降一半以上——此一降幅要大於中產階級與貧戶間的差距。

種種的差距形成了排擠循環。菁英畢業生壟斷了最好的工作，同時還發展各種有利於擁有超高技能的菁英的科技，使得最好的工作變得更好，其他的工作則變得更糟。這樣一來，菁英階層的高所得使得這些菁英父母能夠進一步獨占他們提供給下一代的菁英教育。菁英體制因而在教育與工作之間製造出一種反饋循環，每個領域的失衡都會導致其他領域的失衡更加嚴重。菁英與中產階級所得差距不斷擴大就足以顯示菁英體制所形成的不平等有多嚴重。菁英階層與中產階級在教育投資上的差距，即代表菁英階層將機會轉移給下一代與機會不平等的規模有多大。這些失衡的狀況加總起來，形成了菁英體制的排擠力量。

中產階級的衰敗、菁英階層的興盛，以及經濟與社會差距的不斷擴大，在在促使菁英階層形成將財富與社會地位傳給下一代的世襲制度。每一次的傳承都使得菁英體制造成的不均更為嚴重，進而成為主導經濟失衡的力量。菁英體制早期宣揚的希望已經破滅。菁英體制已成為美國今日推動機會均等的最大單一阻礙。

「穩定良好」狀態的結束

一位在聖克萊爾湖畔一家熱門碼頭餐廳工作的酒保，其人生經歷完全反映出現代經濟與社會不公的現實。在聖克萊爾湖畔長大成人後，他前往西岸闖盪，住在西雅圖，並在當地找到工作。然而最終他在多重原因下返回——撤回——家園。雖然他在西雅圖賺得比較多，但是當地物價昂貴，他無法確定自己還能花費得起，而且事實上西雅圖有許多支出都是他負擔不起的。尤其是西雅圖的住宿成本高得嚇人，使他根本不可能擁有自己的房子，不管是現在還是任何可以想像得到的未來都不可能。反觀聖克來爾湖畔，任何一件銷售的商品，都是中產階級家庭負擔得起的。酒保的收入可以讓他負擔得起在當地任何一家商店購物與任何一家餐廳用餐，包括吉伯特小屋。他也許可以花五萬美元買下一間公寓，從此不再為房租煩惱。此外，根據當地一位房地產仲介商的觀察，如果一位工會汽車工人娶了一位學校老師，或是一位護士嫁給一位醫師助理，只要他們儲蓄或許就能購買在湖上的房子，這是該鎮最貴的社區。總而言之，這座小鎮沒有任何一樣東西是大家買不起的。

經濟的起落決定社會的興衰，聖克萊爾湖畔的文化較西雅圖多元，其社會結構因而能夠創造出一塊遮羞板，遮蓋其中的失敗與遭到排擠的失落感。西雅圖就和其他的大型海岸城市一樣，是圍繞著全國（甚至全球的）菁英運轉——來自亞馬遜、微軟與波音的菁英人士。酒保發現自己不但被消費圈排除在外，甚至也遭到當地社會的排擠，影響所及，他的感覺是只要自己不是有錢人，就是一個窮人——被富人所建的社會排擠。反觀聖克萊爾湖畔，中產階級是當地生活的中心。當問到誰是當地最重要的人物與原因時，當地居民回答要取得這樣的社會地位看的是他們對當地事務是否熱心，而不是教育程度、工作、所得與財富；當地社區領袖都是那些積極投入公益的人，而不一定是有錢人。鎮上領袖也表達出對如西雅圖之類大都市社會地位的厭惡：「我們並不喜歡所謂的菁英，」其中一人說道，然後又補上一句，「我僱用別人的時候，從不會因為他是在哪裡上學，或是沒有在哪裡上學。」

相較於外面的世界，聖克萊爾湖畔的居民人人都有機會爭取較高的社會地位與身分。「儘管你沒有錢，住在這兒也能感覺到成功。」鎮上一位領袖在聽到酒保的故事後這樣表示。但是在海岸的大城市，「你就算賺了更多的錢也不會感到成功。」反而是生活中充斥著失落感與排斥感。「你不是成功就是失敗，然後你也不會覺得好過。」她繼續說道。保齡球館老闆則是表示這位酒保在「這兒」感受到自己是一個中產階級，而他的這兒意謂聖克萊爾湖畔就是一個中產階級世界。另一位居民表示，「穩定良好」要比「短暫優越」好，因為儘管你是身在相對貧窮的社會，但是你是居於中心地位，相對於處在別人富裕社會的邊緣地帶，前者的感覺自然較好。

在上世紀中期，聖克萊爾湖畔能夠履行這些民主社會的承諾。中產階級的富足意謂「穩定良好」事實上是穩定成長，而中產階級在全國社會與經濟上的主導地位，也意謂聖克萊爾湖畔的社會代表的就是美國生活的中心，（以美國當時在全球經濟的主宰地位來看）甚至是居於全球社會的中心地位。當時的經濟基礎支持中產階級文化，外在的環境與聖克萊爾湖畔內部的環境相互呼應。

然而時至今日，菁英體制下的不平等卻是在穩定侵蝕此一民主社會的邏輯，而掩蓋中產階級遭到排擠的遮羞板也因此出現裂痕，不論是在聖克萊爾湖畔還是其他類似的地方，都面臨相同的命運。主導美國社會的經濟與文化力量也越來越遠離中產階級。每年都會有一項創新一時之間帶動某地的發展，但是絕對不會是聖克萊爾湖畔。隨著菁英體制推動世界前進，外面的社會也失去對該鎮民主秩序與中產階級價值的尊重。此一小鎮的生活也因此每況愈下——雖然還不至於到淒慘的程度，也是逐漸衰敗。

來自聖克萊爾湖畔內部的成功感也愈趨脆弱——難以阻擋來自外界的衝擊，使得該鎮在經濟基石崩塌下維護既有文化的努力備感艱難。在一個已成熟的菁英體制社會中作為一個中產階級，不僅已經過時，更是落伍——寧願守成不願成長，沉淪到一個退縮不前的生活之中；保護一座腐朽不堪，遲早終會倒塌的城堡。

聖克萊爾湖畔，和美國廣大的中產階級一樣，只有防守而無力進攻。這座小鎮一度是當地一位領袖口中所稱是中產階級「最為安全與最為穩定」的地方，如今她只有語帶保留，半諷刺半自嘲地承認，已不較以前安全與穩定了。

在傷口上抹鹽

儘管已把中產階級勞工變成多餘的累贅，菁英階層同時還推崇勤奮的精神與蔑視懶散的態度。在上世紀中期以其自我形象建立美國的中產階級，如今卻被菁英體制貶低成下層階級——不僅是經濟價值，其優勢與社會地位都遭到剝奪。菁英體制所攻擊的不僅是其表面，同時也傷害到其心靈，使得已因薪資停滯而備受經濟打擊的中產階級還要受到道德上的侮辱，被指責毫無價值。這樣的侮辱來自菁英主義的理念，更過分的是，還要求中產階級接受如此的屈辱。菁英體制的陷阱限制了想像力、形成經濟階級、排擠落後的人，並且阻攔中產階級對菁英體制傷害的集體認知。菁英體制已把中產階級變成流氓無產階級。

這些傷害使得已陷入困境的人備受煎熬，消失的機會侵蝕其能量與希望，強制性的閒置更是招來外界的鄙視，最終變得自甘墮落，滋生挫折感與憤恨。事實上不論中產階級是居於何等位置，或者是否感覺良好，看到菁英階層遠遠超前，望塵莫及，心中自然大受打擊。

菁英體制在所得與社會地位上雙管齊下的攻勢，使得中產階級分崩離析。例如當社區失去製造部門的工作時，損失的不僅是所得，結婚率與出生率也會隨之下降，死亡率（尤其是中年男子）則會上升。家庭也會破裂——學歷在高中以下婦女所養育的小孩有一半以上都是婚姻之外的（學歷在大學以上婦女在此一方面的比率則是百分之三）。孩童在學校裡掙扎，而成年人則是奮力求生。

死亡率凸顯菁英體制陷阱在精神上的殺傷力有多強大與殘酷。美國中年人的死亡率現在已連續兩年上升，預期壽命則是連續兩年下降，尤其是中產階級的白人。這樣的情況實在令人震驚——事實上前所未見。在一般的情況下，只有大規模戰爭、經濟崩潰，或是瘟疫才會造成大量人口死亡，使得死亡率突然上升。上一回美國預期壽命連續兩年下降還是在一九六二到一九六三年流行性感冒肆虐的時候。但是今天的死亡率上升卻與這些原因都沒有關係，而是發生在樂於消費且勞動負擔空前輕鬆的中產階級。美國的中產階級正在大量死亡，而且沒有任何的實質原因。

菁英體制無形中的壓力是此一謎團的答案，這一死因也揭開了該負擔罪惡的一面。美國中產階級成年人都是死於間接或直接的自我傷害——坦白說——就是病由心生，將來自菁英體制排擠的侮辱軀體化。從底特律到聖克萊爾湖畔的九十四號州際公路旁眾多的廣告看板中，有一些是納洛酮（Narcan）的廣告，這是用來「緩解鴉片類藥物過量」的藥物。與此同時，在聖克萊爾湖畔所在的馬科姆郡（Macomb County），二〇一六年因使用藥物致死的人數是一九九九年的七倍。濫用毒品的情況不僅只在聖克萊爾湖畔一地。美國如今因自殺、濫用毒品與酗酒（在教育程度相對較低族群中的增加速度是教育程度相對較高族群的三到五倍）而死亡的人數已和愛滋病相當，成為死亡率上升的主因。這些，再加上其他各種方式，菁英體制陷阱為已成經濟累贅的中產階級所施加的閒置，在過去十年間已造成超過百萬的「絕望死亡」。9

菁英主義推崇工作的意義與機會均等的傳統理念造成誤導。的確，這樣的觀念其實是反其道而行。菁英主義支持者宣稱該體制打破不平等與貧窮間固有的連接關係。然而實際上菁英體制卻是將所有人排除在只有少數菁英才能擁有的頂尖學校與工作之外，而且該體制也剝奪了中產階級在經濟與社會上的機會。菁英主義的支持者主張其與競爭優勢的結合使其形成的不均在道德上完全無害，甚至應是令人欣羨的。但是事實上菁英體制自成一體的社會與經濟階級，證明除了少數經過精挑細選的菁英之外，對於其他所有人有害無益而且殘酷無情。

菁英體制下的不平等對中產階級造成的壓力有多重，或許可以由其導致的死亡人數估算出來。

遭到剝削的菁英

菁英體制對菁英們所造成的傷害就不是那麼明顯，畢竟，身為富人並不是一個會讓大家自然感到同情的目標。不過，相較於過去貴族時代的前輩，今天的菁英階層過得並不好。對於身處高處的菁英而言，菁英體制下的不均非但沒有使其生活變得更深刻與豐富，反而是淺薄，甚至是殘酷無情。

崇尚努力與勤奮的文化正在侵蝕菁英階層。菁英從搖籃到進入墳墓的一輩子都在為出人頭地奮鬥。他們從小就要開始打拼，在菁英父母的教誨與嚴格的教育下學習日後從事高級工作所需的技能。菁英學校，不論是私立的還是公立的，都會對學生嚴格要求——初級中學每晚要做三小時的家庭作業，高級中學則是五小時——這樣的情況並非罕見，疾病管制中心（Centers for Disease Control）就曾警告，學校作業已嚴重剝奪學生的睡眠時間。[10]然而在學校課堂之外，這些富有人家的子女還必須接受家庭教師、教練與補習班進一步的折磨。

這種持續不斷且密集的磨難會一直延伸到他們的成年期，擴及整個事業生涯：成熟的菁英必須極端地勤奮。律師事務所不僅是要求同仁增加收費小時，同時還執著於追蹤合夥人對每小時收費的貢獻——有一家事務所甚至更新其線上資料庫，讓合夥人可以全天候每二十分鐘（透過智慧型手機）相互檢視對方的貢獻。銀行家則會被期待在擢升的同時提高他們的貢獻。財星五百大的一位資深主管表示，高級經理人是「他們公司工作最辛苦的人，因為他們必須比別人更勤奮，表現得比別人更好，所受的培訓比別人更多，才能保住他的職位。」

但是長時間的密集與辛苦工作並不是菁英們想要的。他們全都吐露寧願減少收入來換取休閒時間的心聲。調查顯示，每週工作超過六十小時的人表示他們希望能將每週平均工作時數減少二十五小時。根據一項系統性的研究報告指出，這些菁英人士都抱怨他們的工作已影響到他們維繫家庭、與他們的孩子與伴侶建立良好的關係，甚至能夠擁有一個令人滿意的性生活。有鑑於此，當聽到過度工作的菁英階層大吐他們「時間大飢荒」的苦水時，也就不足為奇了。長時間的辛苦工作已吞噬了菁英們的生活。

更過分的是菁英體制已將這樣的長時間密集工作當做其競爭的基本要件。今天的菁英一輩子都活在競爭之中。過去只有在特殊場合才有的評估，例如大學入學季或是要將某人提升為合夥人或總經理的時候，現今卻是充斥於菁英事業生涯的各個階段。每一年，從幼兒學校到退休，都有一大堆的測試與評估來過濾與追蹤他們的表現，對他們可能的機會造成影響。

菁英們在童年時就要開始面對菁英體制的壓力，他們會被強行拉入等級、分數與入學的競爭之中。在競爭最激烈的幼兒學校，每十名申請人還錄取不到一人。[11]在如紐約、波士頓與舊金山等大城市的富有人家現在大都會為他們的子女申請十所幼稚園——儘管每項申請需要經歷冗長的介紹信、評估與面試的階段——而這一切都是為了他們四歲的孩子，在明星私立小學與高中還會繼續這樣的評估模式，而且競爭更激烈。例如現在每年有三萬名學生來參加曼哈頓八所菁英高中的入學考試，爭取大約五千個名額。這樣的模式會一直延伸到大學。在幾十年前所謂的菁英大學的錄取率是百分之三十，然而現今不到百分之十（芝加哥大學的錄取率直到一九九五年還在百分之七十一，史丹福大學現今的錄取率不到百分之五）。[12]

超高級的工作把這些測試與評鑑一路延伸到菁英的成年期。律師事務所會依每人對獲利的貢獻來將合夥人分級（各級合夥人的薪資差距可能會達到二十比一），即使是最高階的權益合夥人，如果無法對公司獲利帶來貢獻，也會遭到開除，這樣的做法在幾個世代之前根本是未曾聽聞。銀行也有各種級別，有掛名的董事總經理與高級董事總經理或是合夥人；有一般的主管與集團領導人。此外，銀行界每年有所謂的「紅利日」，即是根據職員表現發放的獎金，由此來決定其一年的表現優劣。大型企業也有一般經理人與總字輩的分級制度，即使是（總）執行長，也要看他們面對競爭激烈的市場如何為公司掌舵的表現來決定他們的報酬。他們的收入與工作從來沒有像現在這樣需要依賴擊敗競爭對手與確保股價上揚。

與此同時，測試本身也變得更加嚴苛。在學校方面，百分之三十的錄取率固然艱難，但是如果有一個全力支持的家庭，可以合理預期至少會進入其中一所學校。然而不到百分之十的錄取率意味要面臨一場幾乎一步都不能出差錯的競爭，而且必須全心全意地投入，即使如此，可能還需要一點兒運氣。在工作方面，成為合夥人與管理階層的競爭雖然艱難，但是還可以應付得來，然而現今這些已被躋身最高階層——經營委員會或是總字輩高級主管——的全面性競爭所取代。

這樣的改變都是依循菁英體制不公下的內在邏輯。所得、富人與中產階級間不斷擴大的差距形成了蘿蔔與棍棒，從而將菁英體制下嚴酷的競爭合理化。菁英階層的子女接受學校嚴格的培訓，成年菁英接受不辭辛勞的工作倫理，這一切都是因為晦暗的工作回報太少，相較之下，光鮮工作的回報則是遠為優渥豐富，而且後者的工作機會又是僧多粥少。在贏者全拿的情況下，競爭自然就愈趨激烈，菁英的機會完全是靠競爭而來。

菁英體制徹底改造了菁英的生活：無論是在家庭、學校，還是在工作上，而且是自童年時代開始直至退休。菁英培訓使得富人家庭完全屈服於菁英體制的紀律之下，堅決要求具有可以證明的成就。相對於過去貴族階層的子女倘佯於特權之中，現今菁英階層的子女必須仔細計算他們的未來——精心策劃展現自我，抱負、希望與憂慮都是如此。相對於貴族階層放任子女的成年生活，菁英階層的父母則是費盡心思為他們的子女提供可以在教育競賽中獲勝的最大機會。菁英的工作也使其臣服於菁英體制的紀律之下，堅決要求在整個成年人的生活中持續不斷地密集生產。菁英體制的陷阱使得菁英在各方面都陷入永無終止的鬥爭之中。每位同事都是競爭對手，而在每一個階段，沒有勝利就是淘汰。

菁英體制的競賽使得所得與社會地位間的傳統關係與安全感相互連接。菁英體制在其階層的最高層還會區隔出更多的級別，同時也延長了社會與經濟階層的梯子，使得階梯間的距離擴大。菁英體制下的競爭也因此在菁英之間尤其激烈。最成功的學生與人員也因此最沒有安全感，因為在他們表現上的微小差異都可能在獎賞上造成極大的不同。菁英們的不安全感幾乎是自出生開始就一直存在，永存不朽——尤其是在菁英階層的最高一級階梯。

的確，菁英階層的門檻高，要跨過門檻的競爭激烈，每一個新世代都會加入這場競賽，使得每個人都覺得自身難保。這些身處高位的人生活中充滿了階級焦慮感——從童年、青年與大學時期，直到建立事業與為人父母——影響所及，菁英人士與他們的子女也就一直是生活在深恐掉隊與被菁英階層淘汰出局的陰影之下。諷刺的是，這樣的不安全感正是菁英體制自己製造出來的。過去的貴族階層靠著出生就可以輕易獲得財富與名位，然而今天的菁英階層在通往財富與社會地位的道路上卻是必須小心翼翼，兩相比較，形成強烈對比。菁英階層或許能夠將他們的成就傳承下去，但是他們為此也被課以繁重的人力稅。

圍繞一小批菁英人士繁重培訓與勤奮精神的經濟生活，已成文化的中心，每一位菁英人士所必須肩挑的負擔也因此更加沉重。然而菁英體制著重每位菁英所能產出的模式太過狹隘，使他們不勝負荷。這種強調產出的模式逼迫菁英超載生產，同時形成勞動異化，為的就是能夠進入或是維持在菁英體制的內部聖殿中。

人力資本的負擔

這些都不是巧合。相反地，菁英們的努力不懈所反映的是針對經濟上一種新的必要性進行調整，此一必要性是來自菁英體制的內在邏輯。這些新一代的菁英唯有全心全意地進行培訓、競爭與工作，才能實現他們的所得與社會地位。

老一代的菁英是以土地與（後來的）工廠來持有其財富。土地與工廠能夠產生租金或是利潤，而無需所有者花費任何勞力，並且往往根本不需要所有者工作。貴族時代的收租公因此可以不勞而獲。低收入的佃農或是低薪的勞工提供了所有的勞動，而遊手好閒的貴族階層卻取走了大部分的獲利。物質與金融資本讓其所有者完全解脫束縛。

相較之下，新一代的菁英所擁有的是培訓與技能。就某種意義而言，他們也是收租公。他們的確擁有資產：他們的培訓與技能，也就是所謂的人力資本。[13]和所有的收租公一樣，新一代的菁英也是透過他的資本與勞動來獲取所得與利潤。但是他們之所以能夠致富並不是擁有什麼別人所沒有的祕密，而是在於他們這些醫師、律師、銀行與經理人每一工時所生產的價值遠超過不具特殊技能的勞工，而且他們的產出價值每一單位都是來自過去在培訓上的大量投資。菁英體制下的超菁英人士之所以擁有高薪，並非在於他們的努力超過常人，而是在於他們所積聚的人力資本的經濟價值。

菁英階層與貴族階層擁有的資本形態迥異，對他們生活所造成的影響更是完全相反，尤其是在自由度方面。與土地與工廠不同，人力資本所產生的所得——至少需要使用現代科技——是依賴持有人同時所從事的勞動。（即使超菁英人士僱用別人，也是需要運用自己的技能與培訓，例如律師事務所的合夥人可能會僱用同行來輔佐他的案子，或是經理人會僱用生產工人來執行他的計畫——他可以將他的人力資產與別人的勞動相結合，不過他自己也必須隨同工作。）今天，這些富有的菁英都近乎工作狂，因為唯有這樣才能利用他們特有的財產。人力資本非但沒有讓持有人解脫束縛，反而對他們形成制約。

對人力資本的依賴使得菁英階層的負擔更形加重——這樣的負擔相對於長時間工作，儘管比較無形，但是卻更令人煩心。隨著菁英的收入與社會地位都越來越倚重人力資本，競爭也變得更為直接立即與個人化。菁英體制的競爭文化主宰了每一位菁英的外在環境與內在生活（希望與恐懼）。他們從幼兒學校一直到退休都被不得落後同儕的競爭壓力所淹沒。成就成為他們的構成要件，身為菁英那種出類拔萃的成就感如今已變成他們的全部。在一個成熟的菁英體制下，學校與工作主宰了菁英們的一生，他們根本沒有擺脫的可能。例如一位投資銀行家，兩歲時就進入聖公所學校（Episcopal School），接著是道頓（Dalton）、普林斯頓、摩根士丹利、哈佛商學院，最終進入高盛（Goldman Sachs）工作（他以在高盛的所得將子女送進他曾經就讀的學校），這樣的資歷正是大家夢寐以求的，而且可能也是他本人所期望的。

資產所有人在利用其資產時大都會無視其資產的本質與其固有的價值。甚至是貴族階層的收租公在利用其土地來獲得收入時，也不會顧慮封建制度下封邑對其爵位的意義。契訶夫（Chekhov）在其劇作《櫻桃園》（*The Cherry Orchard*）就感嘆追逐利益的行為「吞噬了其所經過的所有事物，並且將之轉變成另一種東西。」這座古老的櫻桃園最終所產出的最大利潤就是砍掉所有的櫻桃樹改建假日別墅——以自身的毀滅來凸顯過去生活方式的毀滅。

但是土地或工廠的所有人——尤其是反對封建價值的新任所有人（在契訶夫的劇作中是一位農奴的兒子），其實可以吸收或是完全不顧這樣的成本。是的，收租公所獲取的利潤可以允許他將個人的精力投入真正的興趣與志向——例如藝術、政治家，或者只是想當一位上流社會人士——而不必擔心其所得或是社會地位。傳統上的財富，包括物質與金融資本，不僅是容許所有人不需要工作，同時也可讓他實現自我。

然而人力資本的運作卻是完全相反，也就是說一個人的人力資本最終可能會對他造成威脅，形成勞動異化：此一觀念下的盈利體系對人力資本所產生的利潤需索無度，具有毀滅性的胃口。菁英體制對菁英們密集灌輸這樣的觀念，使得菁英人士的才幹與技能成為他最大的經濟資產，也是主宰他財富與地位的最大力量。為了利用這樣的資本來獲取利益與地位，菁英們必須把自己設想成是工具。為了確保其菁英地位，他們必須接受嚴格的教育與勤奮工作——培訓與發展別人珍惜的技能，然後在工作上努力達成別人的要求。事實上，他扮演的是資產經理人的角色，而其投資組合包括了他自己。

菁英體制將契訶夫所感嘆的土地商品化搬到人力資本身上。的確，菁英體制的文化把菁英所受的培訓與其工作商品化。菁英學校與大學把他們對學生的培訓打包成標準化，可以評估，甚至可以分級的單位（例如美國新聞與世界報導的美國大學排行榜）——坦白說，就是學位。與此同時，菁英的勞動市場也會把各項工作予以分級（例如銀行、顧問公司與律師事務所的排名，或是公司內部以收費時數做業績的審核標準），包括薪資在內。（高盛──超高級勞工的代表人物──甚至其人事部門改名為人力資本管理部）菁英體制將契訶夫劇作中貴族階層封地所遭遇的異化，轉置於其菁英階層身上。然而與貴族階層不同的是，菁英階層無法以其他的替代品來緩和與治癒他們的異化。

一個成熟的菁英體制要求菁英們充分利用自己作為攀升向上的工具，而菁英的一輩子都將承受這樣的壓力。菁英父母──儘管不願意，但也是自覺性地──允許子女的教育不是由實驗與玩耍主導，而是累積可以在日後進入頂尖大學，保有菁英工作的人力資本。菁英學校的教學完全圍繞著人力資本的累積，時時根據最新的教育科學趨勢調整其教學。即使是容許學生玩耍的學校，他們也會將玩耍成為工作的附屬品。有的時候玩耍本身就是一種工具，例如用來教導團隊合作，或是培養未來工作所需要的創造力。在其他的時間，玩耍則是受到嚴格操控。例如有一所菁英小學，老師會以「這一天的問題」要求學生在放學之前回答，但是並不會給予確切的解答時間。這樣的做法是為培訓五年級的學童如何在課堂上一心多用，以爭取額外的時間，或是乾脆犧牲下課時間。藉由這些方式，菁英體制把菁英的童年由一個消費基地變成生產基地，生產未來成為菁英人士所需要的人力資本。

菁英成年後在工作上也是採取相同的模式，不是把工作視做表現或實現自我的機會，而是提取價值的工具。然而當一個人的財富與社經地位完全依賴他的人力資本時，他根本負擔不起以自己的興趣或熱情來選擇工作——他對他的培訓與工作倚重之深，使其難以滿足自己的好奇心、追尋心中的呼喚，或者只是度假。與此同時，隨著薪資越來越集中在少數高薪的人員身上，支持高薪資的工作也越來越少。因此，一個人若是想得到菁英級的收入——或是只是想得到足夠讓他的子女能和他一樣接受菁英教育的收入——他所能選擇的工作範圍也十分狹窄，主要是集中在金融、管理、律師與醫師。至於中產階級所從事的工作，例如教師、記者、公共服務，甚至工程師，每一百個工作中還不到一個——或者可以說是根本沒有——其薪資能夠與菁英相匹敵。此外，如果某人的興趣是在上述領域，或是在讓人力資本回報率最大化以外的任何領域，他若是想追隨心中的呼喚，他只有犧牲自己或是子女的菁英階層。

因此，當面對這種兩難的抉擇時，要避免未來的失落感，最好的方式就是先拋棄個人對某些事物的熱情。這也說明了菁英體制的模式為何是前所未有的原因——菁英的工作場所充滿了寧願從事其他活動的人，但是由於他們的人力資本太過珍貴（尤其是對其所得與社經地位），使得他們負擔不起滿足個人的抱負。例如在學校唸的是英文或歷史，最後卻變成了銀行家；當初是受到美國公民自由聯盟（American Civil Liberties Union）或是個人權利中心（Centers for Individual Rights）的感召才進入法學院的，然而最終卻成為一名商業律師。這也是為什麼菁英人士即使產生勞動異化，也會全心全意地一輩子堅持他的工作。菁英體制的不平等或許能讓有錢人財務自由，但是卻嚴格控管他們的產出。

一個人身處這樣的環境下，坦白說，就是任由他人宰制——他會秏盡自己，精疲力竭。一再受到評等與生俱來分級的生活，有如置身珠寶商的磅秤上，隨時都處於秤重的陰影之下。最糟的情況是這些菁英將自己的能量虛擲於追求所謂的本質上真正的價值目標，最終得到的不過只是毫無實質意義的榮譽。然而即使是最好的情況，菁英體制造成深沉的異化，菁英們靠著剝削自己與強行扭曲自己的個性來獲得優渥的收入。菁英學生深怕失敗，因此他們儘管公開嘲笑那些「金星」或是閃閃發光的獎章，內心卻是極度渴望能夠得這些代表成功的傳統標誌。至於菁英人士則是發現自己越來越難自他們的工作中找到熱情與意義。菁英體制的陷阱使得整個世代陷落到害怕失敗、遭到貶低的恐懼與虛假的野心之中：永遠感到飢餓，然而卻一直找不到，甚至根本不知道真正的食物何在。

菁英體制下的生產，是要求菁英利用自己的人力資本來獲取利益與所得，等於是將工作變成一個進行壓迫的地方，而不是讓菁英人士表達自我的場所。這樣的情況，實際上就是卡爾·馬克思（Karl Marx）十九世紀指出勞工階級遭到剝削的異化現象。的確，科技發展使得中產階級供過於求，同時也把擁有超高技能的人員置於生產的中心地位。菁英體制改變了資本主義的階級結構，日益過剩的中產階級下降到流氓無產階級原本的位置，遭到異化的勞工則是回家仰人鼻息。

菁英體制的異化論是一雙面刃。菁英階層是自身人力資本的收租公，他們的自我剝削，不但使其成為受害者，同時也成為自我異化的媒介。再次強調，菁英不應該——也沒有權利——指望能夠享受到那些仍被菁英階層特權與利益排除在外的人的同情；但是菁英人士所受到的痛苦遠超過無法獲得同情的失落感，而且異化沉重的人力負擔無處不在。儘管物質與金融資本讓所有人得以擺脫滿足他人要求的壓力，但是人力資本卻將這些壓力完全集中在所有人的身上。

新一代菁英的致富之道與舊時代菁英靠著出身繼承財富形成強烈對比。舊時代下的傳統財富較能夠允許貴族階層表現自我，新財富——人力資本——卻使得菁英失去自我。菁英體制為菁英階層帶來心靈上的痛苦，使他們陷入存在性焦慮與深沉的異化之中。即使是再多的所得與再高的地位都無法減輕這樣的痛苦。

白領鹽礦坑

即使菁英有所成就，其中也透露痛苦與緊張——這是來自菁英體制競爭壓力下的自我壓迫。耶魯大學最近收到一封入學申請函，申請人為了證明她是多麼地用功，在申請函中提到她在高中時曾與一位她頗為敬重的法文老師交談，為了避免中斷此一知識性的對談，她寧願尿在褲子上也不去廁所。菁英大學的文化中充斥這種彰顯成就的作為，學生甚至為其取名——例如史丹福大學的「鴨子症候群（Duck Syndrome）」，指的是水面上鴨子姿態優雅，然而牠的腳蹼在水面下卻是拼命地滑水，表裡之間形成強烈對比。此外，根據哈佛商學院最近一項針對高階主管所做的調查顯示，一位受訪者驕傲地表示，「我晚上與我的孩子們共處十分鐘，效用要勝過我工作十分鐘百萬倍。」就十分鐘啊！

菁英人格的自我扭曲也有悲劇性的一面，例如加州的帕羅奧圖（Palo Alto）——當地成年人有五分之四都具備學士學位，有一半以上都擁有研究生與碩士的學位，而且當地家庭所得中間值是全國中間值的近三倍——是菁英體制下的教育樣板。[14]該鎮平均花在每位學生身上的教育經費是聖克萊爾湖畔的近兩倍；帕羅奧圖兩所公立高中帕羅奧圖高中與岡恩高中（Henry M. Gunn High）的學生平均成績，居於全國SAT分數的前百分之十；有超過百分之六十的高中畢業生都是進入菁英大學，而且一年有四十位高中畢業生是進入史丹福大學就讀。但是帕羅奧圖的孩子們都是悲慘地陷落在菁英體制下必須「有所成就」的壓力之中。帕羅奧圖高中與岡恩高中近十年來已成為所謂的自殺學區，十年期的自殺率是全國平均的四到五倍。有些自殺案件是臥軌輕生，一位學生形容在課堂上每二十分鐘就可聽到的加州列車警笛聲，就像是「飢餓遊戲（The Hunger Games）電影中每次紀念小孩死亡時的砲聲」。

帕羅奧圖高中的自殺學區現象其實並不罕見。一般而言，今天富人區的高中學生吸毒與酗酒的比率都高於相對貧窮地區的中學，他們患有臨床顯著性抑鬱症與焦慮的比率也是全國平均的二到三倍。這樣的趨勢帶來嚴重的困擾。例如最近一項針對另一所矽谷高中的調查顯示，有百分之五十四的學生都有中度到重度的抑鬱症癥狀，有百分之八十的學生都有中度到重度的焦慮癥狀。

而今天的大學生，患有抑鬱症的比率是千禧年交替時的兩倍。大學也面臨自殺學區的情況。賓州大學日前成立一個心理健康小組，以因應近來的學生自殺潮，根據該校調查，此一自殺潮與學生承受的壓力有直接的關係，在這樣的壓力下，學生「情緒低落、有疏離感，以及出現焦慮與抑鬱的症狀。」另外，一個由菁英教育人士組成的團隊（包括哈佛大學教育研究所）在其報告中感嘆，「競爭狂潮」已席捲入學考試，並且警告這樣的競爭嚴重威脅申請者的心理健康。[15]

進入成年期並未為這些菁英的壓力帶來紓解。工作上的高度緊張使得菁英的焦慮達到頂點，甚至崩潰。菁英人士——不論是在帕羅奧圖、紐約，還是全國——都陷入工作狂熱。的確，菁英體制下的工作壓力之大，甚至使人可以不顧身體上的健康。例如紐約的一位初級銀行家表示他曾不顧自己的鼻竇炎，搭機去見客戶，導致在飛行途中耳膜破裂，結果他是在耳朵半聾又流血的情況下為客戶進行簡報，直到搭機回來才衝進急診室。一位前律師也有類似的經驗，他表示他事務所的一位同事在會議中途突然暈倒，她的團隊為她叫來救護車，然後在護理人員將她抬走後繼續工作。（這位同事最終成為合夥人，有人認為她的暈倒有助升職，因為代表她戮力從公。）有些銀行家甚至工作至死，高盛的一位分析師就因多天連續不斷地過度工作，不慎從高處跌落而死。這種在在顯示對工作近乎偏執的情況，往往在頂尖運動員身上較為常見：國家美式足球聯盟（ＮＦＬ）的球星羅尼．洛特（Ronnie Lott）為了一場重要的比賽，不惜決定將受傷的手指截肢，以免要進行手術而錯過比賽。這些工作狂的菁英就是白領版的羅尼．洛特。

即使是對身體極盡保護的工作文化，也可能會對心理造成傷害。亞馬遜的辦公室要比倉庫安全得多，但是儘管如此，卻是更加無情與冷漠。該公司的「領導原則」要求經理們必須「努力不懈維持高水平」與「取得成果」。為了達到這樣的目標，亞馬遜要求經理互相挑戰，「即使會造成不安與摩擦」，而且還借用傳統上只有在邪教與極權國家才會使用的技巧——「大聲自我批評」，即使此舉會造成尷尬與難堪。亞馬遜的一位員工就表示，在這樣的工作氛圍下，「我所共事的同事中，幾乎沒有一人不曾躲在桌邊哭過。」另一位員工表示在最近的表現評估中，他的上司花了半小時持續不斷指責他欠缺技能與沒有達到目標，然而最後的結論卻是「恭喜你，你升職了。」

令人驚訝的是，其他一些熟悉內情的人士認為亞馬遜的情況並未過於誇大，也並非特例。相反地，這些觀察人士全都認為亞馬遜的情況可想而知，不足為奇，甚至可說是相當普遍。其他一些菁英工作場所——例如科技業、銀行、律師事務所、顧問公司，甚至一些大型企業與其他的「白領鹽礦坑（salt mine，意謂極端辛苦與壓迫的工作場所）」——其實並無二致。菁英的工作場所總是令人秏盡心力。

為了成為菁英階層的一分子，一個人必須能夠優雅地吸收自我剝削的壓力，或者至少能夠表現得堅定冷酷。最成功的是那些能夠不中斷地保持工作熱誠而又不致崩潰的人。菁英人士非常明瞭這一點，因此把耐受力作為評量其地位的標準，就像有閒階級以精緻優雅來評量其地位。亞馬遜告訴旗下經理，如果他們的工作「撞牆了」，唯一的解決之道就是「攀牆而過」。一位投資銀行家最近表示：「除非每週在公司工作九十小時，實在很難做一個稱職的中階副總裁。」一位在財星五百大企業的主管指出，滿懷抱負的經理在展現自己的才能與熱誠之後，終會面臨「終極考驗」：有些人最後是筋疲力竭，因為一直在工作而變得舉止怪異……不過在上層的人都很聰明，他們瘋狂工作卻不致筋疲力竭。他們仍然能夠維持良好的心智與美滿的家庭生活。他們是這場比賽的贏家。

菁英階層所享有的物質優勢並不能確保他們的幸福，即使是超乎尋常的韌性也無法去除在激烈競爭中脫穎而出所帶來的苦澀。悲傷與失落感正逐漸宰制菁英的工作與生活。[16]調查顯示，今天有三分之二的菁英人士都表示，如果他們需要工作得更辛苦，投入更多的精力，他們寧願不要升職。祈求工作／生活平衡的哀怨之聲目前已響徹菁英的工作場所。

菁英的不滿導致美國的菁英體制走向所謂的「越南時刻（Vietnam moment）」。越戰時期，美國政府採行徵兵抽籤制，斷絕了以上大學為由延後服兵役的路子，同時也加重了富人家庭打越戰的負擔，結果是導致菁英階層最終也開始反對越戰。隨著菁英日益受到菁英體制陷阱的威脅，即使是富人也開始反對菁英體制的不公。史丹福法學院院長最近在寫給畢業生的信中指出，菁英律師目前正陷入劇烈轉動的滾輪之中：高報酬要靠更多的收費小時來支持，然而長時間的工作則需要有高報酬作為動力，不論哪一項增加都會造成另一項的增加，永無休止。他最終感嘆，這樣的循環到底對誰有利？真的有人會想這樣嗎？

但是，懇求並不代表規劃：當升職就擺在眼前，菁英人士只會接受，並為自己的新職位付出更多心血，工作／生活平衡於是變成一個虛無的口號，而不是實質的計畫。菁英尋求逃避菁英體制陷阱的努力，最終被該體制的經濟邏輯所擊敗：人力資本的所有人只能靠著剝削自己來賺取所得，或者是說要依賴光鮮工作的蘿蔔與晦暗工作的棍子。菁英體制下菁英人士無論獲得多少收入與財富，都無法提升他們的自由與幸福。相反地，這些有如浮雲的名與利反而使得菁英更加深陷菁英體制的陷阱內。

第三章　階級戰爭風雨欲來

貴族菁英基本上都是將自己與他們所統治的社會隔離開來。傳統貴族階層擁有財物、繁文縟節，甚至連他們的穿著與吃的食物都與一般平民有所區隔。在某些方面，連法律（例如著名的禁奢令）都會強化這樣的隔離，包括禁止平民擁有或使用貴族的用品。

二次戰後美國下令撤除這些藩籬，至少就經濟層面是如此。在上世紀中期的美國，就和建國以來一樣，是由種族、性別與性傾向，而不是由所得與財富來分隔社會與設立階級。

在一九六〇年，帕羅奧圖與聖克萊爾湖畔實質上並無二致。他們兩座小鎮各有地方特色：傑瑞．加西亞（Jerry Garcia）喜歡住在帕羅奧圖，巴布．席格（Bob Seger）則是在聖克萊爾湖畔大唱瞭望台（Crow's Nest）。但是兩地的所得中間值與房價都相差無幾。[1]此外，這兩座小鎮都穩定成長，為了滿足當地的需求增長，帕羅奧圖的史丹福購物中心（Stanford Shopping Center）在一九五五年開張，只比聖克萊爾湖畔的湖畔俱樂部公寓大樓早了幾年。

帕羅奧圖與聖克萊爾湖畔所反映的是當年的情況。在一九五〇到一九七〇年間，全美各地薪資大都一致，大學畢業生在全國各地「分布情況相當平均」：不論是在市區與鄉間、整個地理區域，或者還是在城市之間。菁英與中產階級都是以相同的方式結婚與養育子女，吃的是相同的食物，觀賞同樣的電視節目與電影，甚至擁有相同的物品，包括品牌與出售的商店：美國人所購買的汽車有百分之九十都是來自福特（Ford）、克萊斯勒（Chrysler）與通用汽車（General Motor）（該公司頂級車款的價格可能是汽車平均價格的兩倍）；他們的家電產品有一半以上都是購自西爾斯百貨（Sears）；他們的手表有三分之一都是天美時（Timex）。戰後的資本主義創造了一個不僅在政治上，同時也在經濟與社會層面都呈現民主化的社會。這可能是有史以來首次出現富人與一般大眾過著同樣的生活，擁有同樣財物的時代。

上世紀中期的美國人自覺性地擁抱這種民主大融合，並且熱烈慶祝擁有一個沒有階級的社會，包括流行文化。經濟帶動文化的發展，深入眾人的生活之中，所影響的不僅是他們的生活，也包含他們想要的生活方式，從而營造出一個想像領域。法蘭西斯·史考特·費茲傑羅（F. Scott Fitzgerald）在其一篇短篇故事中寫道：「最有錢的……和你我都不同。」厄尼斯特·海明威（Ernest Hemingway）則在他一篇有關自己的短篇故事中提到某人回答：「是的，他們比較有錢。」[2]就上世紀中期經濟不均的情況來看，海明威是對的，費茲傑羅是錯的。在那個年代，富人與中產階級無縫融合，就算是所得在美國社會形成裂縫，也是在中產階級與窮人之間。除了窮人階級之外，上世紀中期的經濟不均現象在社會中看來很模糊，並不明顯。其實經濟差異並未完全消失，但是變得極為微小，戰後的數十年間也因此被稱為大壓縮（Great Compression）年代。

然而時至今日，菁英體制卻又恢復了貴族時代的階級隔離，其所形成的不均結束了過去富人與中產階級因為差距微小而相互融合的社會模糊現象，取而代之的是將富人與一般大眾有如一刀切的分隔開來。

如今全國最富有的百分之一階層所得與收入中間值的差距已是上世紀中期時的兩倍，在家庭所得分配五等分中的中級與底層所得差距已經縮小。此外，菁英體制形成的不均對富人與一般大眾所帶來的影響不僅只在所得方面。富人與一般大眾現在都是分開結婚：今天，美國的婚姻中有百分之二十五的夫妻是兩人都是大學畢業（在一九六〇年時此一比率只有百分之三）。富人與一般大眾的家庭生活也大相逕庭：例如今天高中程度以下的婦女有一半以上的子女都是非婚生，此一比率大約是大學程度以上婦女的兩倍。富人與一般大眾的休閒活動也不同：富人在所謂靜態休閒活動上所花的時間遠比一般大眾少，而是將大量時間（二到五倍）投入鍛鍊「發福」的身體上面，所謂發福其實就是過重的委婉用語。事實上，健身現在已成為一種身分與地位的表徵。富人與一般大眾崇拜的神祇也不一樣，或者至少是不同的宗教：高教會派（High Church）、猶太教與印度教的信徒大都為教育程度較高的富人，低教會派的信徒則多是教育程度較低的窮人，只有天主教是雨露均霑。富人與一般大眾的線上世界也互不相同。最近有一項針對美國最富有與最貧窮郡縣（根據一項包括所得與教育程度所編製的指數排名）谷歌搜尋資料的分析報告。該報告顯示在富有地區最常見的搜尋數據是與數位相機、專業慢跑嬰兒推車、Skype和國外旅遊相關，反觀在最貧窮地區的相關搜尋數據則是集中在槍枝、電動遊戲、反基督（Antichrist）、地獄與被提（Rapture）。

在地域上也出現富人與窮人的區隔。帕羅奧圖已將聖克萊爾湖畔遠遠拋在身後，帕羅奧圖的所得中間值如今是聖克萊爾湖畔的近三倍，房價中間值更是後者的二十倍左右。帕羅奧圖的居民中擁有學士學位的人數是聖克萊爾湖畔的三倍，擁有研究所或碩士以上學位的人數更是後者的五倍。它們的鄰近地區也使得菁英隔離的現象更為深化：帕羅奧圖位於矽谷內，聖克萊爾湖畔旁邊則是底特律。

這種紛歧的現象遍及全國。近四十年來各地區的薪資差距普遍擴大，城鄉間的教育程度差距也在持續擴大：二〇〇〇年時，鄉村地區年青壯年具有大學教育程度的比率僅及城市水準的一半而已。此外，擁有研究生程度的人大都集中在少數的特定地區，因此雙方都具有高等教育程度的夫妻或伴侶有近一半都是集中在大型都會區。這樣的情況在最高層尤為明顯：根據最近一項針對哈佛、普林斯頓與耶魯校友所做的調查顯示，有四分之三都是住在所得與教育程度指數排名前百分之二十的郵遞區號內，有一半是住在排名前百分之五的郵遞區號內，有四分之一是住在排名在前百分之一的郵遞區號內。菁英階層經常旅行是造成這種排序的原因之一，大學畢業生出外在各州間旅行的機會約是僅有高中程度的兩倍。[3]

這樣就完全合理了：對於一個菁英人士而言，到外地工作不但是一件令人興奮的事情，同時也有激勵向上的效用，使得他能自工作中感受到成就感。但是對中產階級的勞工來說，赴異地討生活，做的是沒有前途的工作，只有孤單害怕，其來自社區聯繫的自尊也大受傷害。總而言之，遷移的經驗——為了工作而搬到某些大城市——已成為菁英的表徵，然而同時也形成了經濟隔離。

菁英體制下的分裂

菁英體制造成社會分裂形成對立。它以其分歧的形象再製菁英的童年、成年人、家庭與工作的生活模式，從而使得富人在工作、婚姻、養育、社交、閱讀、飲食，甚在信仰上都與一般大眾互不相同。這些差異不斷累積，最終導致菁英體制造成的分裂過於巨大難以聯繫，富人與一般大眾不相往來，相互之間也沒有同理心與同情心。

這些發展都是來自於菁英體制不平等的內在邏輯。富人大都是在學校裡找到結婚伴侶，尤其是在年輕菁英薈萃的大學。他們接著組織生活，透過對養育與教育的大量投資，以確保他們的子女能夠得到未來可以幫助他們出人頭地的技能。菁英體制甚至可以決定菁英該住在何處。物質資本大都是無法移動的，而在散布各處的情況下，收租的菁英們因此也是分布全國各地。然而人力資本卻是完全相反，它是可以移動的，而且最重要的是需要菁英人士聯手工作才能發揮生產力。因此，菁英體制促使擁有高等教育的家庭集中居住在某些特定的地方。這樣的情況，再加上其他各項因素，菁英體制在富人與一般大眾之間造成全面性的分裂，使得雙方的生活相互隔離。

雖然就上世紀中期的生活型態，海明威的看法勝過費茲傑羅，但是菁英體制的發展卻是益發傾向費茲傑羅的觀點。相對於上世紀中期的經濟模式促成廣大中產階級利益與意識形態的大融合，菁英體制造成的經濟不均如今卻在美國構成分裂危機，引發相互對立。威脅之重，就和當年的種族與性別歧視一樣。

種族主義與性別歧視在美國歷史上根深蒂固，迄今揮之不去。它們為社會造成的斷層之大，是階級無法替換的。所得上的種族不均，尤其是財富方面的，在在顯示種族歧視是獨立於階級之外，事實上即使法律禁止，種族貶抑的情況仍是處處可見。但是階級——視做社會的另一種現象，而不是取代種族或性別的區隔——則是提供了一套將社會與經濟分層化的原則。的確，階級分層所造成的不均影響之大，就和上世紀中期政府的種族隔離政策一樣。富人與窮人的學業成績差距如今已超過吉姆·克勞法（Jim Crow laws）下白人與黑人間的差距，而這只是方興未艾的大趨勢下單單一個例子而已。例如在住宅自有率與失業率上的經濟差距，如今也擴大到和上世紀中期種族差距[4]相同的水準。經濟不均現在甚至也影響了族群內部的生活：例如在一九六〇年代末期出生的黑人男性，高中輟學生有百分之五十九的機會可能在他一生的某一時刻入獄，反觀大學畢業生只有百分之五的機會。

這樣的比較並不能掩蓋種族貶抑的事實，但是由此也透露出階級帶來的影響。階級已成為美國社會與經濟生活在菁英體制下的組織原則。套用維多利亞時代下政治家與思想家班傑明・狄斯雷利（Benjamin Disraeli）的說法（他當時指的是另一套階級體系），今天的美國是由富人與一般大眾組成的「兩個國家，在他們之間沒有交集，也沒有同情心。他們對對方的習慣、思想與感覺毫無所知，就像住在兩個完全不同的區域，或是不同的星球上，或是以不同的方式繁衍，所餵養的也是不同的食物，舉止行為也不一樣，而且也不是由同一部法律來管理。」

全面性的不均對美國社會構成嚴重威脅，其衝擊遠勝過菁英體制陷阱對分裂雙方個人生活的影響。上世紀中期的社會團結——促使海明威相信富人只是在於財富上有所不同的利益與理想大融合——已被菁英體制的不均粉碎。日益惡化的失衡情勢使得中產階級更顯脆弱與沒有安全感。贏者全拿的競爭使得菁英更加積極地防衛他們的地位。菁英的教育將菁英體制本身變成社會流動與中產階級獲得機會的阻礙。此外，菁英體制的不均也破壞了上世紀中期追求融合的意識形態。（這是菁英體制對社會團結最大的威脅，而此一威脅在該體制特有的結構內根深蒂固）菁英體制將所得與教育連接，經由教育，又與工作、家庭、文化，甚至居住的地方相互串連，從而導致經濟差異不僅是在質上，同時也在量上，達到新境界。這種全面性的分裂使得富人與一般大眾絲毫共同利益的想法都無法分享。

安德魯·卡內基（Andrew Carnegie）在其於鍍金時代全盛時期所著的《財富的福音》（*The Gospel of Wealth*）一書中透露自己的憂慮，「我們當代的問題是如何正確處理財富，以維持富人與窮人間和諧有如手足之情的關係。」今天，菁英體制所造成的分裂既深且廣，嚴重撕裂社會。政治學家羅伯·道爾（Robert Dahl）在大壓縮時代的尾聲不無先見之明地指出：「如果（社會上）所有的裂痕都出現在相同的界線上……衝突勢必益趨嚴重。對方的人不僅是對手，他很快就會變成敵人。」

菁英體制破壞了社會團結，隨著它創造出全面性隔離的社會階級，不啻是要發動階級戰爭。

一個新的統治階級

政治為階級戰爭提供了天然的戰場。

首先，菁英體制的不均帶動一項古老的動機滿血復活，激發菁英階層主導政治競爭。龐大的財富鼓勵政治干涉。自我利益激發富人參與政治以保護他們的財富。與此同時，利他主義也將富人導向政治：一個人若是買下他所要的所有東西，他自然會將注意力轉移到其他方面。此外，菁英體制也採取了新方法來鞏固其主導地位，為菁英的力量創造新來源。讓菁英人士能夠主導經濟生活的技能、操作與機制，同時也能讓他們藉由控制政策與反對沒有直接制定相關政策的政府當局來主導政治。如果民主建立了道爾所言的「政府持續回應人民的偏好是為政治平等」，菁英體制顯然破壞了民主政治，並且使得這些菁英人士成為新的統治階級。

富人宰制競選活動的籌資——已達駭人聽聞的程度。美國最富有的百分之一階層對政治活動的獻金，是最底層百分之七十五的總和。[5]不過真正大筆的獻金都頗為集中，主要是在初期就捐給頗有勝算的候選人，這樣就可以限制選民的選擇空間，因為他們最終也只能在這些候選人之間進行選擇。在二〇一六年總統大選的初期階段，有近一半的政治捐款都是來自一百五十八個家族，而在二〇一五年十月時，這些家族總共捐出一億七千六百萬美元的資金。此外，科氏兄弟（Koch brothers）的超級富豪捐款大戶網路為推動自由市場政策共捐了近十億美元。

與此同時，菁英所僱用的遊說員則是主宰了民選官員上台後的政策制定。今天在華盛頓登記註冊的遊說員人數是一九八〇年代初期的兩倍左右，而在這段期間所增加的遊說員，有百分之九十八都是為企業，或者該說是為財富工作，而不是代表工會或公共利益。即使是就狹義的層面來看，遊說上的資金規模也讓政治活動的籌資相形見絀：以典型的一年情況而言，花在聯邦政府登記註冊的遊說團體與遊說員身上的經費超過三十億美元，而大型企業投注在遊說員身上的經費可能是其對政治活動的十倍，而且他們的出資有百分之九十都是集中在最近的一九九〇年代末期。其實菁英階層對政策制定的影響力遠超過正規的遊說。例如企業會把他們的慈善事業瞄準主管他們的委員會委員身上——如此一來，他們的慈善事業就等於是變相的遊說（不過利用的是慈善捐贈應稅所得減免的公共基金）。在可容許範圍內最極端的情況下，對公家機構的遊說會與直接的私人資金相結合，從而控制其公共職責：華頓基金會（Walton Foundation，與沃爾瑪的財富有直接的關係）已在K－12教育上投入十三億美元，而且還將在特許學校上投入十億美元左右（伴隨而來的將是對教師工會的破壞）。

這些資金並不是投入水中。捐贈者可以因此直接或透過遊說團體掌控候選人或是當選官員的時間與注意力。競選活動開始後，首先登場的是所謂的初選籌資，即一些聚會場合，候選人忙著討好超級富豪與大金主，舉辦的地點通常是旅遊勝地〔例如加州的米拉牧場（Rancho Mirage）、喬治亞的海島（Sea Island），或是拉斯維加斯（Las Vegas）〕。即使是獲勝了，也無助於舒緩籌資的壓力。根據國會議員的「每日行程表」，他們每天要在辦公時間花上四個小時來尋找或請求金主。這個時間是他們討論政策或是與選民會面所花時間的三倍，差別如此之大，有些政治人物戲稱自己其實是電話推銷員，而不是政府官員。川普政府的行政管理與預算局長（在本書寫作時的職務）與代理白宮幕僚長麥克．穆瓦尼（Mick Mulvaney），最近告訴美國銀行家協會（American Bankers Association），他在擔任國會議員時，「如果你是從沒捐錢給我的遊說員，我不會和你說話。如果你有捐錢給我，我或許會和你說話。」他道出了美國政界人盡皆知的祕密。政治人物把他們大部分時間花在金主與遊說團體身上，以推動他們的主張。

可想而知，法律與政策是依循金錢、時間與注意力所鋪陳的道路而行。有的時候，金錢公開收買政策，毫無遮掩。華頓基金會的大手筆支出已改變了華府的公共教育，該基金會已「實際上……對這個國家首府的整個特許學校體系提供補貼，幫助招生，促使該市現有近一半的公立學校學生都轉入特許學校就讀。」在其他的案例上，金錢的影響力就沒有這麼明顯——主要是因為有掩飾的關係，但是一樣的真實。金融業界為了尋求放寬當初因金融風暴而實施的《多德－法蘭克華爾街改革與消費者法》（*Dodd-Frank Wall Street and Consumer Protection Act*）對一些金融衍生商品交易的管制，乾脆繞過頗引人注意的參眾兩院的金融委員會，轉而遊說較低調的農業委員會（該委員會對金融衍生商品的管轄權還是出自於十九世紀農民為穩定商品價格的作為）。有的時候，遊說行動所瞄準的是少數特殊利益，由於範圍實在過於狹隘，反而讓人覺得好笑。賭場的遊說團體為了吸引觀光客上門（尤其是內華達州），已針對二十一點、百家樂、花旗骰、輪盤與大六輪等賭博遊戲的贏家爭取豁免於預扣所得稅制的權利，然而當初該稅制的建立就是為了防止外國人前來美國從事逃漏稅的行為。

這些例子並非個案，都是典型的案子，或者可以說是相當普遍。根據系統性的研究顯示，法律與政策對於菁英階層的偏好都相當敏感，反之，對於其他所有人的偏好就顯得有些遲鈍。的確，富人甚至主導了中上階級：當所得第九十百分位與七十五百分位的偏好出現差異時，政府政策會持續回應第九十百分位的訴求，對七十五百分位的回應就很少。即使中產階級與窮人聯合起來對抗富人，政策面也依然是傾向富人，而不顧中產階級與窮人的需求。由此觀之，經濟上的不均造成政治上的失衡，菁英體制對民主形成破壞。

所得防衛產業與法治

菁英體制對民主政治的破壞不僅是在於其對法律制定的影響衝擊群體，同時也及於個體面，將法律運用在特定的人群身上。菁英體制已創造出一個朝超高技能的銀行家、會計師、律師與其他專業人士的新階級，他們會為他們的個人客戶向政府尋求優惠的個人待遇——主要是在監管規定方面，例如避稅。這些專業服務的規模龐大，使得政治捐獻、遊說與政治慈善事業，甚至加總起來都相形見絀。與美國信託與財富管理相關的法律界目前共有逾一萬五千名律師。全美前一百大律師事務所二〇一七年的總營收達九百億美元，四大會計師事務所同年的總營收達一千三百四十億美元，同年前十大投資銀行的總營收更是高達兩千五百億美元以上。這些專業幫助富人抗拒監管法規，反觀一般大眾的財產卻完全是在這些法律之下。這些專業菁英，都是菁英體制下的產物——所接受的是菁英體制教育所提供的培訓，並在該體制所提供的工作上獲得豐渥的所得。藉由這樣的方式，菁英體制又進一步破壞民主政治的自主治理。

意識形態掩飾了菁英這種力量的使用。一般的看法是每一位財產所有人都擁有相同的權利與保護——他們都受到同等的待遇，不論他們擁有的是什麼財產或者是有多少財產。在此一觀點下，政府對私有財產的態度應是一視同仁，大筆財產與小筆財產都享有相同的法律保護，對沖基金億萬富豪的投資組合與高中老師所擁有的房子應該受到同等的待遇。但是實際上規模大小對財產相關權利有絕對的影響力，不論是在質量上還是數量上都是如此。中產階級必須遵守法律，乖乖繳稅，如果學校老師的房產稅提高了，她也只好認了。但是富人卻可以利用他們的財富聘僱專業人士幫助他們抗拒法規與繳稅，或是向政府爭取較為優惠的待遇。億萬富豪面對增稅的新稅法，他可以調整他的財產組合，完美利用避稅手段來躲避繳納大部分的稅，甚至根本不必繳納。中產階級只能被動地遵守法律，使他們的財產完全置於監管法規與稅法之下，反觀富人卻是擁有是否接受法律的自由裁量權，使他們的財產成為政府治理的絕緣體。

菁英體制強化了菁英抗拒政府的力量。菁英體制的不均為大部分的專業菁英帶來更加富有的契機，即是幫助更為富有的人，保護他們的財產不致受到政府的染指。菁英體制創造了一批需要超高技能的工作，由此也賦予專業菁英——會計師、銀行家與律師——手段與動機來阻止政府來奪取，甚至監管富人的財富。

這些工作都是新近才有的——直接來自於菁英體制的創造。歷史上，私營產業並不太重視管理與專業技能，而政府（恰恰需要這樣的人才）在爭取專業菁英方面也不曾遭到競爭壓力。在二十世紀初期，高級公僕的待遇是所得中間值的十倍到二十倍。[6]即使是在上世紀中期，政府菁英的所得也與他們在民間的同行差不多。在一九六九年，國會議員的薪水比遊說員高，[7]聯邦法官的待遇可能是他到律師事務所工作的一半，[8]財政部長的薪水或許比他到金融界服務要少，不過大致也不會差太多。[9]當時，教育程度最高與擁有專業技能的菁英都會自然受到政府與其他公共部門工作的吸引（就像封建時代長子之外的兒子們，由於無權繼承土地，只有去從軍或當牧師），因為在民間沒有更好的選擇。這使得政府監管官員優於接受他們監管的民眾，因此得以有效治理，包括那些最有錢的人。

然而菁英體制卻是大幅提升民間菁英的薪資，即使在政府菁英薪資停滯不前或是降低的時候。這樣的發展完全逆轉了之前的情況，如今民間菁英人士的待遇是政府部門的好幾倍。一位國會議員若是成為遊說員，他的所得可能會增加十倍，年薪由十七萬五千美元增至兩百萬美元；最高法院首席大法官每年所得大約是二十七萬美元，[10]然而最賺錢的律師事務所付給他們合夥人的平均年薪是五百萬美元以上，或是最高大法官的二十倍（最高法院的司法職員或許離開法學院不過二到三年，律師事務所給予的簽約獎金，現在就已達到四十萬美元）；財政部長年薪大約略微超過二十萬美元，[11]但是摩根大通、高盛的執行長平均年收入可能達到兩千五百萬美元，是財長的百倍以上。

這樣的收入，還有民間菁英收入與政府部門間的差距，實在天高地遠。然而更要緊的是富人與能夠對公共政策發揮影響力的民間專業菁英，如遊說員、律師、會計師與銀行家，在居住品質上也遠優於政府菁英。（這幾乎是無可避免的情況，因為菁英所居住社區的房價都是根據購買房產的民間菁英所得決定的。）儘管政府菁英的所得是所得中間值的好幾倍，但是不難理解這些菁英公僕對他們在民間同行生活的嚮往：大家都住在相同的社區，將子女送至相同的學校，交往的朋友都是在大學、研究所或專業學院的老同學，也是平日在公事上與你打交道的同行。這些公共部門的菁英其實並不需要變得貪汙腐化，就可以提高所得或加入富人的社交圈，因為民間企業的機會自己會送上門來。

機會總是不請自來。政府菁英所擁有的培訓與技能正是菁英體制民間企業最重視的。（菁英主義仇視偏見的意識形態將機會開放給有的菁英人士——例如超級菁英與作風保守的頂級律師事務所克拉瓦斯（Cravath）法律公司現任主持合夥人是巴基斯坦移民的女兒——由此可見當今已沒有超高技能人員因為沙文主義而被迫不得為富人提供服務。）政府部門在民間機會的陰影之下，成為「連偽裝都不需要的就業介紹所」，為政府菁英聯繫未來的民間雇主。即使是民選官員也陷入其中。一九七〇年時，國會議員退休後只有百分之三會加入遊說團體，然而現今有百分之四十二的眾議員與百分之五十的參議員在離開公職後會加入遊說團體。〔這樣的情況太過常見，甚至可以預見：例如艾瑞克．康特（Eric Cantor）最近從眾院多數黨領袖的職位退下後，紐約時報的編輯委員會就預測他會加入金融界。果不其然，康特後來加入一家精品投資銀行。華爾街日報認為他的選擇再自然不過，因為他「長期以來一直扮演共和黨與華爾街間聯絡人的角色。」〕

總體而言，菁英人才流向民間企業的數量太過龐大——就人口比例而言——甚至改變了整個城市。華府的菁英職場現在不是由政府部門的僱用所主導，而是民間企業無處不在地吸引政府菁英跳槽。華府咖啡店的「事求人」廣告空間未來幾年的早就預訂一空，而中階官員若是到民間企業工作，起薪可能就在二十五萬美元以上。華府現在是美國創業投資活動最熱絡的城市之一。由於有太多的菁英飛來這兒尋求對政府政策發揮個人影響力，華府都會區最富有的百分之一階層，一時之間增加了兩萬戶——遠超過其他都市——而且新增的大學畢業生人數也高於其他主要都會區。華府過去是「國防合約商都知道不要戴比海軍上將還名貴的手表」，然而現今卻是到處可見特斯拉（Tsala）經銷商與每人套餐要價兩百美元的餐館，而且還不含酒類。

菁英體制引導各類人才為政府法規與富人間的民間介面服務——推動菁英經濟利益來對抗政府。由此也建立了一個產業，致力於保護菁英的所得與財富，去抵抗諸如花旗集團（Citigroup）最近針對高資產淨值客戶的宣傳手冊所說的，「組織社會」偏愛的「徵收財富的手段」，這些手段如今必須面對「政治經濟學」的壓力。這個所得防衛產業可說是已凌駕政府之上。川普前首席經濟顧問蓋瑞．柯恩（Gary Cohn）就曾表示：「只有白痴才會繳納遺產稅。」柯恩的言語也許粗魯，但是他也說出一個簡單的事實：菁英體制的系統性操作——包括媒體策略、政治捐獻、遊說與節稅計畫——事實上已消滅了遺產稅。這種包含稅賦減免與大量機會的節稅計畫使得二〇一六年全美有五千三百戶家庭根本沒有繳納遺產稅，而且這還是二〇一七年稅制改革導致該稅目的稅率進一步下降之前。

遺產稅是一個極端的例子，但並非個案。由律師、會計師與銀行家所組成的所得防衛產業幫助富人前往避稅天堂的規模之大，據了解，已讓全球的高資產淨值人士（擁有三千萬美元以上可投資資產的個人）將大約十八兆美元的資產移往避稅天堂。整體上，在全國所得最高的百分之一階層人數增加一倍的這段期間，稅率卻是持續下降的，降幅可能達到三分之一。當華倫．巴菲特（Warren Buffett）表示他繳的稅比他的祕書還少時，他並非開玩笑，他說的是一個既成事實的發展下的例子。富人利用他們不斷增加的經濟力量重建美國稅制，使得原本是累進稅率的稅制扁平化。即使這些富人被當場逮到，他們也很少受到懲罰。例如歐巴馬政府的司法部並沒有起訴造成二〇〇八年金融風暴的任何一位金融家，部分原因是原本要處理這些案子的檢察官，後來都進入民間企業工作。

菁英的權勢

菁英體制在創造菁英人士的同時，也賦予他們得以不受管束的工具。這樣的發展讓人想起中世紀的情況。在那個時代，國王與地方諸侯的地位與權勢是來自於一小批武裝騎士的戰鬥力。當時的社會規範不顧世俗的看法，不僅僅是尊崇基督教美德，同時也大力讚揚騎士的尚武精神，不論他們所服務的對象是當地的諸侯，還是遠方的君王。影響所及，私人的財富得以直接與決定權力與地位的政府競爭，不只是在物質上，同時也在道德上。這場鬥爭削弱了國王的力量，而壯大了地方諸侯的地位。

從中世紀到二十世紀中葉的一連串發展使得國家政府與民間菁英分道揚鑣。政府掌控實體的力量，民間菁英則是主宰經濟生活，包括資本的擁有——土地、奴隸與工業機器——以獲取所得。國家主導公德，將公民與愛國情操置於其力量之下，反觀民間菁英強調的是植基於奢靡休閒倫理的私德。兩者間的差距使得國家得以掌控社會大眾，不致受到民間的直接競爭。

然而菁英體制卻是再度將國家與民間菁英置於直接競爭同一種基本資本（如今是菁英人士的人力資本）的位置。就如封建時代的國王奮力抵抗來自地方諸侯的民間影響力，他們以其影響力直接爭取在他們權勢與地位下的資產，今天的美國就是在奮力抵抗民間富人爭取菁英人士的直接競爭。

在各個層面上，不論是整體還是個體，菁英體制都賦予菁英階層主導政治的權勢。相對於將公民「視為政治平等」，政府現在雖是統治中產階級，然而卻是聽命於菁英階層。菁英體制破壞了民主政治，將菁英提升至統治階級。

功名造成腐化

除了扭曲政治進程外，菁英體制的不平等同時侵蝕了政治理想，並且貶低了遵循民主政治的人民價值。菁英體制中隱含的道德侮辱籠罩政治生活，使得富人洋洋自滿，然而其他人卻是憤恨難平。由於已不需要社會的政治支持，菁英階層也逐漸與社會脫節，而毫無忌憚地我行我素。在此同時，勞工與中產階級則是心懷民粹主義的憤怒與本土主義的怨恨，反對專家技術與制度，並且攻擊任何屬於外國或是自己不懂的事物。菁英體制造成的不平等與不均已被社會視為一種非正義，在此一觀點下，因此獲利的人遭到鄙視，受到壓迫的人反而更顯尊貴。馬丁・路德・金恩博士（Dr. Martin Luther King Jr.）就曾提示如何面對偏執與冥頑不靈的方法，「仇恨不能驅逐仇恨，只有愛可以。」然而在今天，菁英體制的不公卻是同時貶低了分裂的兩方。

菁英體制對菁英價值造成最大的腐化是鼓勵他們唯我獨尊的觀念，正如德萊頓（Dryden）所言：「他，絕對值得獨力治理一國。」儘管不是那麼明顯，但是結果卻是顯而易見，菁英體制使得菁英階層在自滿的同時也具有強烈的防衛心：對於來自非菁英階層的歧視極度敏感，但是對體制內產生的傷害卻是麻木無感。

在一方面來說，菁英體制下的菁英嚴厲拒絕偏見，將任何根據種族、性別與性取向的偏見視為最主要與不可寬恕的罪行，必須不惜一切予以打擊。因為如此，相較於其他的道德，菁英階層的日常生活規範在認同政治上就需要十分謹慎與嚴守道德主義。菁英社會可以容忍（甚至視若未見）自私、放縱、殘酷，以及其他長期以來被視為的惡習，但是如果是頑固偏執與偏見，一旦發現，可能就會終結整個事業。這樣的道德主義，看來具有選擇性，一方面是出於對生活複雜與混亂的同情心，然而另一方面卻又顯得小題大作。在菁英階層之外的一般大眾大都認為頑固偏執是不對的，但是卻傾向把偏見視為普通的惡習，就和貪婪與吝嗇一樣，雖然也該譴責，不過也是可以容忍的人性弱點。頑固偏執確實會對個人與社會造成傷害，而指責菁英機構——尤其是大學——屈服於政治正確之下，可能是出於政治動機，而且往往是惡意而為。但是由此也凸顯菁英階層對於偏見的譴責可能過於嚴厲，部分因為如此，也就益發顯得他們的脆弱。

菁英階層對於多元化與融合性如此關切，其實也是為了自己。不像其他惡習，偏見是直接攻擊菁英體制的道德基礎，喚起優勢是來自個人特權而非功業表現的幽靈。而菁英體制對偏見的尤其重視，也是為了支持其所造成不均的合理化。由此可見，菁英生活中這種認同政治的脆弱性其實是來自於其體制的基礎。

但是就另一方面來說，菁英體制也反而使得菁英階層傾向以沙文主義的觀點鄙視因為不平等而無法登上認同政台舞台的階層。他們的政治正確並不會譴責他們稱鄉間地區「落後」、稱南方人為「大老粗」、稱阿帕拉契山脈居民為「白色垃圾」，以及把美國大部分內陸稱做「飛越之地」等行為。菁英的一些論調甚至還將這樣的侮辱合理化：例如國家評論（National Review）一篇廣為流傳的文章就攻擊白人勞工階級社區「在經濟上……是負資產」，「在道德上……也站不住腳」，以及「一路從執迷不悟到沉淪墮落，自私文化的主要產品就是痛苦與用過的海洛因針頭」，而最後的結論是「他們都該死」；紐約時報（New York Times）的一位專欄作家在觀察本土出生的美國人民在菁英競爭中的表現不敵移民後指出，本土出生的美國人民「就像是讓國家前途滅頂的一灘死水」，他建議（以開玩笑的口吻）唯有大量驅逐本土出生的美國人民才能拯救美國。甚至一些政治人物——儘管他們的攻擊成本昂貴——也顯示出對中產與勞工階級的鄙視：保羅・萊恩（Paul Ryan）將這個世界分成「接受者（takers）」與「自造者（makers）」；米特・羅姆尼（Mitt Romney）則是抱怨美國人民「依賴政府」，拒絕「承擔照顧自己生活的責任」，巴拉克・歐巴馬（Barack Obama）也指責「苦悶」的中產階級保守人士「迷戀」槍枝、宗教與偏見，力圖保存失去對經濟生活的掌控下的顏面；希拉蕊・柯林頓（Hillary Clinton）更是把川普半數的支持者稱做心胸狹窄，「一籃子可悲的人」。[12]

菁英階層甚至將這樣的侮辱擴大到少數為菁英體制承認的中產階級上。一批在頂尖大學的中產階級學生自組「第一代專業人士」社團，在以種族、性別與性取向為基礎的認同政治舞台上自許為「親和團體」的身分。但是中產階級的身分關係卻與這些團體完全不同。一個真正的包含性多元文化是容許菁英大學告訴黑人、女性或是同性戀的學生，儘管它的文化並不完美，但是歡迎與支持他們表達真實的自我。但是現今的頂尖大學卻不會對中產階級學生這麼說。他們反而會有一套完全相反的說辭：他們的菁英理念與商業模式需要菁英大學更改他們中產階級學生原始的身分，使他們變成菁英。如果耶魯大學法學院告訴其黑人學生，「進來我這兒念書，我們可以把你變成白人。」這簡直是天大侮辱。但是耶魯大學——因為無法避免的結構性因素——卻是公開提議取消自許為第一代專業人士的學生的中產階級身分。

就統計效應來看，菁英體制的排他性現在已接近重創美國的種族排斥。然而菁英體制在宣揚其不均正義的同時，也使得菁英階層永無休止地擔心其認同政治的身分，並且一再地侮辱遭到閒置的勞工與中產階級。

中產階級的本土主義與民粹主義

菁英體制的不均同時也侵蝕了菁英之外階級的政治價值，並且激怒他們，而其危險性與菁英階層的洋洋自得不相上下。儘管不是菁英階層，美國大眾仍是著迷於該體制的魅力，然而該體制所擁抱的技能與努力，所宣揚的勤奮與榮譽，現在卻是對他們的自我價值發動正面攻擊。菁英體制的每一項創新都代表是對中產階級再一次的貶低，菁英體制所擁抱的融合性與多元化對中產階級而言卻是無情的排斥感。

勞工與中產階級的價值與自尊受到重創，所反映的正是菁英階層道德上的腐化。隨著菁英階層過分強調認同政治，菁英之外的美國大眾也就越趨向本土主義；菁英越是宣揚其之所以成為菁英的功績與制度，菁英之外的美國大眾也就越抨擊既有的制度與擁抱民粹主義。

隨著將其造成的不均合理化，菁英體制也剝奪了受害者伸張正義的機會。同時，菁英階層對認同政治的熱愛，再加上對中階技能勞工的鄙視，點燃了白人底層階級對少數人種的仇恨心理。在此一模式下，惡質的本土主義隨之而來，成為底層民眾的意識形態立場，這些人因菁英體制的不均無法出頭，同時也因該體制所謂的融合性支持美國本土內的外人而深感排斥。本土主義，就像是仇恨，具有「麻醉」與「毒品」的效用，可以緩和受到社會與經濟排斥的羞辱感。

更糟的是，菁英體制將其造成的經濟不均與階級合理化，無異於拒絕了受害者解釋其所受傷害與排斥感（這種排斥感直接觸及自殖民時代奴隸制居者社會以來就有的白人種族焦慮）的機會。他們成為「無法為自己受害發聲的受害者」。這些在菁英體制競爭下落敗的人被迫只能在該體制限定的範圍下為自己尋找平衡，也就是在認同政治上建立自己的身分。於是強調白人、男性、異性戀者與基督徒等身分的本土主義就此興起——抗議菁英階層歧視這些身分的聲音也益趨高昂，在菁英體制不均的經濟結構與受到侷限的意識形態下日益茁壯。

菁英體制使得遭到落敗的白人走投無路，只有在本土主義中尋求慰藉。印地安納州一位白人中產階級選民最近吐露心聲，反映出川普的政治訴求。他解釋所謂的白色特權惹怒菁英之外的白人是「因為這些人從未享受到他們所認知的白色特權。你聽到特權二字，你認為是金錢與機會，然而他們什麼都沒得到。」此外，菁英體制認為有些白人之所以沒有成功，一定是本身有不足之處，這種想法更是火上加油。（或是因為菁英體制的魅力而認為競爭落敗的都是有不足之處。）菁英體制強調的融合性與多元化反而將這樣的怒火導入本土主義與性別歧視的認同政治身分之中。那位印地安納選民繼續表示，「人們一直罵他們又笨又髒，你以為他們要忍受多久才會發狂？」當被迫害的一群伸張正義的管道被封閉時，他們就會起而反抗非正義。

此外，菁英體制不僅造成本土主義，同時也導致民粹主義的興起——對專家技術與制度無所不在而又深沉的不信任感。由於菁英體制強調菁英的技能與專業，無形中等於是指責中產階級只願意接受導致他們遭排斥與降級的培訓與技能。然而要對抗菁英體制的不均——同時維護受到該體制排斥的自尊——就需要反對菁英體制所宣揚的專業與制度。

這樣的邏輯具體實現在美國民眾對專業階級的憎恨，勝過對創業家，甚至超級富豪世家：憎恨的對象不是寡頭勢力，而是醫生、銀行家、律師、科學家等被勞工與中產階級認為「教育程度高」與「往往看不起他們」的人。

儘管專業人士對於成為憎恨的焦點頗感困惑，但是這樣的情況確實反映了造成菁英體制失衡的經濟與社會結構。專業階級與制度（學校與企業）以其培訓、專業來掌控菁英體制的運作，從而將中產階級排擠到所得與地位之外。專業階級重建工作與生產模式，使得除了菁英人士之外的所有人都陷於閒置，儘管這些人跟他們一樣勤奮。菁英教育因此並不只是讓獲得教育的人提高競爭優勢，同時也藉由降低中產階級培訓與技能的生產力，傷害沒有受到菁英教育的人。晦暗與光鮮的工作使得這批人陷入愁雲慘霧之中。

一般民眾與超級富豪完全是截然不同的關係。超級富豪可能不費吹灰之力就變得十分富有（例如繼承財產），或是從事一些不道德的行為致富（例如剝削弱者），但是財富為他們帶來的負擔都有其個人獨特性。寡頭勢力或許也會利用中產階級，但是他們並沒有像富人對其他人那種系統性主宰的操作。一般民眾大概只有在生活雜誌的夢幻報導與電視實境秀中接觸到超級富豪。有人認為超級富豪之所以能夠逃過中產階級的憎恨，是因為他們是從不同的角度接觸菁英體制：他們的特權並不符合菁英體制對經濟不均的合理化原則，因此一般民眾並不是那麼熱衷與高調地反對他們，或者乾脆就放他們一馬。菁英體制引發憤怒與反抗的合理化原則也不適用於寡頭勢力。的確，在菁英體制之外開創事業並且獲得成功，並不算是背叛其階級。因此，可以想見中產階級所謂的成功，並不是成為一位專業人士，而是擁有自己的公司。

菁英體制的不均造成人們不只是對特定專業與制度的不信任，同時也開始質疑法治的基本概念與公私兩方面生活皆應由法制與其官員一視同仁地管理，而不是由某一具有魅力的個人威權所統治的觀念。菁英階層透過正當的法律程序、無視財產規模，一律平等對待的法治精神，包括旨在重分配的一體適用稅制與相關法規，得以成功保護他們的所得與財富。菁英體制的不均因而使得菁英階層本身成為政治特殊利益的群體，並把正當的法律程序與法治轉變成他們用來進行階級鬥爭的政治工具。至於在民主法治機制下的其他民眾，只得接受權利的合法削減，民粹主義並非來自憎恨的自發性爆發，而是對菁英體制下不均的自然反應。

因此，千萬別說菁英體制與最近方興未艾的本土主義與民粹主義毫無關係。相反地，本土主義與民粹主義代表的是對菁英體制所形成不均予以反擊。本土主義與民粹主義所展現的力量，正是造成白人勞工與中產階級染上毒癮、用藥過量與自殺等使得預期壽命降低的背後力量。這樣的類比也凸顯當前的政治風險。這兩種意識形態未來所造成的衝擊絕對不會少於它們當初興起的時候。

階級戰爭升溫

關鍵時刻的政治發展讓菁英體制造成不均的民主病態一覽無遺。

一個過分自信的菁英階層與一批意志消沉的人民，徒勞無功地想緩和菁英體制造成的不均，幾十年來持續擁抱金融化產品與以債務支撐的消費，最終引發金融風暴與大衰退。菁英體制同時也引導總統歐巴馬以技術官僚來化解此一危機，卻沒有顧及任何政治考量——也就是說沒有對任何一位罪魁禍首予以刑事起訴，更重要的是也沒有趁此機會整頓金融部門與壓制菁英體制的不均。的確，事實上歐巴馬政府內部就充滿了菁英主義的意識形態：歐巴馬儘管出身貧寒，但是他並非白手起家：而是透過一連串的菁英教育而攀上成功的階梯，包括哥倫比亞大學與哈佛法學院；他的第一任全明星內閣[13]更是由常春藤所把持，包括羅德獎學金學者與馬歇爾獎學金學者（Rhodes and Marshall scholars），甚至還有一位諾貝爾獎得主；這些資歷在在顯其菁英的本質。歐巴馬政府充分發揮其菁英的力量，穩定經濟與恢復經濟成長（包括步伐緩慢的就業成長）。

總統歐巴馬贏得連任，顯示原被視為金融危機罪魁禍首，自大又貪婪的菁英靠著重拾其核心原則得以救贖。衰退結束了，繁榮再現，國家也重拾信心，人民因此再度對前景抱持樂觀的態度。甚至連反對歐巴馬的勢力，包括二〇〇八年總統大選的共和黨副總統候選人莎拉·裴琳（Sarah Palin）與新興的茶黨，儘管在美國政治舞台上開闢了民粹新戰線，對歐巴馬構成嚴重威脅，但是最後依然承認菁英治國的現狀。歐巴馬擊敗羅姆尼與雷恩（Romney-Ryan）贏得連任，顯示這個國家儘管有其他選擇，除了兩黨固有的分歧之外，依然對現任的統治階級十分友善。就各方面來看，歐巴馬二〇一二年贏得連任也代表美國的菁英階層聲勢達到頂峰。

但是危機並未結束，菁英階層的自我救贖後來證明也只是泡影。伯尼·桑德斯（Bernie Sanders）與唐納·川普——兩位公開的民粹主義候選人強烈攻擊現狀——在二〇一六年總統大選的初選中名聲鵲起。有一些政治局內人士對民粹主義的興起嗤之以鼻，譏為「無聊炎夏的愚蠢點綴（summer of silliness）」，然而由此也證明他們對此一現象的出現根本毫無了解以致措手不及。即使後來川普成為共和黨提名的總統候選人，他所抨擊的菁英階層依然否認他的崛起。

菁英階層堅持川普不可能吸引足夠的選民贏得大選。普林斯頓選舉聯合會（Princeton Election Consortium）的主任就宣稱（在大選投票該週），川普贏得的選舉人票不可能超過兩百四十張，若是超過，他就「吞下一隻蟲子」。但是這些政治專家顯然對此一新興趨勢視而未見，以致向來看內不看外，令人不再對其抱持幻想的菁英階層，根本無力阻擋促成川普當選總統的民粹浪潮。

川普擊敗現任的菁英政府，是該次總統大選的主軸。他的選舉策略完全迎合本土主義與民粹主義的意識形態，他的選舉電視廣告更是直接瞄準「一個失敗又腐化的政治集團」。川普的攻擊策略成功轉移了政治架構——藉由贏得選舉的主論述，建立新的政治架構。

在川普獲勝前夕，美國軍方還是唯我獨尊，無人敢對其挑戰；美國的外交與企業主導全球的法律與企業秩序；貧窮率接近歷史低點；勞動市場接近充分就業；犯罪率則是在歷史低點之下，全國的生活水平更是在歷史高點。就算不是蓬勃發展，相較於其他國家，更重要的是相較於其本身的過去，美國經濟都是維持健康的狀態。然而儘管如此，川普卻是不斷攻擊他將領導的社會。他大嘆美國軍事力量已經式微，指責沒有盡到防衛邊界的責任。他痛斥政府揮霍美國的財產，並將財富分送給全球其他國家。他將美國描繪成一個慘遭貧窮、產業蕭條、教育不振與犯罪頻仍所蹂躪的國家。[14]選舉過程中的一些違規行為——電腦被駭與外國干預的相關問題——或許使得川普在原本膠著的選情中脫穎而出，但是他首先也需要做到與競爭對手不相上下的局面。這場選舉最令人嘆為觀止的不是川普獲勝，而是儘管他經常違反傳統智慧、普通常識與客觀事實，抹黑這個全球最強大與最繁華的國家形象，卻仍然能贏得大選。

最終川普搶走了傳統上為民主黨票倉州的選票，並且吸引了原本是支持歐巴馬的選民。歐巴馬二〇一二年的勝利看來已是另外一個時代的故事。菁英階層在二〇一五年夏天所譏笑的「愚蠢點綴」已成為不滿的冬天，而且春天遙遙無期。

二〇一二年到二〇一六年間的變化令菁英階層大感困惑。川普的勝選讓觀察人士出現一種難以名狀的感覺，住在一個與他們之前完全不同的世界。川普譴責性的就職演說甚至激怒了共和黨籍的前總統喬治．布希（George W. Bush），根據報導，他指川普的演說是「一派胡言」。為了安慰自己，菁英們開始強調川普的人格特質，視其為一般政治的異類。

但是這樣的變化也矇騙了世人，事實上川普不是違反，而是反映了政治原理。歐巴馬與川普的勝選並不是分別來自兩個不同世界的政治力量，而是來自同一個世界緊密相連的力量的平衡作用。兩位總統的支持力量都是出於同一個來源——在歐巴馬之前就已存在，在川普下台後還會持續存在的菁英體制。歐巴馬與川普並非造成菁英體制的原因，而是結果。歐巴馬——菁英教育下的高級產物——所體現的是菁英體制的勝利。川普——「一個藍領億萬富豪」，宣稱「我愛教育程度低的人」，並且公開反對菁英階層——則是利用社會長期以來對菁英體制的不滿。

川普的勝選並不是因為點燃社會大眾對菁英體制的怒火，而是在社會大眾對該體制的不滿浪潮下趁勢而起。他充滿否定主義的選舉策略撕開了菁英體制虛幻希望的面具，開啟了抒發不滿的管道。與此同時，遭到菁英體制排斥，情緒激昂的中產階級也迫切希望能有一位「了解他們對這個國家希望幻滅的感覺有多深刻」的候選人。根據詹姆斯・大衛・凡斯（J. D. Vance）指出，這些選民「相信現代的美國菁英體制並不是為他們所建的，」而他們厭惡菁英階層的意見——例如蜜雪兒・歐巴馬（Michelle Obama）有關營養要均衡的父母經——「並非因為（他們）認為她是錯的，而是因為（他們）知道她是對的。」

當這些選民聽到兩黨菁英指責川普粗魯與望之不似人君時，他們知道這些菁英也是這樣看他們的。調查顯示川普的選民有百分之六十四同意這樣的主張：「過去幾年來，美國人民的所得比他們應得的要少。」同時，川普的選民中只有百分之十二同意「過去幾年來，黑人的所得比他們應得的要少」的說法。（希拉蕊・柯林頓的選民中有百分之五十七都同意這兩種說法。）一位曾在俄亥俄州訪問川普無數位選民的記者指出，這些選民都「鄙視功能失調與超級奢華的華府，並且認為它已完全與他們的生活脫節。」川普的支持者都認為自己遭到虧待，而且有一批人儘管沒有資格，卻是受到優待。他們於是起而拯救昔日榮華——也就是川普口中的「讓美國再次偉大。」

川普最終在沒有大學學歷的選民中以三十九個百分點的優勢領先。他同時也在曾上大學但沒有拿到文憑的選民與年所得在五萬美元至十萬美元間選民中贏得最多的選票——這些選民正是因菁英體制不均而受創最重的中產階級。川普以近百分之三十七的差距贏得美國教育程度最低的五十個郡的選票（比羅姆尼二〇一二年競選時在這些地區的得票高出百分之十），儘管他以百分之二十六的差距輸掉全美教育程度最高的五十個郡（較羅姆尼二〇一二年競選時的得票少了百分之九）。由此可見，在受過高等教育的專業人士擁抱柯林頓，並且譏笑川普為小丑的同時，中產階級卻是對她一再誇耀自己的資歷感到厭煩，並且同情川普遭到專業人士的排擠。聖克萊爾湖畔一位支持川普的女商人，面對外界譏笑川普在華頓就讀時的成績不是班上第一名時，她的反應簡單直接：「他當然不是了，他是正常人。」

和教育一樣，工作對選舉也有強大的影響力。需要常規勞動的人員都支持川普，在工作上需要創意與專業分析的人員則都是支持柯林頓：在百分之五十以上的工作都需要常規勞動的郡裡，川普以百分之三十的領先優勢勝出，然而在不到百分之四十的工作才需要常規勞動的郡裡，川普則是以同樣的差距落敗。隨著抬高菁英工作的價值並且貶低中產階級的工作，菁英體制創造了一個新的兩黨政治：一邊是透過工作尋求自我價值的菁英，而它的對立面是自工作之外的活動（甚至是反對工作）追求自我的中產階級。柯林頓的專業主義屬於前者，川普的非專業主義則是後者。

中產階級以支持川普來表達心中的憤怒，這樣的怒火也正是造成中產階級死亡率升高背後的主因。在鴉片類藥物氾濫最嚴重的地方，川普的得票率遠超過二〇一二年時的羅姆尼。一九六〇年，聖克萊爾湖畔熱烈支持甘迺迪，使其勝差達到二十五個百分點，然而來到二〇一六年，該鎮的怨恨使得川普在當地得票率掌握了十個百分點的優勢。

最終，川普主義——與他本人的崛起——暴露了美國現任菁英政權對普通人民的鄙視與菁英體制已不再使人迷醉的弱點。雖然菁英階層反對川普主義，但是他們也缺少一套生機盎然、更為樂觀的美國政治願景取而代之。菁英對於自己努力取得的成功既感焦慮也頗自負，這些複雜的情緒使其自認高人一等，使得他們對中產階級的憂慮與怨恨視而未見。當希拉蕊．柯林頓指川普半數的支持者都是「一籃子可悲的人」的時候，她道出了菁英階層不論黨派私下長期以來的看法。的確，川普的崛起反而更加證實與增加了菁英階層對淘汰出局的美國民眾的優越感。國家評論指白人勞工階級社區是「經濟上……負資產」的那篇文章還指出「唐納．川普的演說讓他們感覺良好。奧施康定（OxyContin）也具有同樣的效果。」川普是美國自一九八〇年以來獲得大學以上教育程度選民最少票數的首位總統當選人，但是儘管如此，他依然贏得大選。反觀帕羅奧圖，希拉蕊．柯林頓的得票率領先川普近七十個百分點。

總體而言，菁英體制的不均反轉了上世紀中期經濟與政治——資本主義與民主主義——之間的關係。

在上世紀中期，各部門間的平均發展幫助它們的品質得以提升：人民具有民主素養、尊重政治平等、堅持政府政策是為推動經濟平等與共同利益，以及廣泛分散私人所有權，確保私人權力不致濫用，由此來維護民主政治的平等。這也正是湯瑪斯．傑佛遜（Thomas Jefferson）的夢想，並且反映在其所草擬的《維吉尼亞憲法》（*Virginia Constitution*）之中，將廣泛的投票權與憲法保障人民的土地所有權相結合。

然而今天整個情勢倒置，各部門的不均造成質量下降。菁英體制在造成不均的同時，也造就了一個有權有勢的菁英階層。路易斯．布蘭迪斯（Louis brandeis）曾對早期的經濟不均情勢發表看法：「我們可以擁有一個民主社會，也可以將財富集中在少數人手中。但是我們不可能兩者兼具。」傑佛遜的夢想已被布蘭迪斯的惡夢所取代。美國長久以來促進政治與經濟平等的希望，如今卻是遙不可及。

揭開菁英體制的面具

菁英體制的陷阱不只一個面向。一場真正但卻無法獲勝的競爭將勞工與中產階級排擠於優質的經濟生活之外，拒絕他們改善生活、提升所得與尊嚴的努力，同時也攔阻勞工與中產階級的子女接受爭取菁英工作所需的教育，使得他們重蹈父母因教育程度不足以致遭到高級工作拒絕的覆轍。與此同時，密集的培訓、高等技能、勤奮的工作倫理與優渥的所得綁架了菁英，他們自童年到退休都深陷菁英體制永不鬆懈的生產紀律之中，使得他們只能利用而不是實現自我，導致他們最終放棄自己真正的抱負，並可能永遠無法實現。一張充斥不滿與不信任的網子將富人與一般大眾分隔開來，然而同時卻又使這些階級糾纏於殘酷的政治鬥爭之中，每一方都尋求能夠主宰對方，善意因而屈服於惡意。最終的結果是菁英體制的不均造成全面性的不滿與揮之不去的焦慮。

這些觀察帶來重新審視菁英體制的新視角，從中可以看穿該體制的偽裝——推動公共利益與按應得的本分來分配優勢，揭露其腐化的核心本質。菁英體制不但壟斷了菁英階層的社會地位與所得，同時還有政治權勢。菁英將他們的階級與地位傳遞給他們的子女，從而建立了一個可以延續好幾代的王朝。此外，菁英體制的反饋機制將菁英的教育與他們的工作相連——從而讓菁英階層能夠維持與合理化他們的競爭優勢。受過超高級教育的創新者重構工作與生產模式，使得它們有利於菁英人士的技能；菁英人士則把他們豐富的所得投資於子女的教育，這些孩子長大成為新一代的創新者與菁英人士，於是形成一個永無止歇的循環。這套反饋機制為菁英創造了所需的工作技能，並且營造出維持這些技能發揮生產力與菁英人士由此獲得高所得的環境。

由此可見，菁英體制所著重的特質與其所獎勵的功績其實都非自然而成或是必要的美德。高盛銀行家、維康（Viacom）主管，或是華奇泰爾（Wachtell, Lipton, Rosen & Katz）律師事務所的律師所擁有的專業技能，若是在農業經濟，根本一文不值。他們在上上世紀中期的價值遠不及現在。他們今天之所以如此珍貴是因為一連串的發展所致——一個金融化的經濟環境、簡化層級的管理，以及一個由企業控制，活躍且高度法治化的市場——換言之，他們本身就是經濟不平等下的產物（有些甚至是由他們所服務的公司直接發明的）。這也意謂菁英人士所生產的經濟價值與其身分只有在菁英體制主宰的社會與經濟結構下才會出現——而且是以經濟不均為其核心。

美國的菁英體制已成為它當初所要推翻的目標：一套將財富與特權集中，連同其階級身分傳承世代的世襲制度。一套具有全面性世襲特質的社會與經濟階級，其實已有名稱，就是貴族體制。面對一個財富重心不在土地或工廠，而是人力資本，也就是高技能人員免費勞動力的新世界，菁英體制並沒有消滅貴族體制，而是將其改頭換面，建立新的階級秩序。

勤奮已取代血統成為特權的基礎，菁英教育也取代貴族繼承成為世襲的技術核心。在新的階級秩序中菁英的技能得來不易，菁英人士勤奮的態度也是確實存在，就和過去的貴族體制一樣，透過血統與禮儀與一般群眾分隔開來。然而，和貴族體制一樣，菁英體制旨在建構的社會秩序不只是不平等，更是沒有公義。如同過去貴族體制的意識形態，菁英體制所宣揚的美德或優點，不只是要讓享有特權的菁英接受，同時——自相矛盾且痛苦地——還要說服那些遭到該體制排擠的人接受。

但是菁英體制功成名就的誘惑只是幻影罷了。由於菁英階層的技能只有在經濟不均的情況下才具有價值，使其陷入以技能的價值與成績來合理化經濟不均的循環論證的謬論之中。就和其所取代的貴族體制的價值一樣，菁英階層所宣揚的優點並非自然而來或是普世美德，而是不平等下的產物。這些優點其實是人造的，旨在宣揚人力資本的利用，藉此緩和分配優勢可能帶來的衝突。

第二部

菁英體制如何運作

第四章　工作中的富人

在咆哮的二〇年代（Roaring Twenties），P．G．伍德豪斯（Pelham Grenville Wodehouse）筆下小說的貴族世界，當紈褲子弟波帝．伍斯德（Bertie Wooster）被人問到他是否在工作，「什麼，工作？你是指誠誠懇懇地勞動。」他困惑地回答。「你是說伐木砍柴，把那些又老又溼的東西拖下來？是的，我認識一些在工作的人，他們恨死了，其中有些人。」在伍斯德與伍德豪斯的世界裡——設定的場景大部分是在倫敦（也有一些是在紐約）——重視的是合宜的穿著，成年男子將心力投注於養育水螈或收集瓷牛，而且沒有人工作。這些社會菁英將工作轉變成嗜好——一種怪異的休閒療法，以取代休閒活動。勤奮工作是無法想像的。

在此同時，一般民眾工作辛苦卻是毫無所得。貧窮——艱苦、殘酷又極度匱乏——主宰了菁英階層以外民眾的生活。在一九二〇年代，發自廣大貧苦群眾的小小心願「每家鍋裡有隻雞（a chicken in every pot，或譯為人人有雞吃）」[1]，竟然成為聲勢浩大的政治訴求。大蕭條[2]使得街頭處處可見排隊等候領取救濟食物的隊伍，而根據合理的估計，在一九三〇年代初期，有一半以上，甚至有高達四分之三的美國人民都是處在赤貧的情況。雖然二次大戰與戰後經濟復甦改善了許多美國人民的生活，並且建立了如在聖克萊爾湖畔的大眾富裕階層，但是在上世紀中期，貧窮依然揮之不去，甚至隨處可見。根據一項統計，一九四九年的貧窮率達百分之四十．五。

不過我們今天的世界與之前的大不相同。今天的富人工作勤奮，他們的所得（包括因而興起的經濟不均）大都是來自他們的勞動。價值追隨事實，新一代的菁英階層都自覺地擁抱辛勤工作。波帝．伍斯德對於沒有工作卻毫無愧意的態度若是放在今天，也是難以想像。同時，經濟失衡的重心已轉移到所得上。在上世紀中期，一場危機促使當時的總統林登．詹森（Lyndon Johnson）決定「對貧窮宣戰（War on Poverty）」。然而時至今日，儘管經濟不均惡化，但是貧窮的情況卻是相對少見與輕微（雖然會比較持久）。過去，包括上世紀中期，經濟不均的重心是生活條件極為惡劣與遭到社會排斥的貧窮階級，然而現在卻是在菁英的奢侈鋪張與特權待遇。今天，不均將富人與其他所有人隔離，不只是窮人，還有中產階級。今日經濟不均的特質不在貧窮而是財富。

世襲富豪——懶散的食利階級透過繼承而來的財富與特權對次等階級的勞工進行剝削——使得推動經濟正義的人士很容易就找到攻擊的目標。普遍性的貧窮使平均主義者能夠輕鬆找到同情的焦點。同時，菁英體制本身就是提供給平均主義者一個解決貴族體制不均的良方。

但是當目標是每週工作上百小時的律師時，這些指責與攻擊就失去力量，他的勤奮與辛勞，再加上嚴厲地自我鞭策，使得針對繼承財富與特權的指責毫無用武之地。同時，當窮人減少，高喊經濟不均的是一批中產階級時，人道關懷的力量也大為減弱。菁英階層以積極進取的態度取代繼承而來的特權，等於是開啟了驅動新的經濟不均的引擎。可是過去擊敗貴族體制不均的立論，如今卻無法適用於推崇努力與技能的經濟體系上。

菁英體制過去半個世紀以來的興起，已為人類經驗開啟了一個前所未有的新領域。在此同時，菁英體制也使得推動經濟均等的力量頓失依靠。過去的經驗已不再能作為了解現在的依據，正如固有的道德倫理就是無法和新經濟股票相連接。經濟不均的傳統療法已經失靈，而原本用來治癒不均的菁英體制卻反而成為病因。

的確，菁英體制形成的不均似乎就是專門為擊敗過去批評有閒階級與對貧窮宣戰的立論基礎而生的。菁英體制使得當初推動經濟平等的力量，必須說明為什麼要將辛勤工作的菁英所得重分配，交到相對懶散的中產階級手中。這也凸顯菁英體制的不均難以反抗。

雖然困難，但是並非不可能。我們要認清菁英體制的真面目，首先就要了解工作中的富人：他們是什麼人？他們怎麼賺錢的？

從有閒到勞務

社會學家托斯丹．范伯倫（Thorstein Veblen）讓工作中的富人留名青史。范伯倫出生於十九世紀中期，死於一九二九年的夏天，正是大蕭條的前夕，而這場災難最終摧毀了他敏銳觀察到的社會秩序。他以嬉笑怒罵的方式讓世襲菁英在邁入二十世紀之際成為他的財富社會學說主角，是為有閒階級論（The Theory of the Leisure Class）。

范伯倫強調儘管窮人自遠古時代就開始工作，中產階級自此一階級創造出來後就一直工作，但是菁英階層卻是與眾不同。事實上，有閒階級自野蠻時代直到他身處的時代就一直是社會地位的標誌。「上層階級，」范伯倫寫道，「在習俗上免於勞務性的工作，」這裡指的不僅是工廠的工作，還包括所有需要「固定使用常規勞務的工作。」

富人避免勞務並不是在於他的懶散或是沒有機會，而是出於矜持與尊貴的自我肯定心態。即使該階層一些特立獨行之輩，雖然也從事一些勞務性的工作，但也只是點到為止，令現代人頗為不解：例如班傑明．富蘭克林（Benjamin Franklin），每天早上起床都會自問：「我今天打算做什麼好事？」但是根據他在一七六六年的日程表，他從事工作的時間不會超過八小時，而且還有整整四小時的時間是用在「音樂、消遣娛樂與交談對話」上。

以范伯倫的觀察，富人這樣的態度並不是「懶惰或是消沉」。范伯倫將社會的工作分成對立的兩類。一類是勞務類，也就是辛苦乏味的工作，致力於「闡述物質生活的意義。」另一類是「對時間不具生產力的消費」，致力於「增加榮耀的活動，」尋求社會地位的表現。范伯倫將這類活動稱為擷取。他解釋包括早期的戰爭、祭祀、狩獵（屬於社交性質，並非為了食物）、公開禮拜，甚至公開的狂歡慶典，都是擷取。范伯倫指出，菁英階層的休閒就是擷取——以致於休閒根本就是菁英擷取的同義詞。

在范伯倫的時代，由於社會與經濟的發展，野蠻時代的菁英擷取特質——戰爭與騎士競技——都已大幅減少或遭到放棄。但是范伯倫強調，儘管如此，有閒階級依然厭惡勞務，並且視剝削與擷取為其社會地位的表徵。也就是說社會型態並未改變，只是其中內容有所更動。新一代的有閒階級以培養無用的學識（例如古典語言）、嗜好（水螈與瓷器）、細緻典雅的儀態，甚至是炫耀式的擬古主義行為或是提高英文拼寫的難度來取代野蠻時代的擷取行為。

范伯倫指出，這些活動具有與野蠻時代的擷取相同的特質，都需要大量的時間與專注力，但是卻不會產出任何有用的東西。透過這些活動，菁英階層是向世人炫耀他們負擔得起這樣的休閒，而一般大眾卻是無能為力。這樣的炫耀，加上對勞務的厭惡，從而建立了菁英階層的社會地位。（單純的懶散是任何人都可以表現出來的，不能視做區分有閒階級的標準）

范伯倫認為有閒階級正在縮減之中，或許已進入暮年。但是將財富與休閒緊密結合的有閒階級壽命遠超過范伯倫，直至上世紀中期。

有閒階級經歷第一次世界大戰並且得以倖存（戰鬥仍被視為擷取的行為，儘管該階級有許多人在戰鬥中犧牲）。范伯倫嘲諷地指出，在一九二〇年代，甚至連華爾街菁英人士的制服——閃閃發光的大禮帽、皮鞋、手杖——都極盡誇張地凸顯自己並非為了工作而紆尊降貴。一九二九年的華爾街大崩盤令有閒階級吃盡苦頭，但是儘管如此，並未動搖他們對有閒階級身分的堅持。在范伯倫去世不久，摩根（J. P. Morgan）多次接受國會對華爾街大崩盤的調查，在其中一次公聽會之後，他特別叮囑記者，「如果你毀了有閒階級，你就等於毀了文明。」

即使是第二次世界大戰也沒有徹底消滅有閒階級。例如銀行家就把所謂的銀行家工作時間帶進二十世紀。他們典型的一天「始於上午十時，在下午三時結束，中間還有三杯馬丁尼與兩小時的午餐時間，」晚至一九六二年，馬丁・梅爾（Martin Mayer）在其經典著作「華爾街：男人與金錢（Wall Street: Men and Money）」中還這樣寫道，「銀行在三點鐘關門（雖然有些人在三點半還會偷偷溜進去，如果他們找得到路的話），交易所在三點三十分關門……在交易大廳工作的人、會員與職員會立刻回家……主管會再看道瓊行情板一眼，然後動身準備打道回府，返回在鄉間的住所。」

到了「下午五點」，梅爾繼續寫道，「電話總機換上夜線，在華爾街的人紛紛返家，像旅鼠一般魚貫進入地鐵站。在六點半左右，清潔女工會來打掃，高樓的燈光閃爍不定。到了八點鐘，她們也走了，到了九點，即使是最忙碌的證券經紀商，帳戶也整理完畢，關門走人，結束這個夜晚。」在上世紀中期，清潔女工是華爾街工作最辛苦的人。

不過並非所有人都依照這個規律行事。例如在一九五〇年代，一批衝勁十足的企業收購專家瞄準多家由飽食終日的富人所擁有的公司發動攻擊。這些富人——根據其中一位透露——都是第三代的耶魯人，每天下午都在俱樂部啜飲馬丁尼消磨時間。至於那些針對有閒階級的企業獵手則被視為「沒有教養的惡棍」，同時遭到政府的調查與威脅採取法律行動。由此顯示，儘管受到破壞，當時的社會仍會對有閒階級的生活模式予以保護。

上世紀中期的華爾街並非唯一享受有閒階級待遇的地方。前面所提企業獵手所瞄準的企業，大都是由一批養尊處優的經理人負責經營，而根據當時一位觀察家指出，這些經理人的表現就像根本不必負擔任何責任的太平紳士。這些上世紀中期的企業菁英「身著剪裁精緻，適合上俱樂部而不是到工廠的西服；他們的辦公室看來像是會客廳，看不到任何庸俗的東西，例如電腦。」他們甚至「還設置了雞尾酒櫃，就像在家裡一樣。」

上世紀中期菁英專業人士的工作時間也很短。美國律師協會一九六二年估計律師每年的收費時數只有一千三百小時，反映當時長期以來對律師工作的固定印象。[3]甚至到了一九七七年，美國律師協會月刊刊登了一篇文章〈律師的財務規劃與控管〉，推估一家律師事務所的律師平均一年的收費時數也不過一千四百小時。這些當然都是趣聞，因為上世紀中期根本就沒有系統性地統計律師的工作時數。但是其他一些報告的數字也反映出相同的情況。甚至根據經驗法則來推估律師的工作時間應該比其收費時數多出三分之一，即使如此，也不過是每週工作時數略超過三十小時。雖然沒有銀行家那麼舒適，但也談不上辛苦。

菁英這種錢多事少的閒差事在今天已不復見。現在則是有無數的例子與數據證明菁英已陷入工作狂熱。

今天年輕資淺的投資銀行家每週要工作八十到一百二十小時，往往是早上六點進辦公室，直到午夜才離開。金融業界有一則大家都熟知的故事，投資銀行的一名分析師透露他曾有一週工作一百五十五小時的紀錄，代表他只有十三個小時做其他的事情，包括睡覺。資淺的投資銀行家圈內還流行一則「有關工作紀律的笑話」，他們除了結婚當天之外若是還能有休假，就是托天之福了。即使是資深的銀行家也無法在工作時數上取得優待。摩根士丹利一位「頂尖的交易商」曾經誇口，他「可以固定一天工作十二小時，並在進行交易時把工作時間延長到二十小時，只在辦公室的沙發上打個小盹就行了。」過去的銀行家工作時間如今已被所謂的「九到五銀行家（Banker nine-to-five）」所取代，即從早上九點做到明天早上五點。

居於實質經濟核心位置的菁英經理人工作時數也大幅增加。亞馬遜的創辦人傑佛瑞・貝佐斯（Jeffrey Bezos）曾對其股東解釋，亞馬遜「具有目的性的達爾文主義」與「高到不合理」的期待是意指你「可以長時間、辛苦或聰明地工作，但是在亞馬遜，你不能在三項中只選兩項。」要實施這樣的意識形態，亞馬遜有「一套針對員工的績效連續改善演算法」——類似圓形監獄的監視系統，旨在淘汰不適任的員工。亞馬遜也要求其經理人全天候待命，例如會在午夜發送電子郵件，然後以簡訊質問他們為什麼不回覆。亞馬遜並非特例，例如蘋果也要求其主管必須在休假時與週日晚間二時以前檢查電子郵件。

總體而言，閒散安逸、善於交際，在上世紀中期主持大企業的「第三代耶魯人」如今已被追求效率的熱潮與榨乾美國企業經理人效率的收購公司驅逐一空。美國企業經理人的工作時數自二十世紀下半以來一路穩定增加。到了一九九〇年，經理人員的工作時數已超過法定的每週四十小時，過去的閒差事現在變成了苦差事。根據調查，財星五百大與服務業五百大企業的高級主管平均一週工作時數超過五十五小時，有百分之六十的執行長每週工作在六十個小時以上。[4]此外，有百分之六十二的執行長表示他們的直屬下屬工作時間自一九八〇年代以來就一直在增加之中。

的確，高階主管大都堅持把能否長時間工作作為他們職位的選擇標準之一。一位財星五百大企業的高階經理人最近表示，「這家公司管理委員會的成員都不是公司內最聰明的人，但是我們工作最勤奮，我們像狗一樣工作。我們工作比別人辛苦，我們在執行上比別人強，我們的培訓也比別人多。」這位經理人甚至對其下屬也採取相同的要求：「我不認為一週工作不到五十或六十小時，能為公司帶來貢獻。別的公司都是這麼做的。為了保持競爭性，我們也需要這麼做。我的直覺是，我不相信我們還有其他的方法。」哈佛商業評論（Harvard Business Review）一項針對極限工作的調查證實了這位經理人的直覺。根據這項調查，「有百分之六十二的高所得者每週工作時數超過五十小時，有百分之三十五超過六十小時，有百分之十超過八十小時一週。」同時，在受訪的最高所得者中有近四分之一都符合哈佛商業評論所謂極限工作的標準，即「工作時間甚至更為繁重」：他們大部分（百分之五十六）一週工作時數在七十小時以上，有百分之九的工作時數在一百小時以上。

菁英專業人士的工作時數也在逐步增加之中。住院醫師現在的工作時間之長，使得研究生醫學教育認證委員會（Accreditation Council for Graduate Medical Education）限制他們每週工作不得超過八十小時，而且是平均四週的工作時間，但是此一限制工作時數的措施成效有限。律師的工作時間也同樣地走向極限。例如在一九八四到一九九〇年間，一週工作時數超過五十五小時的律師所占比率成長三倍以上，而一個月工作時數超過兩百小時的律師占比也增加將近五成。[5]在一九九〇年代中期，一項調查顯示一座東北部大城的律師，有百分之七十在週末時至少會工作半天，而有百分之九十九都表示如果事情太多，會在週末加班。今天，「一週工作六十小時在許多行業都算是常規作業，一週工作四十小時只能算是兼職的時間表。」

不過律師的工作時間往往會更長。一位不願具名的律師最近透露他所謂「忙碌的一天」是自早上七點開始到第二天清晨三點四十五分，其間每個小時都要親自參加會議、重複電話預約客戶，以及接收五十到一百封左右的電子郵件。至於「不太忙碌的一天」是自早上九點半開始到晚上八點四十五分結束，其間並沒有午餐時間。此外，菁英薈萃的律師事務所也都一再強調這種一心一意投入工作的精神。一家大型律師事務所的律師透露過他曾收到老闆的電子郵件，命令他「你早上起來不是先刷牙，而是先查看你的電話。」同樣的，資歷並不能抵消工作時數。另一家大型律師事務所的領導人多方鼓勵他們的合夥人增加工作時數。他表示「我們對合夥人唯一的量化要求……是一年有兩千五百小時到三千小時的收費時數、發展業務或是其他能改進公司執業的事情。」

這樣的工作狂熱直達最具菁英特質的領域，此一領域過去都是正式保留給獲得輝煌成就的菁英。在進入二十世紀之際，全世界最偉大的運動員——一位名叫佛萊（C. B. Fry）的業餘運動員，錯過了一九〇〇年的巴黎奧運會，因為他根本不知道有這回事。而晚至一九八〇年代末，約翰．麥肯諾（John McEnroe）拒絕培訓，聲名大噪。然而若是在今天，麥肯諾的態度根本無法想像。今天的職業運動員所受培訓遠比過去辛苦與漫長：為了參加奧運會的競技，運動員都是專心致志地接受多年培訓；拉斐爾．納達爾（Rafael Nadal）每天要培訓近七小時。並非只有運動員是這個樣子。頂尖的廚師，在過去是屬於默默無聞的業餘團體，然而今天卻必須回應來自其他餐廳的激烈競爭，需要一週工作八十到一百小時。所謂的明星如今也需要長時間的密集工作。例如超模，其中一位透露，「所有的培訓……就像要參加奧運一樣。」即使是純粹的名流——他們因為出名而出名——也必須經常性地花費心思與工夫來維持名聲。

總體而言，所有的證據與報告都顯示過去五十年間菁英的工作習慣發生重大變革。

在所謂的「時間畫分」下，人員的工作時間已從中庸的一週四十四小時向兩端移動，於是有越來越多的人一週工時減至三十小時以下或是增至五十小時以上。根據一項調查顯示，在一九七〇到一九九〇年間，男性雇員一週工作超過四十八小時的比率增加五成。另一項調查則顯示，在一九八〇到二〇〇五年間，通常一週工作都在四十八小時以上的比率增加五成。此一趨勢也顯示工作越辛苦，工作時間也就越長。在一九七〇到二〇〇〇年間，雙薪家庭（不論是否有子女）一週工作時數總和在一百小時以上的比率增加五成左右。如此一來，同期間工作的反向——休閒[6]，所獲得的時間分配自然也就受到擠壓。一九六五到二〇〇三年間，在休閒分配的第九十百分位與第十百分位間休閒時間的差距達到一週十四小時。

在勞動與休閒益趨不均的趨勢下，所得不均的情況也開始出現。與此同時，所得不均與時間畫分緊密連接，相互糾纏，於是所得增加的人通常也是工作時間較長的人（所能享受到的休閒時間也較少）。基本上，工作時間增加的情況大都是集中在薪資較高與教育程度也相對較高的族群，反之，休閒時間增多的情況主要是集中在薪資較低與教育程度較低的族群。二〇〇〇到二〇〇二年間高週薪與長工時的組合關係要較一九八三到一九八五年間明顯。也就是說，富人不成比例地需要長時間工作，而其他人的工作時間則是不成比例地相對較少。

針對工作極度辛苦族群所做調查所顯示的反差尤其明顯。[7]例如一九七九到二〇〇六年間，在薪資所得五分位中居於最高位的人平均一週工作五十小時以上的比率增加近一倍（從六人中不到一人增至三人有近一人）。不過與此同時，同期間在薪資所得五分位中居於底部的族群，工作時間相對較長的比率卻是下降了近三分之一（從五人中約一人多減至七人中只有一人左右）。在一九七九年，一名壯年男子如果時薪使其在薪資所得五分位中居於頂部，相較於在五分位底部的同輩，他有三分之二的可能性一週工作五十小時以上。然而到了二〇〇六年，薪資所得居於頂部的人，相較於在底部的人，工作時間相對較長的可能性是兩倍。換句話說，在上世紀中期結束後的三十年間，高所得與長工時的關係出現逆轉。休閒與勞動再度相互成為反向指標。在一九六五到二〇〇三年間，學歷在高中以上的男子大約一週可以享受十小時的休閒時光，而至少有大學學歷的男子，休閒時間不但沒有增加，反而略有減少。（令人驚訝的是，儘管市面上已出現許多新的家電產品有助減少家事的時間，但是菁英人士的休閒時間依然沒有增加。）

相對而言，高所得與高教育程度導致工作時間增長與休閒時間減少的關係在女性身上就沒有這麼明顯。但是職業婦女在雙薪家庭中往往是在次位的薪資所得者，而雙薪家庭的工作時間與薪資所得有不可分割的關係。在二〇〇〇年代初期，在薪資所得分配五分位中居於頂部的家庭，有百分之七十五都有兩位以上成員出外工作，相較於在底部的家庭只有百分之五的比率。此外，擁有大學以上學歷的女性有百分之八十都出外工作，然而在高中還未讀完的女性之中，只有百分之五十出外工作。

這樣的性別趨勢使得今天的富人與范伯倫的有閒階級形成強烈反差。范伯倫觀察到當一位菁英男士被迫放棄其休閒階級地位時——迫於經濟環境的惡化，往往會參與需要勞動的工作來維持生計，經濟上屬於菁英階層的女性，尤其是妻子，會拒絕出外工作，並且盡力維持其家庭生活的水準不致下降，對外顯示他們仍保有先生喪失的有閒階級地位。在上世紀中期，富人在家賦閒的妻子可說是菁英擷取的最後表態，是有閒階級最後一座堡壘。但是這樣的情況今天已不復見。

所得與勤奮間的關係也是益趨緊密，成為最重要的組合。（請參考圖一，頁四二四）今天在薪資所得底部百之六十的人員工作時間要少於一九四〇年的水準——大約少了百分之二十。而在底部之上百分之三十的薪資所得者（居於第六十到第九十百分位間的位置）大都能夠維持固定的工作時數（儘管他們的工作時數在千禧年交替之際有所減少）。至於在所得最高的百分之十族群中，相對於所得在下層的族群，菁英階層工作時間增加最多。尤其是所得在最高的百分之一族群，在一九八〇到一九九〇年代期間，所增加的工作時間要比任何一個所得相對較低族群都多。更特別的是，此一族群的工作時間在進入二〇〇〇年代後仍在持續增加。此一趨勢累積的效果宏大。在一九四〇年，在所得底部百分之六十的一位典型勞工，其工作時間要比在所得頂部百分之一的人多出四週工時（相當於百分之十左右）。然而到了二〇一〇年，這些低所得的勞工工作時間比高所得者要減少十二小時左右（相當於百分之三十）。總體而言，此一趨勢顯示菁英人士的工作時間平均一週增加近十六個小時——或是整整兩個正常的工作天。我們或許應該質疑這些數據，但是其背後的依據十分完整與堅實，包括工時數據收集的方式。

這些數據透露出許多訊息。所得分配最高的百分之一族群——代表家庭所得超過四十七萬五千美元——大約只有一百五十萬戶家庭。如果加上標普一千五百大企業（S&P 1500）職位在副總裁以上的人（大約二十五萬人）；金融部門的專業人士，包括對沖基金、創投資本、私募股權、投資銀行與共同基金（也許有二十五萬人）；在五大管理顧問公司工作的專家（大約六萬人）；在平均每位合夥人獲利超過四十萬美元的律師事務所工作的合夥人（大約兩萬五千人）；專科醫師（大約五十萬人），這些總和也許是一百萬人。

這些人並非全都屬於最高所得的百分之一，但是他們絕對是組成百分之一的成員，可能就占了一半，算是相當多了——就百分之一的家庭戶數來看。而且至少這些人都在知名大企業擁有高層職位，這樣的地位，相較於在百分之一中只是濫竽充數的人具有實質意義。他們，當然，也是新聞人員口中所謂極限人員的典型——這些人會經常性地取消休假計畫、許多時間是花在路上、住在不附帶家具的豪華公寓內，而且全心投入工作，偶爾才會接觸個人生活，就像陌生人一樣。

超越資本與勞動

至少自馬克思發展出他的剝削理論之後，針對經濟不均的批評聲浪就蓋棺論定地將富人視為食利人。就此一觀點，菁英階層都是遊手好閒，利用其不勞而獲的資本與剝削其他人的勞動力來擷取報酬。現代有關經濟不均的批評相對溫和，毫無疑問沒有這麼嚴厲，但是依然依循傳統的智慧，算是馬克思食利人主調的變種。

這些批評通常仍是將經濟不均與資本和勞動間在政治與經濟上的鬥爭相連，強調富人與資本聯手重返主導地位，造成經濟不均擴大。托瑪．皮凱提（Thomas Piketty）著名大作《二十一世紀資本論》（*Capital in the Twenty-First Century*）就是以此觀點發展出他經典的論述。與此同時，一些針對工會組織式微、大型雇主市場力量增大、委外生產與全球化等的感嘆與不滿，也是根據此一觀點而來。

這些抱怨的確捕捉到一些事實。近幾十年來工會組織的力量系統性地遭到削減。自上上世紀中期以來，勞工占國家所得的比率就呈持續下降——雖然溫和，但是也相當明顯。與此同時，股價——可以算是資本所得——已遠超過一般勞工的薪資。但是這些與其他一些現象並不足以解釋高所得及其所占比率大幅增加的原因。此外，仔細審視菁英的所得，可以看出是來自極端的勞動與真實反映菁英主義中權利與功績概念的資本，由此透露富人的所得不僅是在持續增加，現在已是全面性地依賴他們將本身的勞動力出賣給需要長時間密集從事的特高報酬工作。

我們不需要同情這些辛苦工作的富人，但是如果對這些富人工作上受到的壓迫視而未見也是同樣地會造成誤解。菁英勞動的強度構成了今日高所得者的生活經驗與社會意義。現在的富人是利用自己的技能與勤奮，靠著自己的努力而不是過去的無所事事，成為鶴立雞群的族群。由此可見，菁英體制的不均並非來自大家所熟悉的資本與勞動間的鬥爭，而是來自一種新的衝突——勞動間的衝突，菁英人士與中產階級人員間的鬥爭。經濟不均引發的鬥爭無可避免地反映出以巨大勞力取得財富的複雜性，然而傳統的智慧卻是對菁英體制造成的經濟不均視若無睹，甚至還百般掩飾。

勞動所得現在即使是在財富的最頂端也占有舉足輕重的地位。今天美國最富有的十個人就有八個的財富並非依賴繼承而來，而是來自創業或經營管理，以創辦人股票或是合夥人股份的形式獲得的酬勞。由富比世雜誌美國四百大富豪排行榜也可看出富人財富來源的重心已由資本的繼承轉移到勞動所得。在一九八〇年代初期，富比世雜誌四百大富豪每十位只有四位是所謂的白手起家，今天則是每十位有七位。在一九八四年，排行榜中純粹繼承而得的財富勝過白手起家的財富，差距大約是十比一，不過到了二〇一四年，白手起家的財富就超越了繼承而得的財富。在二〇〇一到二〇〇七年間，勞動所得在美國四百大富豪所得中所占比率增加五成，而在一九八二到二〇一一年間，勞動所得在沒有受過大學教育的人所得中所占比率則是下降逾三分之二。勞動所得在富豪收入中地位的改變也反映在他們財富來源的產業變化上。在富比世雜誌於一九八二年首次製作的富豪排行榜中，名單中有百分之十五．五的人其財富是來自資本密集的製造業，只有百分之九是來自勞力密集的金融業。但是到了二〇一二年，名單中只有百分之三．八的財富是來自製造業，有整整百分之二十四是來自金融業。

勞動所得也主宰了次一級的菁英所得。雖然在二〇一七年只有三位對沖基金經理人的酬勞超過十億美元，不過有逾二十五位的酬勞在一億美元以上，至於酬勞在一千萬美元以上的實在太過普遍，已不算是新聞。即使是普通的菁英級金融業從業人員，現在的酬勞也相當優渥。根據一項調查，中級規模對沖基金的經理人平均酬勞是兩百四十萬美元，華爾街業者的獎金平均水準在一九八五年還是一萬四千美元，但是在二〇一七年已爆炸性成長至十八萬美元以上，而紐約市該年共十七萬五千名證券業從業人員的年薪平均是四十二萬美元以上。

這些金額反映出一家典型的投資銀行是將其利息後營收撥出一半左右來付給其專業員工（使得迄今為止的三十年間做一位菁英級的銀行家要比持有銀行股票賺錢）。在實體經濟中的菁英級經理人也過得不錯。執行長的所得——頂級經理人的酬勞——通常都是七位數；標普五百大企業執行長二〇一七年的平均年薪接近一千四百萬美元。標普一千五百大企業（員工人數在七千五百人以上者）付給其薪資最高的前五位職員的酬勞總和約占了這些企業獲利總和的百分之十。這些職員並沒有擁有他們所管理的資產——投資組合或公司。這些高階經理人的所得主要是來自他們工作的酬勞，不是資本投資的獲利。這種高酬勞的情況也反映了最近一些商業分析師口中所謂才能與資本間的戰爭——結果是由才能獲勝。

勞動所得也主宰了我們之前所討論的百萬個菁英工作——金融部門專業人士[8]、標普一千五百大企業的副總裁、管理顧問、高獲利律師事務所的合夥人與專科醫師。這些具有特定身分的人員約占了最高所得百分之一的整整一半。這些人的工作條件——他們所得的經濟安排——眾所皆知。這些人並沒有在其業務上投入任何資金，他們的收入完全是依靠他們努力工作——換句話說也就是勞動力。

報稅資料也可證實新一代菁英階層的所得主要來源並非資本，而是出賣他們的勞動力。這些稅務資料複雜深奧，但是儘管如此，足以明確揭露相關訊息。這些資料證實菁英體制下的富人（不像他們在貴族體制下的前輩）是靠著工作賺錢。

即使是最嚴格的稅賦規定，將一些勞動所得歸類於資本利得的稅目，依然能夠顯示勞動所得在富人所得中所占比率持續增加。根據這樣的計算，在上世紀中期，最富有的百分之一族群的所得有四分之三是來自資本，最富有的百分之〇．一族群的所得有十分之九是來自資本。這樣的比率自一九六〇年代以降的四十年間逐漸下降，而在二〇〇〇年觸底。在二〇〇〇年，最富有的百分之一與百分之〇．一族群，他們的所得大約只有一半是來自資本（分別是百分之四十九與百分之五十三左右）。之後資本在最高所得中所占比率又開始提升，在千禧年後的第一個十年大約增加了百分之十，但是在邁入第二個十年之際又轉為下降（相關資料逐漸不足）。

一套完整的菁英會計制度，可以更廣泛地計算菁英獲得的優勢，直追所得的根源——由此也揭露一些名義上屬於資本的所得其實其根源是來自勞動力，因此應視為透過勞動、技能與辛勤工作的所得。創業家賣出其所創辦的公司股票、高級主管賣出其所獲股票酬勞的實現利益，以及對沖基金經理人因其所管理(並非擁有)的基金獲利而分得的附帶權益,在稅單上都是歸類於資本利得。但是這些所得最終所反映的,是創業家與高階主管,或是經理人勞動的回報,而菁英體制因此也堅持應歸類於所得帳戶。這樣的分析也適用於退休金與房主自用房屋。這些所得的獲取方式與貴族階級食利人的資本所得,或是休閒階級繼承而來的遺產完全不同。因此,不論稅目為何,精確的菁英稅務會計都將這些所得的來源歸之於勞動而非資本。

稅目中沒有所謂的邊際或是特殊收入類別(雖然將稅目轉換為道德類別的需要會無可避免地在任何的稅務會計中引來批判與不精確性)。創辦人的股票、附帶利益與高級主管的股票酬勞,使得名義上的資本利得有很大一部分是來自勞動所得,尤其是在最富有的人之間。我們首先來看富比世的美國前二十五大財富之中,有一半左右都是來自公司創辦人所持有的公司股票。[9]與此同時,在向財政部申報的資本利得中,附帶權益所占的比率——對沖基金經理人的勞動所得——在過去二十年間成長了十倍左右,如今在最富有的百分之一族群所申報的所有資本利得中占有不可忽視的比率。此外,過去二十年間,標普一千五百大企業所有執行長所獲得的酬勞有一半左右都是股票或股票選擇權。退休金與自用住屋今天也為富人的所得貢獻良多,其占比較一九六〇年代增加約一倍。[10]這些資料儘管經不起精確的計算,但是這些各種形式的勞動所得加總起來,應占了富人所得的三分之一,而且無論是多保守的稅務會計,都會顯示在富人所得中有一半左右都是以這些勞動所得為最大宗。

這些資料因此也證實——自上而下——為何在菁英工作的調查中處處可見勞動所得的蹤影。今天最富有的百分之一，甚至百分之〇．一的族群，有三分之二到四分之三的所得不是來自土地交易、機器生產或是融資，而是來自他們本身的努力與技能。今天美國每一百人中最富有的人，或是每一千人中最富有的人事實上都是靠工作謀生。

菁英勞動所得爆炸性的成長不僅改變了富人家庭的內部會計，同時也對經濟的資產負債表造成影響，從而重新架構富人與其他人間經濟優勢的平衡。

這樣的轉變始料未及，其結果往往也遭到忽略。過去貴族體制的不均是以資本與勞動間的鬥爭來架構經濟正義——即是在擁有財物的人與勞動的人間的鬥爭——資本所得是不均的一方，勞動所得則是均等的一方。但是現在的架構卻是有些尷尬，不論是在道德上還是知性上，因為它是植基於勞動上的經濟不均。相對而言，以勞動力量的式微（尤其是組織化的勞動力）與資本的復興來解釋經濟不均的擴大，顯得更為理所當然，尤其是對進步主義人士。

這樣的觀點儘管誘人，但是相關資料所顯示的並非如此。雖然國民收入過去半個世紀以來已由勞動轉移到資本，但是這樣的轉變實在太小——小到微不足道——根本不足以解釋最高所得份額的增加。這種自勞動轉向資本的變化使得最富有的百分之一族群所得占國民總收入的份額增加近百分之二．五。但是這百分之一族群的實際所得占國民收入的份額卻是增加了百分之十，由上世紀中期的百分之十左右增至今天的百分之二十。因此，在所得由勞動轉向資本的轉變中，只有約四分之一的增幅是來自富人作為資本家的貢獻。至於這百分之一族群所得所占份額其餘的增幅——整整四分之三——必然是來自勞動所得。

相對應於這些錯綜複雜的資料，上述的計算方式顯得粗糙——甚至有些輕率，這些方式是以一種直覺性的方式而不是精準量化所得份額的方式來計算所得的聚售效果。不過另外一些相對精密但是全面性較低的計算方式，也是強化了勞動所得為促使最高所得份額增加主力的說法。例如一九六〇到二〇〇〇年間，在所得份額十等分的最高組別有十分之九的增幅；百分之一最高所得份額中五分之四的增幅，以及百分之〇・〇一最高所得份額中三分之二的增幅，都是來自菁英的薪資——也就是付給頂尖律師、銀行家與高階經理人等優渥的酬勞。當然，菁英階層的酬勞所包括的並不只是薪資——律師事務所的合夥人可以分享公司獲利、對沖基金經理人可以拿到附帶權益，企業執行長則可以獲得股票選擇權等等。這些數字固然顯示了勞動所得在最高所得份額中的地位，但是有失完整與保守。另有一個相對完全（但是也較具爭議性）的會計方式是將勞動所得自薪資抽離，移至營業所得與資本利得的項目之中，由此則顯示在最高的百分之〇・〇一所得份額中有逾四分之三的增幅來自菁英勞動所得。

這些所有的數據儘管複雜，卻全都指向一個單純的結論。有關富人與一般群眾間鬥爭的傳統思維——資本與勞動間的戰爭——已不再能反映現況。取而代之的是菁英階層的個人高所得成為主宰的力量。近年來最高所得份額的增加事實上並非在於其所得來源由勞動轉向資本，而是勞動所得本身的變化，其主力由中產階級轉向菁英階層。

工作富人的興起基本上改變了階級的鬥爭，並且在菁英與中產階級間的戰爭中贏得勝利。宣稱菁英體制不均是反映獲得優勢的說法也許終究具有道德瑕疵，但是也是植基於經濟現實。

勤奮文化

在他第一個孩子出生不久，馬克・祖克柏（Mark Zuckerberg）——他自他所創辦的臉書的勞動所得（以創辦人所有之股票形式發放）使他成為全球第五大富豪——寫了一封公開信給他剛出生的女兒。信中闡明一位菁英階層的期望、推崇人類創意與發明、感嘆世界的不平等，以及承諾會把祖克柏百分之九十九的臉書財富捐出來「促進人類的潛能與推動下一代所有兒童的平等。」祖克柏的捐獻立刻使他登上全美慈善家排行榜首位。不過他最了不起的不是他所捐贈的規模，而是其出發點與動機。祖克柏的公開信直接將他對女兒的愛意與臉書基金會支持教育、創新與機會均等的社會任務相結合，並且以他的事業作為奉獻與禮物。

這樣的關連是早期的菁英階層無法想像的，他們都是靠著繼承而來的財富與自由保有他們的社會地位。舊社會的貴族體制是把土地與頭銜結合成單一的社會統一關係，以此建立管理世襲繼承的方式。在貴族體制下，有閒已成為菁英的守則，而剝奪繼承權根本不在世襲繼承的考慮範圍。如果馬爾博羅公爵（Duke Marlborough）剝奪他女兒繼承布倫海姆宮（Blenheim Palace）（以及支持她繼續成為有閒階級的財產）的權利，就形同拋棄他的女兒，甚至是整個貴族體制的秩序。貴族時代的貶謫與剝奪繼承權其實只是充滿想像力的虛構小說的情節或是作為一種理想的象徵。如果真的有人剝奪他子女的繼承權，一定會被視為怪異、胡鬧，甚至荒唐不經的行為。

然而菁英體制的不均卻是給了祖克柏完全不同的選擇空間。他的做法顯然是剝奪了他女兒對他所有的遺產，包括大量資本所得的繼承權。但是他其他的財富與社會地位足以讓他為女兒提供她所需加入菁英行列的教育與培訓。此外，菁英勞動經濟法則將助她運用所受培訓獲得高收入，而建立尊嚴的社會經濟法則會將她的培訓、工作與勞動所得轉換成她自己獨立的社會地位。

因此，祖克柏的捐贈並沒有剝奪他女兒的階級地位，反而幫助她遠離其他年輕繼承人伴隨財富而來的頹廢與墮落，進而造成社會地位的下降，甚至有助她提升自己的層次。換句話說，祖克柏藉由撤除女兒的繼承權，激發她的上進心與自尊心，並且保護她免於受到生活放蕩的誘惑。

祖克柏的決定絕非古怪。今天美國排名前十位的富豪中就有五位，全球就有近一百七十位億萬富豪（代表全球近百分之十的財富）已簽署了華倫．巴菲特與比爾．蓋茲所發起在生前或死後捐贈大部分財產作為慈善事業的承諾書。這種由工作中富人所領導的社會與經濟轉變，在過去由世襲繼承所主導的舊社會眼中是屬於怪異胡鬧的行為，然而現今則是視做理性，甚至是值得推崇的行為。因此，祖克柏的禮物是支持而非排斥現行主導社會與經濟的秩序。

由現代菁英體制理想所編織的網路強力支持祖克柏的決定，這個網絡綿密厚實，就和當年的貴族體制理想一樣。新一代的富人並不只是為了高薪而努力工作，也不只是為了擁有一些昂貴的物品或是較多的自由時間而工作勤奮。這些富人追求高強度高報酬的工作，是經過反思，為尋求工作本身意義做下的決定，而菁英階層將這樣的態度予以組織化形成一個獨特的世界觀。（這也是驅動臉書基金會與祖克柏對女兒期許的力量。）

范伯倫的有閒階級不僅因為經濟現實，也因為社會規範而被迫退位——老一代菁英的休閒文化已被新一代菁英的勤奮文化所取代。和過去的貴族體制一樣，菁英體制自成一套的經濟操作與道德原則為菁英階層提供支持，相互受惠。（新的社會規範甚至鼓勵富人推崇忠孝精神與公民義務，以及和祖克柏一樣，以真誠善意的心懷將其階級的資源公開傳遞下去。）

勤奮已成為菁英階層的法則，就像休閒對於貴族一樣。今天，菁英階層誇耀，甚至抱怨他們工作的社會必要性，以此來抵抗指責他們的勞動可能並非社會必需的批評。華爾街日報（Wall Street Journal）就有一則廣告是這麼寫的：「就算沒有時間也會找出時間來閱讀華爾街日報。」由此反映菁英階層的勤奮文化。

這樣的文化對菁英的思想體系造成重大影響。當法學院學生被問及他們能接受一週工作多少小時，比較吝嗇的學生會回答七十小時，但是也有一些學生回答：「需要多少小時就做多少小時。」具體來說，就是一週一百二十小時。（我從來沒有碰過——真的是從來沒有——有哪位耶魯法學院的學生會認為學習不應侵犯到休閒的時間，另外根據一項針對耶魯新鮮人的不記名調查，有百分之八十都表示學業應優先於課外活動，而且沒有人認為社交生活比學習重要。11）這些學生在進入社會之後也不會放棄這樣的意識形態。一項調查顯示有一半以上一週工作時數在六十小時以上的受訪者都公開承認自己是工作狂。此外，我從來沒有聽過——再一次地，真的是從來沒有——有哪位大型律師事務所的合夥人會抱怨他的辦公室工作氣氛懶散懈怠。就和波帝·伍斯德一樣，要他抱怨自己生活的閒適安逸，根本是無從想像的事情。

高強度的工作現在已成為卓越、活力與全心投入工作的代名詞，正如一位投資銀行家所說的：「不惜代價完成工作。」因此，哈佛商業評論所形容的極限人員都是把「一心一意致力於工作的責任心視為榮譽勳章」，並且還大肆宣揚自己的勤奮精神。過去的金融家都是身著精心剪裁的高級服飾，以暗示自己並沒有工作，但是最近一位投資銀行家告訴一位人類學家，華爾街的專業人士「都不應穿著有吊帶的衣服，因為這會顯示你花太多時間在外表上，然而你其實應該辛勤工作，你不應在早上浪費時間整理吊帶。」

利用與剝削別人已被重組為自我的努力與勤奮，一反波帝·伍斯德將工作視做休閒的傾向。今天許多高強度與高報酬的工作，包括管理與運動，在過去只是紳士們的志業或嗜好，而在嚴格的社會規範下，也限制了他們的努力與對高強度的追求。但是現在即使是名流——為了出名而出名，純粹的剝削模式——也必須開啟勤奮的模式，努力地增加自己在公開場合與社交媒體上的曝光率。與此同時，今天的時間與經濟價值已直接畫上等號，包括菁英可以按照小時收費與付費（這是前所未有的情形）。最頂尖企業的律師與顧問會相互競爭，看誰的收費時數最高，他們還會互相交換一些有關超長時間工作或收費的虛構故事（有的甚至荒誕不經），以此作為訓誡。

菁英階層執著於勤奮的精神與追求高薪待遇的態度使得雇主予取予求，要求他們致力於工作以證明值得如此高薪。因此，菁英階層必須確保其努力與薪酬是相配的，否則就只剩下難以承受的辛勞與不平等。

至於雇主，則是強調「有權期待他們（高薪職員）工作努力，」因此，如果一位菁英「堅持」「每天朝九晚五，一週工作五天」的時間表，根本是不合理的。一位評論人士就指出，長工時是「高報酬的公平交易品。」另一位金融業者則指出，客戶「付給我們大筆銀子，是為了一天二十四小時，一週七天能夠供他們差遣。」

反過來看，已迫近人類忍受極限的超長工時，正是菁英用以證明自己物當所值的途徑。哈佛商業評論所謂的極限人員「考慮到他們非凡的努力……特質的反映……對他們而言，一週工作七十小時足以證明他們的價值。」知名的保守派經濟學家（前哈佛大學經濟系主任）格里高利・曼昆（Gregory Mankiw）則是認為菁英人士應該擁有高薪，因為這是他們勤奮工作賺得的酬勞。

這些主張其實有其黑暗面，因為菁英階層在崇尚勤奮精神的同時，也鄙視閒散安逸。投資銀行家就抱怨「在外界（非菁英圈）的人工作到下午五、六點就回家，中間還有一小時的午休時間，」「他們不像我們這麼勤奮。」更具體的例子是勞埃德·布萊克芬（Lloyd Blankfein，高盛執行長，報酬高達數千萬美元）最近就表示提前退休造成不必要的人力閒置，建議提高社會安全的退休年齡。

辛勤與長時間工作已成為現今工作中富人的一部分，忙碌本身就是「榮譽勳章」的象徵。范伯倫口中的社會秩序曾成功跨越一個千禧年，然而在一個世紀之內就已轉向：貴族體制臣服於菁英體制，閒適菁英讓位給菁英工作階層。祖克柏對他女兒的期許所反映的就是她出生時的社會秩序。

過去，閒散安逸被視做擁有較高社會地位的象徵，勞動「畢竟，是次等階級的代名詞。」即使是左派也同意，作為勞工階級，發動工運的政治理想就是其次等階級正名。阿列克謝·格哥里耶維奇·斯達漢諾夫（Alexey Grigoryevich Stakhanov）是一位蘇聯煤礦工人，他辛勤工作，生產迭創佳績，成為努力生產的社會主義勞工楷模。

然而時至今日，菁英的習慣與規範已改變了富人與一般大眾。勤奮的棒子已由日益成為冗員的中產階級交到上層手中。勤奮與榮譽的結合解釋了為什麼中產階級被迫閒置之後感到羞辱，甚至顏面全失，同時也說明了富人辛勤工作不只是為了賺取財富的原因。

今天，斯達漢諾夫才是那少數的百分之一。

貧窮與富有

所有的經濟都會有兩種不均：在高端是富人與中產階級間的差距，低端則是中產階級與窮人間的差距。因此，經濟不均可以同時擴大與縮小，例如高端差距擴大與低端差距縮小的情況一起出現。當這樣的情況出現時，分配不均的型態也會改變。在人類歷史的大部分時間，包括上上世紀中期，不平等與非正義是集中在貧窮身上，然而如今卻是集中在財富身上。

第二次世界大戰結束後，「大企業、大勞工與大政府間的合作」重建美國社會，創造了現代的中產階級。例如美國成年男子實質所得中間值從一九四七年的兩萬五千七百美元增至一九六七年的四萬一千八百三十六美元（以二〇一八年美元為計價基準），而擁有住屋的美國家庭戶數在一九四〇至一九六〇年期間共增加了百分之四十。到了一九五〇年代晚期，也就是加爾布雷斯（Galbraith）所著的《富裕社會》（*The Affluent Society*）一書問世的時候，當屬中產階級的繁華盛世，其富裕興旺已成當代的自我意象——遍及聖克萊爾湖畔與全國各地。

然而並不是所有的美國人都是在大企業、大勞工與大政府的合作圈內。少數民族與婦女還要等上數十年，待他們追求正義的聲音被社會聽到之後才能分到好處，LGBTQ族群更是要等上半個世紀。與此同時，窮人在這個主管上世紀中期美國的三頭聯盟內也沒有絲毫發聲的餘地，正如同加爾布雷斯所言：「是沒有聲音的少數，」「是沉默的一群……已被中產階級遺忘。」中產階級的興起拉大了高端的不均，但是低端的不均與貧窮依然存在。

一九六二年，在美國百分之一最高所得族群比率降到歷史谷底之際，麥克・哈靈頓（Michael Harrington）所著的《另一個美國》（*The Other America*）一書問世。哈靈頓畢業於耶魯法學院，是一位社會學家，堅定支持民主與反共。小亞瑟・史勒辛格（Arthur Schlesinger）稱他為「美國唯一負責的激進分子。」哈靈頓在美國中產階級繁榮興旺的年代卻花了許多時間研究美國窮人的生活情況環境。《另一個美國》就是反映他所看到的情景，描寫之詳盡，一位書評家表示：「令人震驚……美國竟有如此消沉、飢寒交迫的地區。」哈靈頓指出，「貧窮使得許多人無法得到我們科學常識所認知在美國生活所需最起碼的健康、住屋、食物與教育條件。」另一位評論家表示，「本書憤怒的論點揭露在美國耀眼光芒的富裕社會背後是一個滿是孤苦無依窮人的貧民窟。」

哈靈頓表示這個貧民窟十分龐大，容納了四千萬到五千萬人，他們物質匱乏，被流放到富裕社會之外，就某一方面來說，他們其實是中產階級興起的受害者。他的說法可能不是那麼精準，因為美國政府直到一九六三至一九六四年（在哈靈頓這本著作出名之後）才開始蒐集有關貧窮的數據。不過哈靈頓對貧窮的看法確實無誤，赤貧與物質匱乏在美國占了很大一部分。當美國官方統計出爐後，顯示美國人口有大約四分之一都是處於貧窮的狀態。

哈靈頓把這些統計數據當做對付貧窮的一種手段而不是結束。「我請求讀者，」他寫道，

「忘記這些數字遊戲。不論它們有多精準，它們所代表的是有一大批人正在這塊土地上受苦。我們看到這些數字應該感到憤怒。」哈靈頓立志要做「美國的狄更斯（Dickens）」，詳細記錄繁華底下的貧窮。

《另一個美國》引起了上世紀中期其他作家的共鳴。加布里埃爾．柯爾科（Gabriel Kolko）所著的《美國的財富與權力：分析社會階級與所得分配》（*Wealth and Power in America: An Analysis of Social Class and Income Distribution*）也在一九六二年發表。該書經常與哈靈頓的相提並論，是以完全不帶感情的筆法來詳細敘述貧苦人家的生活細節。一般的貧苦人家，柯爾科寫道，「家裡沒有電話……每週只打三次付費電話。他們一年才買一本書，一週才寫一封信。父親要隔兩年才買一套厚羊毛西裝，隔三年才買一套薄羊毛西裝，至於妻子是每隔十年才買一套服裝或是隔五年才買一條裙子……一九五〇年，貧苦家庭在家具、家電產品與洗衣機上的支出總共只有八十到九十美元（相當於二〇一五年的八百五十美元）……全家一週總共只會買五分錢的冰淇淋甜筒兩個、五分錢的糖果棒一支、兩瓶蘇打水與一瓶啤酒。」

對於這些美國民眾來說──他們的數量龐大，絕非僅是邊緣少數──中產階級的富裕社會遠在天邊，聖克萊爾湖畔根本就是另一個國家。

向貧窮宣戰

《另一個美國》一書叫好不叫座，起初讀者不多，也沒有什麼迴響。書評家都不看好這本書的銷售，甚至連哈靈頓本人——表示如果能賣到兩千五百本，他就很高興了——在這本書出版後不久就去歐洲了。

一九六三年一月，德懷特．麥克唐納（Dwight Macdonald）在紐約客（New Yorker）雜誌為該書寫了一篇長達五十頁的書評，題為「我們隱形的窮困」。此一評論是該雜誌有史來最長的，而且「其閱讀量多過其所討論的書籍」，吸引了社會大眾的目光。此一書評也引起當時政壇菁英的注意，尤其是總統甘迺迪的經濟顧問華特．海勒（Walter Heller）。他將哈靈頓著作的摘要與麥克唐納的書評交給甘迺迪總統本人。

甘迺迪顯然汲取了其中的教訓。「我相信，」史勒辛格後來寫道，「《另一個美國》一書有助（甘迺迪）一九六三年推出減稅與一項濟貧方案的政策。雖然無法確定甘迺迪總統是否真的讀過這本書，但是「華府普遍認為他一定讀過。」」的確如此，甘迺迪在一九六三年的國情諮文中就採用了該書的部分內容，指出美國有三千兩百萬人是住在「貧困郊區」。一九六三年四月，甘迺迪又倡議成立一支國家服務總隊（National Service Corps），開宗明義地指出「富裕底下的貧困是一大矛盾，我們絕對不能容許它存在我們的國家而毫無作為。」他或許也應加上一句，此一矛盾增加了政府道德權威的風險：如果一個社會只會譴責窮人，以此躲避物質匱乏與社會排斥的責任，又如何指望他們對政府效忠與遵守法律？

一九六三年十一月十九日，海勒爭取到甘迺迪的承諾，將打擊貧窮的措施納入一九六四年的行政法案之中。三天後甘迺迪遭到暗殺，但是打擊貧窮是海勒向新接任總統詹森所提出的第一項經濟政策。此一政策也成為詹森新政的內容，他於一九六三年十一月二十七日向國會表示，「將繼續在其他地方與我們的土地上對抗貧窮、苦難、疾病與愚昧。」此一訊息受到各家媒體的熱烈報導。一九六四年一月八日，詹森在其首次國情諮文宣布了著名的「對美國的貧窮無條件宣戰」。

向貧窮宣戰最重大的意義是在於確實發揮了減貧的效用。但是勝利並不完全，也並非毫無條件，甚至不能稱得上充分，貧窮依然存在。打擊貧窮的腳步在一九七〇年代晚期停滯，近年來由於經濟走低，貧窮情況開始惡化。[12]不過對貧窮宣戰的成果多少還能維持，儘管還要面對經濟不均加劇的壓力。

即使是有大衰退的陰影，現今貧窮的情況也已較之前明顯改善。經濟衰退對窮人打擊嚴重，但是這一回並沒有像以前一樣出現大排長龍等候施捨食物的隊伍。的確，今天的貧窮甚至已較二次戰後經濟快速成長時期與上世紀中期大壓縮的年代要輕微許多。今天經濟不均的加劇不是在於貧窮，而是在於財富的集中。（請參考圖二，頁四二五）

美國官方的貧窮率在一九六〇年代穩定下降，自一九五九年的百分之二十二．四降至一九七三年的百分之十一．一。自此之後，貧窮率就在百分之十一到百分之十五間波動（最近一筆資料是二〇一七年的貧窮率在百分之十二．三）。貧窮的實際改善情況要比數字顯示的更為明顯。根據在一九九二年提出構想，於二〇一一年正式啟用的補充貧窮線，顯示貧窮率要比官方統計數字降低許多。其他一些非官方的統計也是如此顯示。其中一項較為突出的調查顯示收入貧乏率在經過審慎計算後已降至百分之五的水準。

與此同時，根據另外一種調查貧窮情況的方式，也顯示大為改善。該方式乃是追隨哈靈頓的腳步，以窮人的生活經驗為基礎，直接針對他們的消費進行調查。雖然消費貧乏率的追蹤時間沒有收入貧乏率那麼長，也可能不如收入貧乏率可靠，不過最近的資料顯示消費貧乏率已由一九六〇年代約百分之三十一的水準降至二〇一〇年的百分之四．五左右。赤貧率——生活水準在貧窮門檻一半以下的人口比率——以消費水準取代收入水準作為統計依據時，也顯示明顯下降。美國官方二〇〇九年的赤貧率（以收入為依據）在百分之六左右，不過以消費為依據的赤貧率則是已降至百分之一以下。

使用哈靈頓聚焦於具體的細節，而不是根據抽象數據的方式，能夠顯示窮人的生活條件獲得大幅改善。現在窮人的消費能力平均較上世紀中期增加四分之一，他們在一些必需品上的購買力——主要是食物——更是快速成長。（在上世紀中期，一個典型的窮苦人家有一半的所得都是花在確保全家有足夠的營養上。）消費者耐久財也顯著改善窮人的生活品質。在一九六〇年時，窮人沒有空調機、洗碗機與乾衣機，有一半也沒有汽車。不過到了二〇〇九年，在美國家庭所得五分位數中的最底層，有百分之八十以上都擁有空調機，百分之六十八都擁有乾衣機，百分之四十擁有洗碗機，而且有四分之三都擁有汽車。

然而儘管窮人的消費能力增強，他們所提供的勞動卻呈減少。調查顯示，美國學歷在高中以下的男人在二〇一〇年一週所享有的「休閒時間」要比一九六五年時多出十五個小時以上，同期間學歷在高中以下的美國婦女平均一週的休閒時間則是增加了十小時左右。這樣的情況其實是福禍兼具，因為主要所反映的是非自願性失業與伴隨而來的傷害。不過儘管強迫性的閒置帶來壓力，消費能力提升加上勞動減少，足以顯示實際物質匱乏的情況已大為減少。

這些看似普通的消費增加對窮人生活品質的改善大有幫助。用手洗過衣服的人都知道每一週一次的「洗衣日」意味要做一整天的勞動。自一九六〇到二〇〇四年期間，家用空調機的普及化幫助與熱相關的死亡率降低百分之七十五。其他一些有關身體健康的指標也顯示相同的趨勢。美國五歲以下孩童的死亡率自一九六〇年的千分之三〇．一降至二〇一五年的千分之六．八。聯合國的人類發展指數（Human Development Index）則是增加近百分之十。[13]與此同時，窮人的預期壽命也告增加（儘管其增幅不如美國富人）。

這些都不足以顯示貧窮已經根除，或是貧窮人家的生活變得比較輕鬆。我們仍未戰勝貧窮，最終的勝利仍在天邊。不過詹森政府早期的戰果並未逆轉，儘管曾經遭遇雷根革命對大社會的打擊與大衰退的經濟崩潰，貧窮——端看其如何衡量——仍維持在上世紀中期一半到六分之一間的水準。

不論有多糟糕，甚至造成新的經濟不均，美國的經濟與政治制度今天依然能夠對廣大民眾供應基本的物質需求。上世紀中期那種極度匱乏的苦難與爭取經濟正義的呼聲已不再是主宰美國的力量。社會對貧窮的憤怒不會也不應抹殺減貧的努力與進展。

我們的美國已不再是哈靈頓的美國，這是好事。

新裂痕

與此同時，另一項發展伴隨貧窮減退而來，而人們對這項發展相對熟悉。再一次地，在貧窮減退的同時，財富也告增加：百分之一最高所得份額現今較上世紀中期已增加一倍多。儘管低端的不均有所改善，高端的不均卻是變本加厲。這樣的消長為經濟不均帶來了前所未見的新面貌。

收入比率足以顯示這樣的情況。（請參考圖三，頁四二六）在一九六四年時，一個典型中產階級家庭的收入（中間值）大約是典型貧窮人家收入（五分位中最貧窮家庭的平均所得）的四倍；然而在經過半世紀後，此一差距縮減為三倍。相較之下，一九六四年典型富有家庭收入（百分之一最高所得族群的平均收入）大約是典型中產階級家庭的十三倍左右，而在半個世紀之後，此一差距擴大至二十三倍左右。[14]換句話說，自上世紀中期以來，窮戶與中產階級收入差距大約縮小了四分之一，然而中產階級與富人間的差距卻是擴大近一倍。

也可以這麼說，在富人將中產階級拋開老遠之際。中產階級與貧窮階級逐漸融合。然而這也使得中產階級頭尾兩端都受到擠壓，中產階級版本的富裕不復再見，現在看來，聖克萊爾湖畔與全國其他各地當年的富足不過是中產階級泡沫，而且現今仍在逐漸萎縮之中。的確，二〇一五年正是加爾布雷斯所寫美國大部分民眾不是中產階級的第一年，而剩下的中產階級也不再是全世界最富有的人了。

一項總體性的衡量標準——吉尼係數（Gini Index）——完全暴露美國經濟不均的情況。吉尼係數是以從零到一的數字來表示不均的程度。零代表絕對的均等，就是所有家庭的收入都是一樣的，一則是反映絕對的不均，意味經濟所有的收入都為一戶家庭所占有，其他所有的家庭都是毫無所得。

根據吉尼係數，美國經濟不均在過去五十年間明顯擴大，由上世紀中期的〇．三八升至今天的〇．四九。這樣的增幅意味分配不均的情況大幅惡化，從原本挪威的水準沉淪至現今印度的水準。

另外還有兩項趨勢儘管大家不是那麼熟悉，但是能夠明白顯示經濟不均重心的移轉。第一個是在美國收入底部百分之七十的吉尼係數——其構成不是將收入重新分配，而是單純地去除來自頂部百分之三十家庭的所有收入）——自上世紀中期以來有所下降（約下降百分之十）。（確實如此，底部百分之九十的吉尼係數在這段時間一直維持平穩，顯示收入分配底部十分之九都未出現不均大幅加劇的情況。第二個是收入頂部百分之五的吉尼係數——其構成是去除在底下百分之九十五的所有收入——一路揚升，從上世紀中期的〇．三三升至今天的〇．五。（請參考圖四，頁四二七）

總體上，在美國收入分配底部十分之七的部分，經濟不均溫和減退，但是在頂部百分之二十的部分卻是顯著加劇。是的，近幾年來菁英階層內部的不均已超過經濟整體的不均。換句話說，一般富有與特別富有之間的收入差距，若是排除窮人與中產階級，實際上是不均加劇。（從另一個角度來看，收入底部的相對穩定扮演的是防範收入頂部不均快速惡化的穩定器。）

這樣的情況在上世紀中期是難以想像的。在那時候，經濟差距的重心是在絕望的窮人與富裕的中產階級之間，分配不公主要是在於低端的不均。然而現今經濟差距的重心卻是在超級富人與其他所有人之間，而且主要是高端的不均。與此同時，收入頂部不均加劇，伴隨的不僅是貧窮減退，而且還有底部不均的消減。

總而言之，高端不均惡化的速度明顯超過低端不均消減的速度，這也是顯示整體分配的吉尼係數上升原因。

主題的改變

這些發展並不只是限於國民經濟會計制度與分布表上的技術性因子，只有經濟學家與統計學家感到興趣。事實上是工作中的富人改變了經濟不均的生活經驗與社會意義。菁英體制基本上改變了經濟正義的主題。

在過去，懶散安逸的富人旁邊是廣大的貧窮民眾，批評經濟不均的箭頭很容易就找到目標。貴族階級的遊手好閒很容易就招來譴責，而悲慘的窮苦人家也很容易就能博取同情。然而現今富人在工作，貧窮則告減退，使得過去導致有閒階級崩潰的批評聲浪難以攻擊菁英體制的不均。菁英人士的表現幾乎讓人景仰，而中產階級（儘管是為生計奮鬥）也不會尋求或是引起別人的同情。菁英體制使得批評不均的人士感到無可奈何，因為該體制的陷阱同時還具有道德的維度。

菁英人士是靠著利用自己的技能與努力來獲取收入與地位，這也塑造了他們確實有資格占有優勢的形象，正如曼昆所主張的「自業自得」原則。此外，儘管沒有人可以如過去的貴族一樣宣稱自己有資格繼承房地產或工廠，但是菁英階層卻大可主張由於自己的技能與努力，因此有資格獲取高薪與相對應的社會地位。進步人士面對來自舊時代菁英階層的地主或工廠老闆，或許可以如伊莉莎白．華倫（Elizabeth Warren）與歐巴馬那樣理直氣壯地表示：「這不是你建的。」然而你無法用同樣的話來攻擊新一代的菁英人士，因為這些人（無論他最初的優勢為何）的高薪是靠著他們自身的技能與勤勉努力而來的。如果你否定菁英階層靠著努力來賺取收入的資格，不啻就是否定所有人自食其力的資格。

這種從低端不均轉移到高端不均的情況更是強化了菁英體制不均對諸多傳統派批評的防衛。當然，貧窮讓人備受折磨，伸以援手是道義責任。但是對貧窮宣戰（即使戰爭沒有結束）改變了政治面貌。追求平等的政治力量現今是聚焦於頂層與中產階級間不斷擴大的差距，而不是底層的絕對需求——對滿懷挫折與沮喪的中產階級的關注勝過對生活困苦的窮人。（進步人士回顧上世紀中期，認為當時中產階級的興起與窮人生活的每況愈下，或可比擬現今的變化。）

菁英體制的不均使得此一新焦點變得相對合理。中產階級的生活本就辛苦，但是對照菁英階層的富裕人生，就更顯得艱難了。可是中產階級無法像哈靈頓時代的窮人一樣能夠博取社會大眾發自內心的同情。那時候的低端不均是人道災難，然而現今的高端不均卻是政治上的非公義。再一次地，菁英體制削弱了追求平等的力量。

既有的道德原則已難以適用於最新的經濟現實。當初擊敗貴族體制不均的批評如今卻只是站在政治戰線的角落，偶爾對菁英體制不均發動一些不成氣候的攻擊。菁英體制主張收入應是來自勤奮地工作，而不是靠出生，這樣的意識形態為上世紀中期進步人士打擊貴族體制不均提供了強而有力的武器，然而現今此一理念本身卻成為新病源，而且將追求再分配的和諧變成道德綁架。

一位膽大包天的對手

從古希臘的民主思想到美國的大眾民主，政治思想家都是有志一同地認為，民主政治是讓廣大群眾聯手侵占居於少數的菁英財富。

然而經濟不均最近的發展趨勢卻是動搖了這樣的觀念。儘管經濟不均越來越集中在人數越來越少的菁英階層，但是跡象顯示政府對於經濟重分配卻是益趨消極。近幾十年來，在最高所得百分之一、百分之〇．一與百分之〇．〇一族群的所得比率分別成長到原先水準的兩倍、三倍與四倍左右。在同期間，最高邊際稅率卻是下降了一半有餘，從一九五〇年代與一九六〇年代初期的百分之九十，到雷根一九八一年當上總統時降至百分之七十，現今更是降到百分之四十以下。由此顯示，雖然菁英階層越來越富有，政府從他們所得中所取走的份額卻是越來越小。

此一發展趨勢下的最大輸家並非窮人，他們向來（即使是在民主社會）難以採取集體的政治行動。事實上最大的輸家——同時遭到所得下降與稅負加重的雙重打擊——是廣大的中產階級。此一族群包括記者、老師與教授、中階經理、政府職員、工程師，甚至全科醫生。這些人教育程度並不低，權利也沒有遭到剝奪，他們的力量足以影響甚至控制一個國家的醫療與科學發展、新聞、大學，以及最重要的國家官僚體系。

中產階級同時擁有足夠的政治技能與政治管道，可以團結一致透過民主行動來保護他們的利益。既然如此，美國的中產階級為什麼不早動員起來阻止造成他們負擔加重的經濟與政治變化？一小撮的菁英是憑什麼藉由民主的操作，來掠奪中產階級，甚至包括接近菁英的族群？

一位備感挫折的評論家就表示，「近幾個世紀以來社會在打擊非正義上，在許多方面都有長足進展，」促使「奴役、種族排斥、性別統治與拒絕公民身分」都受到譴責，但是「個人財富的累積……在意識形態上仍是有待更正的非正義。」為什麼過去幾十年來其他許多邊緣族群儘管居於少數，依然在爭取平等上獲得進展，但是人口最多的劣勢族群，這個百分之九十九的族群，卻容忍自己不斷遭到剝削？此一前所未有的情況完全違反了千年以來的智慧，並讓幾乎所有的大眾民主政經體制蒙羞。更令人不解的是當中產階級終於爆發時，為何使用的卻是本土主義與民粹主義的手段？

此一謎團的解答在於菁英體制的魅力，因為是它使得中產階級接受，甚至承認自己不斷擴大的劣勢。在貴族體制不均的時代，社會出於同情與人權而產生了社會福利國與向貧窮宣戰的概念。然而今天的菁英體制卻將其產生的不均合理化。人們大都認為他們工作越辛苦就越有資格獲得更多的獎勵，只有少數人會覺得自己應該不勞而獲。同時，越是相信致富無罪的地方，對重分配的支持度就越低。曼昆就指出，「當人們親眼看到一位才能出眾的人士靠著正當的手段致富，他們並不會因此產生恨意。」富人堅持調降最高稅率，而別人也接受他們這樣的做法，是因為大家都同意菁英體制的不均是來自自業自得，重分配反而是不公對待勤勉工作的人。

菁英體制甚至使得主張平等的敵人都開始攻擊重分配，指責此舉不過是怠惰懶散之輩因為嫉妒菁英憑著努力致富的洩恨手段。冷戰時期有一則關於俄國共產黨的笑話：一位共產黨員獲准可以實現一個願望，他於是問道：「我的鄰居有一頭牛，我沒有。我希望你宰了那頭牛。」美國企業研究院（American Enterprise Institute）院長亞瑟．布魯克斯（Arthur C. Brooks）強調，今天許多進步人士推動的計畫（包括社會福利、醫療保健與大學貸款補貼）有很大一部分不是分配給窮人而是中產階級。布魯克斯並且尖銳地指出，這些計畫的資源其實是被眾多強而有力——但是聲名狼藉的——利益團體所把持。他以一種文學修辭的口氣問道，難道這些社會計畫就應持續不斷地成長，直到中產階級的嫉妒之情完全發洩為止。即使是平均主義者也擔心他們的情緒，若是攤開來，所顯露的是他們的貪婪小器，而不是寬宏大量。這些有關菁英體制不均的爭議，在在顯示對經濟正義的要求，不過是利用中產階級對財富的渴望。

有的時候這些情緒會一起爆發，工作富人會高聲主張他們的菁英權利，並且以一種高高在上的姿態鄙視中產階級。在總統歐巴馬擬對百萬富豪課稅，而占領華爾街運動達到頂峰之際，金融業界流傳的一封電子郵件反映出這樣的情況。

「我們都在華爾街工作，」這封電子郵件指出，「我們早上五點起床，一直工作到晚上十點或是更晚。當我們落座之後通常不會起來上廁所。我們不會花一小時或是更多的時間在午休上。我們不會要求成立工會。我們不會在五十歲退休與領取退休金。我們有什麼吃什麼。」

菁英體制無形中授權給工作中的富人建立了一套道德標竿，這是追求平等的進步人士所無法逃避與忽視的。

他們必須直接面對面地挑戰菁英體制。

第五章　菁英繼承

對於菁英預備學校格羅頓學校（Groton）大概在一九五幾年的畢業班來說，「申請大學根本不必緊張，孩子與他的家庭只要決定去哪所學校就行了。班上所有同學都申請到第一志願，只有一位沒有，因為他的腦子受損。」格羅頓學校的學生與其他相類似的預備學校學生並無二致。例如耶魯在二次大戰前的錄取率高達百分之九十，即使到了一九五〇年代中期也還有百分之六十。在一九四〇與五〇年代，菁英大學都還保持一項半官方的政策，校友的兒子都會獲准入學，而要求是他們至少會做功課。這種繼承特權與超高的申請成功率當時充斥幾乎每所菁英大學，而作為這類家庭的兒子，「與其說是去申請他們想念的學校，倒不如說是直接表明要進入就讀的態度。」同時，校友們都認為，他們的兒子獲得錄取是一種權利。

當時所有的大學都是採取繼承特權的做法，而視其他的入學標準是錯誤的。耶魯就曾因為依《美國軍人權利法》（*GI Bill*）而進來就讀的學生「邋遢」與「粗魯」，而自建校以來首次頒布穿著規範。耶魯在一九五〇年代的校長惠特尼·格理斯沃德（A. Whitney Griswold）就「強烈抨擊大眾教育」，並且拒絕擴大學校規模以迎接即將到來的嬰兒潮世代入學潮。他表示他絕不允許耶魯人「變成深鎖眉頭的高度專業知識分子。」哈佛的招生官員也仍是對預備學校的輔導員與社會高層大做廣告，尋求以運動、醫療預備學校的畢業生以及校友的兒子們來填滿其「快樂的墊底四分之一部分（happy-bottom-quarter）」。這些學生都很少出現在學校的學術榮譽榜上，例如耶魯。這些學生進入斐陶斐榮譽學會（Phi Beta Kappa）的比率是每三位才一位。

上世紀中期的教育改革者，出於經濟與民主的考量，決定採取菁英體制與相關的措施——包括成績測試與競爭錄取。哈佛大學校長詹姆斯·布萊恩·科納特（James Bryant Conant）率先在美國大學招生業務上啟用學術性向測驗（Scholastic Aptitude Test，SAT），以過濾就學申請，並且以此為這所最富盛名的大學注入新血。諾貝爾經濟獎得主詹姆斯·托賓（James Tobin）是哈佛的一九三九年班學生，他來自伊利諾州香檳的一個小康家庭，可說是此一教改首批最成功的範例之一。二次戰後，哈佛擴大其成績測試的政策，成果斐然：到了一九四〇年代晚期，哈佛班上來自公共學校的畢業生人數與預備學校畢業生的人數相等，而哈佛一九五二年新鮮人的SAT平均分數若是在一九六〇年是置於底部的百分之十。長期擔任哈佛招生總監的韋伯·班德（Wilbur J. Bender）表示，「此一發展是哈佛有史來的創舉。」普林斯頓接著跟進，該校普通高中與預備學校畢業生的人數在一九五五年達到平衡。

耶魯的教改起步較晚。在一九五一到一九五六年間，耶魯只錄取了七位來自布朗克斯高中

（Bronx High School of Science）的學生，該校可能是當時美國學術競爭力最高的高中。在此同時，耶魯也自絕對稱不上菁英學校的菲利普斯學院（Phillips Academy Andover）錄取了兩百七十五位畢業生。不過當改革來時則是大刀闊斧，積極擁抱以人力資本為基礎，以發揮高級勞動力為依歸的菁英體制。

格里斯沃德在一九六三年去世，耶魯聘請金曼．布魯斯特（Kingman Brewster）接任，他是一位完全不同的校長。布魯斯特視貴族菁英為食古不化的產物，他表示無意「主持一所在長島海灣的精修學堂，」而著手進行改革。布魯斯特自稱是一位「智識投資銀行家」，而菁英體制就是他改革的藍圖。透過以能力與成績來選取學生的方式，耶魯可以善加利用其教育資源，並將其效用最大化。

一九六五年，布魯斯特聘請小羅素．英斯利．「英基」．克拉克（R. Inslee Inky Clark Jr.）擔任該校招生部主管，並將耶魯的學生組合調整為菁英體制的模式。克拉克儘管名字頗具貴族氣息，但是他本人卻是堅定支持公共學校教育與平等主義，他幾乎將整個招生部的職員解僱，另組一個新團隊，致力於以成績而不是血統來招收學生。耶魯董事會也在一九六六年採取需要盲目錄取政策（Need-blind admission），成為第一所正式拒絕以財務能力作為入學標準的大學。

克拉克的招生團隊在吸收新菁英的同時也堅決拒絕繼承菁英。克拉克將他的招生聚焦於他所謂的「尋訪人才」，強調作育英才，以及自問「誰能自受教耶魯獲益最多。」他把仍緊抓傳統繼承模式不放的預備學校稱為「倒生長」，而拒絕他們的畢業生入學：例如在一九六八年，哈佛仍接受來自喬特高中（Choate）百分之四十六的入學申請，普林斯頓百分之五十七，耶魯卻只有百分之十八。

改革的效果立即而明顯。在改革的頭一年，耶魯的招生團隊大幅減少來自校友家庭的入學申請錄取比率，並且拒絕耶魯最大捐贈人的兒子入學。他們的錄取政策是以外界的英才來取代內部自大的繼承菁英。耶魯一九七〇年班招收的公共學校畢業生較一九六九年多出百分之五十。

因此招收的學生成績明顯超過他們所取代的繼承菁英。一九七〇年班的成績是耶魯有史以來最好的：學生SAT的中位數若是以一九六一年的水準是排名第九十百分位，是一九六六年的第七十五百分位，平均成績更是創下耶魯有史來最高紀錄。

克拉克稱耶魯最新的招生標準「是一項聲明，真的，是說明這個國家未來的領袖會是什麼樣子，還有這些領袖會來自何處。」舊時代的菁英顯然不願接受改革，極力抗拒。耶魯的招生職員在預備學校受到冷淡的接待，若是在過去，預備學校一定會熱烈歡迎。校友也是抱怨連連——威廉·巴克利（William F. Buckley）就指責新的招生標準寧願「要厄爾帕索高中（El Paso High）的墨裔美人……也不要聖保羅高中（Saint's School）的喬納森·愛德華茲十六世（Jonathan Edwards，美國神學家）。」耶魯董事會的守舊派也發動攻擊：有一次克拉克到董事會說明如何根據成績而不是出生來重建美國菁英時，一名董事插嘴說道，「你是說要讓猶太人與公共學校的畢業生來當領袖？你看看四周，這些人才是美國的領袖，這裡沒有猶太人，也沒有公共學校的畢業生。」

但是這是一場注定失敗的抗爭。舊時代菁英以出生來決定入學權利的觀念，已被新一代菁英認為以成績來爭取入學是一種榮譽象徵的觀念所取代。文化的魅力重心已轉移到菁英體制。布魯斯特指出，到了一九七〇年，即使是能夠負擔學費的人也開始傾向支持需要盲目錄取政策。甚至「那些特權人士都覺得根據學業成績入學，而不是靠著所謂背景入學，是一件光榮的事情。」

邁向菁英體制的教改在一九七〇年後的幾十年間進行得如火如荼，隨著入學申請人數增加，錄取率也告降低。例如最近的一九九〇年，美國前十大大學的錄取率接近百分之三十，今天他們的平均錄取率更是不到百分之十，有些甚至還在百分之五以下。與此同時，學業成績的錄取標準也毫不意外地大幅提升。哈佛、普林斯頓、史丹福與耶魯的新生ＳＡＴ成績中間值如今都在第九十五百分位以上，其中有四分之一學生的ＳＡＴ成績可能更是在第九十九百分位之上。

菁英教改的經濟效果立竿見影。強力的競爭性教育模式產生出令人驚豔的結果。根據一項針對已開發國家成人技能的調查顯示，美國人民總體上技能最高與技能最低的差距最大。同時，此一差距——再一次，並且也是尤其突出的——直接來自正規教育：經濟合作暨發展組織（ＯＥＣＤ）就指出，「美國（成人）第三期教育（中學後教育）程度以上與未受後期中等教育間，在讀寫能力與算術水準上的差距之大，尤其突出。」

美國現今的菁英與過去的不同，更與其他所有國家的大相逕庭，他們擁有特殊的技能和衍生出這些技能的獨特培訓。他們勤奮地運用這些辛苦學來的技能獲得超高級的工作，賺取優渥的報酬，從而使得美國今天所得最高的百分之一更加富有。就此而言，今日菁英的產出價值完全可以反映在其輸入的價值上。布魯斯特的智識投資銀行顯然辦得十分成功。

但是菁英體制在經濟上的成功也破壞了自身推動民主的初衷。一如布魯斯特與其他改革派所預期的一樣，舊時代的菁英很快就屈服於新一代菁英的攻勢之下。但是成為菁英體制核心的新一代菁英都太了解如何將競爭轉化為他們子女的優勢。於是當初貴族世襲體制的繼承機制如今又在菁英體制中重新出現。

馬太福音說耶穌的教導都是由自身出發的：「凡是有的，還要給他，他就充足有餘；凡是沒有的，就連他有什麼也要拿去。」現在的菁英體制也有這樣的「馬太效應」。菁英藉由教育所累積的人力資本進行再生產，從而發動「家庭財富傳遞革命」。儘管現代菁英消滅了貴族體制賴以維繫的繼承特權，然而他們同時也透過教育為自己建立一套新的繼承技術。因此，新一代菁英可以享受來自菁英體制內的繼承與傳遞特權，同時將中產階級排除在機會之外，就像過去貴族以出生來排斥眾人一樣。

但是世代傳承的王朝也不都是相互平等的，因為有的必須付出代價。舊時代的貴族是靠著出生自動將其地位與財富傳承下去，因此並不需要成本。但是在菁英體制下，菁英都是後天培育的，必須動用大筆成本來維繫他們的財富與地位。要以獨有且嚴格的培訓來累積人類成本，首先就要掌控需要這些資源的人。菁英體制下所建立的世代傳承，是靠著以企業的模式來建立家庭，以工作場所的模式來經營家庭，以及以生產模式來培育子女。

菁英繼承是有附帶條件的，這些附帶條件甚至會威脅到菁英的婚姻。聖經的訓示太過慈悲。匱乏短缺確實艱難，菁英們還會責備中產階級不夠用心與投資不足。但是豐裕富足也不全然就是祝福，菁英體制下過量與無情的培訓，使得菁英人類精神所獲得的提升還不如遭到打壓的多。

受孕之前

菁英階層的子女在還沒存在的時候就已開始其繼承的程序。富有的年輕成人會做出兩個有相互關聯的選擇，即是與誰結婚和是否要維繫婚姻關係，藉此來提升他們子女的優勢，這些優勢是在菁英階層之外出生的孩子所沒有的。同時，這些富人並非個別，而是集體進行選擇，他們是處在一個其他富人都會做出相同選擇的社群之中。相較於中產階級的子女，富有父母的子女自受孕、懷胎到出生，都是在一個更為受到保護的環境中。

菁英階層相互通婚的情況日益增多——經濟學家將這樣的情況賦予一個難聽的名稱「選型交配（Assortative mating）」。在十九世紀的晚期，也就是鍍金時代的貴族階層中，選型交配是相當普遍的情況，不過在二十世紀上半逐漸減退。到了一九六〇年，美國只有百分之三的婚姻雙方都擁有大學學歷。

菁英體制的不均帶動菁英配對，而在二〇一〇年，美國有百分之二十五的夫妻都擁有大學學歷。（要知道美國成人只有百分之三十左右擁有大學以上學歷，這代表只會有一小批的大學畢業生會與非大學畢業生配對）。此外，夫妻雙方都受過高等教育——研究生或專業學院——在美國婚姻中所占比率自一九六〇年的百分之一增加到二〇〇五年的逾百分之五，整整提高了五倍。

之所以會出現這樣的情形，原因自然而單純：在一九六〇年時，大學與研究所的學生清一色都是男性，但是在今天幾乎已達到兩性平衡的狀態。[1]大學，無論是從個體還是群體來看，都已成為結識未來丈夫與妻子的場所，校友雜誌滿是同學的結婚或是小孩出生的啟事。不過即使是無心插柳，這些婚姻總體上都是集中在屬於同一世代的菁英階層上，並且是代代相傳。

選型交配使得同輩婚姻的經濟不均加劇，導致高所得所造成的差距更形擴大。如果一九六〇年的婚姻配對在教育程度上是採隨機配對的模式，家庭所得不均的情況有限。但是當菁英人士相互結合，婚姻就會造成差距。如果以隨機配對來取代現今菁英階層的選型交配模式，或是今天仍是延續一九六〇年的低度選型交配情況，總體的不均情勢就會減輕逾五分之一。

與此同時，選型交配也會導致下一代教育不均的情況加劇。菁英階層不僅增加相互通婚，並且也會長期維繫婚姻關係，在成熟與穩定的婚姻關係下養育子女。此一特性不僅拉開了菁英與窮人，也包括與中產階級間的差距。這樣的差距同時也賦予富人家庭子女更多的優勢。

首先，菁英階層中受過高等教育的婦女，相對於教育程度較低的非菁英同輩，越來越多是在婚後產子。在一九七〇年，非婚生子在所有分娩的婦女（包括所有教育程度）中所占比率只有百分之十左右。但是在今天，教育完全主宰了婚姻與母愛。分別在大學與大學後教育程度的婦女中，每二十位只有一位與每三十位只有一位有非婚生子。[2]但是在教育程度最低的三分之二人口中，僅有高中以下教育程度的婦女，他們的子女有百分之六十都是非婚生的。總體上平均來看，僅有高中或是有若干大學程度（但是並不具學士資格）的婦女，是在婚前兩年就生下子女，而大學以上程度的婦女平均都是在婚後兩年才生下子女。[3]

菁英的婚姻關係也較他們的非菁英同輩維持長久。在一九六〇到一九八〇年間，美國總體的離婚率呈三倍成長，但是自一九八〇年開始，婚姻關係就沿著社會經濟線呈兩極化發展。在經濟分配底部四分之三的族群，離婚率大致維持穩定，或許有些升高，但是在頂層的離婚率卻是下降到一九六〇的水準。今天，教育程度在大學以下的婦女在十年的婚姻關係中曾經歷離婚的比率，是大學教育程度以上婦女的兩倍左右：大約是百分之三十五對百分之十五。[4]從更宏觀的角度來看，自一九六〇到二〇一〇年間，大學教育程度以下的美國成年人目前仍維持婚姻關係的比率，相較於擁有學士資格的成年人，下降了兩倍。（至於有若干大學程度但不具學士資格的人，其比率下降情況與高中教育程度的人差不多。）

由此觀之，婚姻已成為富人關切的事務，而擁有高等教育父母的富家小孩，相較於其他小孩——不僅貧戶子女，也包括中產階級的孩子——更有可能是生長於雙親家庭之中。在一九七〇到二〇一〇年間這段期間，在所得分配中間三分之一族群中成長於雙親家庭的孩子比率，相對於在所得頂層三分之一族群的子女，下降了三倍。這樣的差距之大在今天看來尤為驚人，例如在所得約兩萬五千美元的家庭中，有百分之五十五的孩子都是屬於單親家庭，在所得為六萬美元的家庭中，此一比率為百分之二十五，而在所得逾十萬美元的家庭中，此一比率只有百分之十左右。此外，根據郵遞區號，住在全美最富有與教育程度最高百分之五地區的孩子，有百分之九十都是與他們的親生父母同住。

這樣的模式完全配合菁英體制內部經濟，尤其是世代傳承的邏輯。當家庭成為經濟生產的基地——構建下一代的人力資本——選擇伴侶與建立婚姻來優化生產的壓力也告大增。菁英利用他們的財富與地位來支持他們嚴謹與保守的生活方式，從而維護其階級地位。菁英間的婚姻則是確保他們所建立的菁英繼承機制在子女出生後不致造成資源的浪費，並且帶來豐富的回報。

從受孕到幼稚園

富家子女打從在娘胎的第一天就開始承接父母的資源。菁英母親所享有的穩定對胎兒大有助益。菁英體制的不均使得個人與經濟的穩定成為是否為菁英的標竿之一。同時，也許最重要的是菁英體制所造成的不均不僅是在所得上，同時也在財務安全上。（離婚與財務困難向來並肩而行：金錢造成婚姻緊張，離婚成本昂貴，尤其是對女方而言。）隨著財富增加，菁英的財務狀況也就益趨穩定。相對而言，中產階級家庭的所得不僅平均上停滯不前，有些個別家庭的收入更是十分不穩定：從一九七〇到二〇〇〇年間，中產階級家庭平均一年出現財務逆轉（所得驟降逾百分之五十）的機率提高一倍。

這樣的逆轉對於家庭造成重大打擊，不僅是對父母，孩子也是一樣，由此產生的緊張壓力會阻礙孩子的發展。是的，產婦壓力甚至會透過子宮的生物路徑對尚未出生的胎兒造成傷害，從而導致孕婦的產前壓力影響孩子的學習能力與智商分數，其影響相當大。舉例說：如果一位七歲的孩子在出生前曾遭遇產婦壓力荷爾蒙，相較於其他正常的同輩，其教育進度會慢一．一年（超過標準差的一半），語文智商也會降低五分（將近標準差的一半）。同時，根據研究顯示，受過高等教育的母親相較於教育程度較低的母親，較能因應產後壓力，因此非菁英家庭的子女可能受到來自母親產後壓力的傷害也較大。事實上，富家子女的出生條件要優於中產階級家庭。

菁英父母不會因為嬰兒呱呱墜地就停止灌輸優勢的動作。相反地，他們會利用自己富裕的條件在孩子一出生後就開始進行直接投資。這些投資會持續一整個幼兒期，先是始於家庭，接著就擴張到外面的世界。

相較於其他的父母，富人花在培育他們嬰兒或是幼兒人力資本的時間較多（孩子越小所呈現的育兒時間差距也就越大）。在一九六〇與七〇年代，受過教育與未受教育的父母投注在培育他們孩子的時間差不多。在經過約四十年後，所有的父母投注在培育孩子的時間都有所增加，但是教育程度在大學以上的父母所投注的時間增加最快，根據一項研究顯示，多達一倍。今天，大學程度父母投注在培育孩子的時間，平均一天要比高中程度父母多出一小時。

對於超級菁英父母，尤其是母親，此一趨勢更為明顯。例如育有兩個以上小孩的哈佛與芝加哥企管碩士女性，大約有一半會離開職場或是改為兼職來照顧他們的孩子。菁英女性律師因為母性的發揮而離開職場的情況盛行，法律業界甚至將此一情況稱為「潛逃風險」。有許多因素會造成這樣的風險，包括工作、待遇與升遷上的性別歧視到性騷擾，不過最為明顯的是相較於為人父者，為人母者多會離開職場。不過菁英父母培育子女心切，加上菁英體制下為孩子建立人力資本的需求強烈，使得夫妻中的一位離開職場，專心養育他們的孩子，從社會與經濟的角度而言完全是理性的抉擇。

菁英體制有這樣的內在邏輯：一位不具有菁英教育程度的母親可能會讓菁英家庭蒙羞，但是一位受過高等教育的妻子因為照顧孩子而離開工作，就菁英的觀念是完全可以接受的。的確，她此舉完全是遵從、而非放棄菁英生產的內在邏輯，她這樣的做法是在推動孩子的菁英繼承，並且對世代傳承進行投資。

富有人家投資他們的子女，不僅在數量上，同時在質量上，也高人一等。菁英階層會透過精心安排的「規劃栽培」來提升他們子女的成人成就。菁英父母會根據自己所曾接受的培訓，將他們的所得與人生經驗大量投注於培養子女的人力資本上。菁英父母育兒經所採行的方法與技能，不常是菁英以外階層所能了解的，更遑論跟進了。

例如擁有學士學位的父母，每天都為孩子閱讀的可能性，是教育程度在高中以下父母的兩倍多（是大學肄業父母的一倍半）。此外，他們帶小孩到藝廊、博物館、古蹟名勝或參加藝術課的可能性也是其他父母的兩倍。

相較於其他父母，富有的菁英階層也更常與他們的孩子對話與互動：出生於專業父母的三歲幼童所聽到的字句，要比非專業工作父母的同齡孩子多出兩千萬個；比領取社會福利的父母的同齡孩子要多出三千萬個。[5]富人的說話也極具效益：專業父母所選擇的字句、成語與符號，相較於勞動階級的父母，都比較具有教育性。在這樣的情況下，菁英階層的小孩也比較會將一些字句烙入腦海。出生於專業父母的三歲幼兒所認識的字句要比非專業工作父母的同齡孩子多出百分之四十九，而後者又比領取社會福利父母的同齡小孩多出百分之四十三。（有一項實驗悲慘但是鮮明的顯示：天生聽障的小孩在植入人工耳蝸恢復聽力之後，出身富有人家的小孩學會說話的速度要比窮人家的小孩快。）

即使是養兒育女的道德心理也因父母的教育程度而有所不同。具有研究生程度的父母相較於學士程度的父母，責打小孩的可能性只有一半，而較只有高中以下程度父母的可能性只有三分之一。一項廣泛的研究顯示，富有而具有高等教育程度的父母，相較於中產階級，尤其是窮人家的父母，一般會對他們的孩子較常公開表達感情、增加參與感與給予一致性的紀律。

這些投資有益增進菁英子女的情緒技能——開放、自信、自律與毅力——而這是中產階級子女難以望其項背的。最近的研究指出，非認知技能與生活上的成功顯示菁英階層與一般家庭在幼兒期情緒上的差異，對於未來取得成功的影響要超過認知技能，甚至包括長期的學業成績方面。

菁英與一般子女在幼兒期的差異同時也顯現在家庭之外——在幼兒學校與幼稚園，來自年所得達十萬美元以上家庭的三歲幼兒，進入幼兒學校的比率是年所得在六萬美元以下家庭的兩倍。儘管目前並沒有菁英家庭子女幼兒學校註冊率的系統性資料，但是根據所得在最高百分之一族群的生活經驗，幾乎所有的三歲幼兒都有進入幼兒學校就讀。（至於極少數沒有進入幼兒學校的，是因為他們的父母在經過審慎考量後，認為還有其他更適合他們子女的兒童保育體制。）

一般與菁英幼兒學校間的差異明顯。一所中產階級的幼兒學校儘管具有閱讀與工藝的角落，但是人手緊張。反觀菁英幼兒學校——例如位於紐約市的菲爾德斯頓文理學校（Ethical Culture Fieldston School）——擁有充裕的人手、藏書豐富的圖書館，還有獨立的美術、音樂、外語、科學與社會部門，所有的老師，甚至包括助理老師都擁有菁英大學的學士，甚至碩士的學位。這樣的學校極有可能是每七位學生就有一位老師。

菁英學校的學業課程僅是提供給其學生優勢的一小部分。在教導認知技能之外，菁英幼兒學校專注於學生的情緒發展與人格培養。他們給予學生個別的關注，而在特意選擇與努力不懈下，培養學生成為自律、自我激勵與自我導向的學習者，能夠面對與克服來自學校不可避免的挑戰。

當然，這些關注都很昂貴。菲爾德斯頓的學前班學費一年在五萬美元以上，而有百分之八十的父母都是一次性的全額繳付，另外還有一些最貴的教學方案提供給年所得在十萬美元至十四萬九千美元間的富人。的確，菁英父母都竭盡所能繳付學費，深怕落於人後——競爭最激烈的幼兒學校錄取率只有百分之五（比進哈佛與耶魯還難）。如此之低的錄取率也創造了一個所謂「教育顧問」的市場來幫助四歲幼童入學。這些顧問本身也不便宜（有的要價可能達到六千美元），而父母若要聽從他們的建議，所花費的不只是金錢，同時也需要時間的投入。一項典型的入學行動方案是要求向十所幼稚園提出申請，並且針對前三所提出「情書」（在申請書之外），同時還需要了解每所幼稚園的特色，以在參觀時給園方留下好印象。

菁英父母積極參與這種看來有些荒謬的競賽是有道理的。學前教育回報驚人：所謂一分錢一分貨，在幼兒學校的這段期間可說是一個人的人力資本中最有成效的投資。教育心理學思想一致認為幼兒期的發展對於一個人的人格培養具有決定性的影響力，同時在認知能力方面，例如以智商來評估的一般智能，大部分在十歲時就已確定。（不過，當然，教育本身就是一門專業與特別的學問與技能。）此外，從幼稚園的入學準備測試，就可看出所得的不同在學業成績上所造成的差距。菁英幼兒學校與幼稚園熟知如何利用關係，包括與菁英初中、高中間非正式與正式的連繫（例如菲爾德斯頓文理學校就與菲爾德斯頓高中具有正式的連繫關係）。有許多預備幼稚園的線上廣告都會標榜他們校友們日後進入的菁英大學。

對於教育而言，數量與質量同等重要：練習並不能造就完美，只有完美的練習才能造就完美。每一對菁英父母都知道，菁英體制下的幼兒培訓嚴格而且極度個人化。富人在子女幼兒期對其人力資本所做的投資，相對於其他人，成果豐碩：菁英兒童進入學校就讀時，在情緒與學業上就已在起跑線上取得優勢。根據國際學生能力評量計畫（ＰＩＳＡ）的測試，在美國社經地位最高的百分之十家庭中，五歲兒童在算術、閱讀與科學上的成績，相較於最底層百分之十家庭同年齡的孩子，分別領先約三十七個月、二十五個月與三十九個月的學習數，對於在中間的百分之十家庭，也分別領先約二十一個月、十九個月與二十三個月。

總體而言，各方面都存在著明顯的差距。同時，菁英階層與中產階級間的差距超過了中產階級與底層間的差距，這樣的情況會隨著進入成年期，一直持續與擴大。

學齡時期

經過菁英幼稚園調教的學童在進入正規學習階段的同時，就已擁有窮人與中產階級所沒有的優勢。就算對人力資本的非凡投資在學校門口止步，富人家子女在教育程度上也領先其他人。不過事實上，富人透過其高效的養育之道賦予子女優勢的進程，不可能在他們五歲生日時就畫下休止符。相反地，富人父母會持續在子女的教育上加強其獨特、系統性且嚴格的追求。學齡期只會增加富家子弟在菁英體制下的繼承資源。

有些菁英習性其實是在潛移默化中養成的：例如相對於窮人家的父母，富人家的父母每週會多花三小時的時間陪伴學齡期子女聊天，並且還會花更多的時間陪伴子女從事休閒活動。這些在童年期所花費的時間與精力最終會累積成對子女龐大的直接投資。到了十八歲時，富人家的子女，相較於窮人家的小孩，所享受到的交談、閱讀、參加文藝活動、參觀博物館、接受運動指導等活動的時間要多出五千個小時以上。這樣的數字相當於孩子一生每天要花一小時的時間從事這些活動，或是一位成年人以兩年半左右的時間專門從事這些活動。然而相對於這些富人家的子女，窮人家的子女就無法享受到這些有益身心的時間：到了十八歲時，中產階級的子女花在電視與電玩上的時間會比富家子女多出近五千個小時，窮人家小孩花在螢幕上的時間更是多出近八千個小時。[6]

此外，隨著孩子長大，菁英父母還會透過補習班或專門技能學校對子女給予額外的直接投資。這些投資活動有時會變成鬧劇一場——有一對曼哈頓的夫婦因為他們十三歲的兒子喜歡廚藝而聘請了一位大廚來專門教導他。不過這些活動大多數（其實應說是全部）並不休閒也不輕鬆，而是具有目的性，且嚴格高效的知性與非知性培訓；即使是一場鬧劇也可以轉變成對子女的嚴肅培訓，而且回報豐碩。那位少年廚師後來在一場電視直播廚藝競賽中獲勝，並且開創了自己的餐飲事業。這兩項成就不僅讓他擁有特殊的才藝，而且也為他未來申請大學與進入社會工作的個人履歷增色許多。

學校可能是美國菁英階層投資子女最重要的地方。富家子女每年在正規學習上的花費與中產階級子女間的差距近幾十年來呈爆炸性擴增，與高等收入和中等收入間不斷擴大的差距同步。

菁英私立學校已成為富人培養子女不可或缺的一環，他們會大手筆地投資於子女的正規教育。註冊進入不屬任何宗教派別私校的學生人數今天已達一百四十萬人，是一九六五年三十四萬一千三百人的四倍。（即使是長期以來排拒富人的在家自學都開始發展菁英路線，從而開創了客製化在家教育學校的業務，而根據一位創辦人指出，這樣的一年平均花費是每位學童五萬美元。）

如今年所得在二十萬美元以上富人家庭的子女，有四分之一都會進入私校就讀，反觀年所得在五萬美元以下的家庭，每二十位孩子只有一位會進入私校就讀。事實上進入這些私校就讀的學童都十分富有。總體而言，有百分之七十六的學童都是來自所得分配在最高的四分之一家庭，只有百分之七是來自底部的二分之一。名聲越高的學校，其學生的家庭也越富有。根據美國全國獨立學校協會（National Association of Independent School）主席透露，最頂級的私校學生有百分之七十都是來自所得分配最高百分之四的家庭。

這些菁英私校會在教導學生上投下大量資本。在小班教學的學生與老師人數比率上，這些私校是七比一，一般的公立學校則是十六比一。同時在公立學校根本就不曾聽過所謂的密集高度個人化教學。一所菁英私校的學生導遊向訪客解釋，如果一場田徑競賽導致學生錯失數學課，他的老師一定會利用課餘時對他進行專門的輔導。同時，私校的老師不僅人手充足且具有愛心，他們也都受過高等教育：在富比世雜誌排名最高的二十所預備學校，有四分之三的老師都擁有高級學位，意即具有學士後學位。

這批龐大而充沛的師資在教學上同時還擁有豐富的物質資源。在頂尖的私立學校，專業級的實驗室、劇院、工藝教室、健身館、運動場與圖書館都是標配。菲利普埃克塞特學院（Phillips Exeter Academy）就擁有一座全球最大的中學圖書館〔由路易斯．康恩（Louis Kahn）設計〕，藏書十六萬本，樓高九層，可容納九萬人以上。

路易斯．康恩設計的圖書館可不便宜，而要享受到這些教學資源需要大把大把的鈔票。菲爾德斯頓高昂的學費其實並非特例，而是相當正常的現象。平均一所頂尖的寄宿學校一年學費都在五萬美元以上，頂尖的走讀學校則需要四萬美元左右。不過菁英學校投注在學生身上的經費也都會超過學費的水準。私立學校都擁有基金，可以滋生所得以供花費，尤其是在基礎設施上。這些基金的規模都相當龐大：名列富比世排行榜的寄宿學校基金規模平均都在五億美元以上，相當於每位學生七十萬美元。這些基金的所得，加上每年的募捐活動，可以提供學生每位一萬五千美元到兩萬五千美元的補貼。總體上，在菁英級私立高中就讀的學生，每年在學習上可以得到七萬五千美元的投資。

然而私校不過是美國現代菁英投資子女教育的一個面向而已。美國公立學校平均一年投注在學生的經費略微超過一萬兩千美元，但是此一平均水準也掩蓋了各州與各學區互不相同的情況。州政府與地方政府大約供應了全美公立學校系統百分之九十的經費，各地區的經濟差異讓菁英階層甚至可以透過公立學校將個人資源投資於其子女身上。

美國各州之間都存在對公立學校學生投資不均的情況。康乃狄克州是一富裕的地方，每年投注在學生的經費近一萬八千美元，然而在貧窮的密西西比州，每位學生只能得到近八千美元的投資。[7]州內各地的公立學校也呈現經費不均的情況，相對富裕的都市或城鎮投注在學生身上的經費也比較多。這種經費不均的情況形成重大差距，尤其是在貧富兩端：近幾年來，紐約的史卡斯代爾聯合自由學區（Scarsdale Union Free School District，當地家庭所得中間值在二十三萬八千美元）平均一年花在每位學生身上的經費近兩萬七千美元，然而在肯他基州的巴伯維爾獨立學區（Barbourville Independent District，當地家庭所得中間值是一萬六千六百零七美元）投注在學生上的經費只有八千美元左右。

菁英學區的公立學校都會自私人方面獲得額外的資金。貧窮或中產階級學區的家長教師聯誼會（Parent-Teacher associations，ＰＴＡｓ）是屬於社會網路與宣導的社團，但是在最富有的學區與學校，ＰＴＡｓ、當地學校基金會，以及學校後援俱樂部所扮演的則是籌資管道的角色，擁有各種人脈來為學校籌募資金。例如在加州的希爾斯堡（Hillsborough），學校基金會直接要求所有的家長捐錢，一個孩子至少兩千三百美元，而在芝加哥的一所小學最近在一個晚上就籌集了四十萬美元。這些金額看來驚人，然而在富有的公立學校已是司空見慣的事情。在紐約市，這種情形更是普遍，甚至有一個名稱——凡是一年能夠籌募一百萬美元以上資金的公立學校，統稱為「公立私校（Public Private）」。

此一名稱其實可以適用於許多方面。全國最富有的公立學校現在都是以資源豐富的私校模式經營，而且師資可能更為充沛與優秀（舊金山格拉頓小學（Grattan Elementary）的ＰＴＡ最近一年負責支付該校六位職員的全部或部分薪資），擁有的設備也更為豪奢（想想麻州牛頓的高科技氣象站與加州科羅拉多的３－Ｄ印表機）。

公立學校投資不均反映出經濟分歧的趨勢，即投資差距的擴大不是在於中等與貧窮的學區之間，而是在於富有與中等學區之間。根據了解，富有與中等學區間（在史卡斯代爾與中等學區之間）對每位學生的投資差距是中等與貧窮學區間（在中等學區與巴伯維爾之間）的四倍左右，約是每位學生一年一萬五千美元對四千美元。

這樣的情況並非巧合。巴伯維爾的預算有百分之八十一都是非本地資源（這是該學區學校的支出能夠接近中等學區的主因），然而在最富有的學區，預算經費大都是來本地。史卡斯代爾的公立學校預算有百分之八十九都是來自當地的稅收，即是對當地中間值為一百萬美元左右的豪宅課稅所得，這些房子的擁有成本每年需要近十萬美元（貸款利息與房產稅）。相較於靠著本地稅收來供應學校支出，僅靠非本地資金的學校就顯得手頭拮据許多。對中產階級而言，史卡斯代爾位在遙不可及的另一個世界。那兒的學校，就像國內其他富有學區的學校一樣，公立二字形同虛設。

總體上，住在窮州窮學區的窮孩子，每年大約可以獲得價值八千美元的培育投資；住在中等所得的州與學區內的中產階級子女，一年大概可以得到一萬兩千美元；住在富有的州的中產階級孩子可以獲得一萬八千美元，住在富有的州的富家子弟一年大約可以得到兩萬七千美元的投資，至於就讀菁英私校，最為富有的小孩，則是可以一年得到七萬五千美元的培育投資。

這些差距——尤其是因菁英體制下的繼承所造成的——並不正常。它們與美國過去的操作、國際標準都大相逕庭。OECD最近針對三十四個已開發經濟體所做的調查顯示，美國是唯三個國家之一，公立學校傾向對富有學生投資較多，而且學生／老師比率也較窮學區的公立學校低。美國學校這種偏向富人——尤其是特別富有的人——加強支出的情況實在令人震驚。

然而美國菁英階層對於學齡子女的教育投資並不僅限於正規的在校學習。相較於其他人，他們會為他們的學齡子女大量投資於課外充實活動，而由此造成的差距在近幾十年來快速擴大。

許多課外充實活動的支出都是直接瞄準在學校的核心學業項目：科學與數學營、編碼與機械人俱樂部等等。毫無意外的，富有的父母也會為子女花大筆經費在課後輔導與備考方案上。光是備考方案的生意，就是培訓小孩接受未來爭取進入大學的考試，最主要的是SAT與美國大學測驗（ACT），自一九七〇年從無到有，迄今已變成數以十億美元計的產業。

為子女聘僱私人教師的家庭大部分都是有錢人。窮人家，甚至中產階級都無力負擔這些高強度的私教。事實上，現在在專業菁英圈內，很難找到一位沒有把時間大量用在私教上的孩子，而且他們往往擁有各個領域不同的私人教師。所得分配的最高等級——所得最高的百分之一家庭——在私教上的花費相當驚人。

由一位普林斯頓畢業生所經營的維理私教公司（Veritas Tutors Agency）位於曼哈頓，但是其服務卻是遍及全國，基本學科的私教收費是一小時六百美元，而接受其輔導的家庭一般的花費是在五千美元到一萬五千美元之間，有些家庭的花費甚至達到十萬美元。然而維理卻還不是該市場收費最高的業者。紐約一家專門為學生提供備考方案的業者，一堂九十分鐘的 Skype 私教課程收費一千五百美元，而且至少要購買十四堂課。另外一家業者是每小時收費一千兩百五十美元。還有一家業者是聘請常春藤盟校的教授對學生進行一對一的輔導，該業者付給教授的酬勞是一小時一千美元，因此向學生收取的費用一定會超過此一數字。（有些教授竟真的接受這樣的安排）有一些富人家庭則是請全職的私人教師。他們除了給予私人教師六位數的薪水之外，還會提供其他的福利，包交通工具、三餐、住宿，甚至有的還有私人助理。

富有的父母對於這樣的服務趨之若鶩。維理目前有逾五十位私人教師，儘管要價高昂，但是極為搶手，有些父母甚在孩子還是幼童期就已預先訂購。維理的創辦人指出：「如果你願意花五十萬美元送你的小孩上私校，」然後「願意再花二十五萬美元送你的孩子上四年大學……不論他們上的是什麼野雞大學還是耶魯，」但「卻不肯花一些錢讓你的孩子能夠上一所較好的大學……與一批相對優秀的同學一起學習，你一定是傻子。」這樣的邏輯足以解釋為什麼私教與備考方案的生意如此蓬勃發展。該產業現在仍在持續成長當中——例如韓國，私教約占了所有家庭支出的百分之十二，身價上百萬的私人教師都成為全國名人。一項研究預測快速成長的全球私教市場很快就會超過一千億美元。相較之下，哈佛一年的預算大約是五十億美元。

其他形式的課外充實活動——例如藝術與運動——則是在於補強，而非抄襲學校的課程。富有家庭的小孩，尤其是母親受過高等教育的家庭，會比其他家庭願意從事這類活動。[8]菁英家庭與一般家庭為子女在此一方面的投資差距近幾十年來也在持續擴大之中。在所得五分位中居於最高地位的父母花在這類活動的支出，與最底層的父母間的差距，自一九七二年到二〇〇五年間大約擴大三倍，達到一年七千五百美元。

在所得分配最頂層的家庭其這一方面的花費遠不只於此。在最頂尖學校的芭雷舞課程每位學童要花費六千美元，而要培養一位芭蕾舞者直到高中畢業，可能要花費父母十萬美元。一個富有家庭的小孩若是對某項樂器「認真起來」，為了學習該樂器，很容易在一年就花費一萬五千美元，而且樂器本身可能花費更多。有一位母親為了開發兒子的鋼琴才華，自他六歲到十歲期間總共花了五十萬美元，其中提供孩子定期練習所需穩定與安靜的空間成本就占了最大部分。

富有的父母在子女教育上所投下的大筆經費，顯示沒有任何一種消費差距擴大的速度能與教育相比擬。（請參考圖五，頁四二八）這些投資既不衝動也不隨便——反之，它們是直接累積到富家子弟的人力資本上。設備完善的學校；受到高等教育、經驗豐富、教學認真的充沛師資；再輔以經過精心設計的充實教學，足以培育出成就高人一等的學生。課外充實活動同樣也能促進學業的進步。維理的創辦人就指出，維理所從事的是真正的教育，而不是一些花招。他強調維理教的不是「應付考試」，而是「如何在考試中表現得更好——增進閱讀、思考與算術的能力，以及如何更聰明地運用頭腦。」此外，富家子女的夏日時間大都是花在私教與各種學習營上——等於是在暑假期間繼續學習，然而較窮的人家子女由於沒有任何充實活動，因此等於是停止學習的進程，撤出閱讀與算術等學業。（這樣的情況在美國尤其明顯，學童在學校的時間少於其他富有國家——平均一年在課堂的時間只有一百八十天，反觀日本則有兩百四十天。）至於其他較傳統的「課外」充實活動——例如運動，或是音樂與藝術——就長遠來看，也增進人生機會，因此這類的支出不僅僅是消費，也可以算得上投資。持續從事課外活動的孩子，進入大學就讀的可能性，比偶爾參與課外活動的孩子要高出百分之七十，比從來不參加這類活動的孩子，更是高出百分之四百的可能性。

對人力資本的精心投資回報豐碩——教育與培訓確實有用。當資源充沛的學校聚集了一批表現優異的學生，他們在同儕壓力下會努力增添各自的人力資本價值。由於學習環境的不同，菁英學校與一般學校間的差異也隨著家庭收入的不同在學業成績上造成差距與不均，尤其是在收入頂層。

教育上的不均隨著所得差距的擴大也益形明顯。過去二十五年間，高所得家庭與低所得家庭子女的學業測試成績差距擴大了百分之四十到百分之五十，而就八年級來看，來自富有家庭學生的成績比窮人家小孩高出四個年級。今天美國富學生與窮學生在學業成績上的差距超過了美國白人與黑人間學業成績的差距，後者的差距是三個年級，而且甚至比上世紀中期種族隔離學校白人與黑人間的差距還要大。就國際間的比較來看，這樣的差距同樣驚人：美國現今富人與窮人的學業成績差距大約與突尼西亞相當（然而該國人均國內生產總值只有美國的十二分之一）。

另外一項發展也同等重要，甚至有過之而無不及。自二次大戰結束到一九七〇年，經濟不均所造成的教育差距主要是在中產階級與窮人之間。上世紀中期的富學生在學業表現上與中產階級的學生差不多。然而這樣的情況自一九七〇年代中期開始發生變化，並且自此之後持續加劇。今天，富學生與中產階級學生間的差距，超過中產階級與窮學生間的差距——而且幅度頗大。根據最為審慎與系統性的研究顯示，富學生與中產階級學生間的學業差距自一九七〇年代初期開始擴大，其差距在一九九〇年代中期達到中產階級與窮學生間同等的水準，如今此一差距則是比中產階級與窮學生間的差距還要高出百分之二十五左右。（請參考圖六，頁四二九）

學業成績上的差異——包括富有人家子女與中產階級間的差距——都反映在SAT上。SAT在能否進入美國大學就讀上扮演關鍵性的角色，是美國學生最重要的單一測試。在SAT上所反映出來的所得／學業成績差距明顯。來自年所得二十萬美元以上家庭（大約是所得最高的百分之五）學生的SAT分數，較年所得在兩萬美元以下家庭的學生（大約是所得底層的百分之二十）高出三百八十八分；父母擁有碩士學位（大是最高所得的百分之十）的學生，其SAT分數則是比父母未完成高中學業（約是所得底層的百分之十五）的學生高出三百九十五分。不論是哪一種情況，這些差距都將菁英學生的平均成績表現置於所有學生前四分之一的位置，而最不具優勢的學生表現則是在最底層的四分之一。

再一次地，最引人注目的差異並不是在於兩個極端間的差距，而是在於中間與兩個極端間的比較。直到一九九〇年代晚期，中產階級與窮人之間在SAT分數上的差距還超過中產階級與富有階級間的差距。但是菁英階層內部間的繼承改變了這樣的模式。

今天，來自所得分配在中間家庭的學生，其SAT分數要比窮學生高出一百三十五分左右，但卻比富學生低了整整兩百五十分。父母都是中等教育程度（有副學士的程度，意即高中畢業但沒有學士資格）的學生，其SAT分數要比父母都是高中輟學的學生高出一百五十分左右，但比父母都是碩士以上程度的學生低了兩百五十分。就如同學校的學業成績差距一樣，在大學入學測試上，菁英的表現也是遠遠超前中產階級，而中產階級與窮人間的差距則有所縮小。

菁英體制的繼承使得這樣的模式難以避免：隨著所得增加，富有的父母在孩子的教育與培訓上遠超過中產階級的父母。這些精心培育的工作成果優異，儘管數字所顯現的只是平均水準，但是其中一些與家庭環境有關的表現仍是超出預期。例如在二〇一〇年，在閱讀與數學測試拿到七百分以上的學生（得分最高的百分之五到百分之七）中，至少有百分之八十七的父母中有一人是大學程度，而父母中有一人是碩士程度的則有百分之五十六。

這些非凡的投資——培養基本的認知性與非認知性技能、長期課外充實活動、各項測試分數——加總起來，使得菁英高中畢業生在質量方面擴大與窮人家或中產階級家庭間的差距。一如既往，這樣的差距主要是集中在所得分配的最頂端，我們可以由超級菁英學校的教育成果看出其中差異。一所菁英級的公立中學，例如史卡斯代爾高中，可能會有百分之九十七的應屆畢業生都能進入大學就讀。菁英私校的成果可能更上層樓。在富比世排名前二十所私立高中，平均有百分之三十的畢業生能夠進入常春藤盟校、史丹福或麻省理工學院（MIT）。這些私校也能讓三分之二的畢業生進入在美國新聞與世界報導（U.S. News & World Report）排行榜中的前二十五所大學就讀。

富有家庭自子女出生就開始進行的教育投資，並不會在高中畢業後就此結束。菁英體制下的繼承機制會為高中畢業的富家子女準備大學，甚至大學後的教育與培訓。如此一來，也意味教育投資自幼兒期一路延伸進入成年生活。

大專院校

整體而言，今天的大學之門並不比一九六〇年時難進。的確如此，今天在底部百分之九十的大學（經過選擇）的入學競爭半個世紀來都維持穩定，甚至還變得比較容易。但是與此同時，菁英大學的競爭則是益趨升高。入學競爭的激烈程度是與該校在一九六〇年代初期是否為重點大學有直接的關係，而最具競爭性的集中在少數頂尖的大學——常春藤盟校、史丹福、麻省理工與其他幾所大學，今天它們的競爭性更是較兩個世代以前提高好幾倍。對於只將眼光瞄準這些超級菁英大學的菁英階層家長與子女，他們的生活完全被入學競爭所主宰。

菁英大學的入學競爭受制於頂尖的高中。在富比世雜誌排名前二十名的私立高中能夠把百分之三十的畢業生送進常春藤盟校、史丹福與麻省理工，這也意味光是這些高中就占了這些菁英大學十分之一的名額。不過這些高中其實與其他少數一些菁英高中並無二致，大家都對類似的學生主體提供同樣強度的菁英教育，並且產生相同的結果。（例如菲爾德斯頓高中[9]至少在富比世製作排行榜的那一年並未列名其中，史卡斯代爾高中更不可能列名其中，因為它是公立學校。）

簡單來說，在全國最富盛名的大學中，有三分之一的學生是來自一百所或兩百所知名的菁英高中。這些畢業生大都是來自有錢人的家庭——大約有三分之二是來自所得分配在最高百分之五的家庭。因此，現下一般的看法就是菁英大學的學生主體都是由來自最好的高中的富家子弟所組成。由此顯示，大學也成為菁英體制下擴大富家子女與中產階級孩子間教育差距的來源。

系統性的研究也證實了這樣的情勢。美國在二十九歲以前獲得學士學位人數的比率自二次大戰後大幅增長——由一九四七年的百分之六擴大到一九七七年的百分之二十四，再到二〇一一年的百分之三十二。但是幾乎所有增加的人都是集中在所得分配上半部的族群，其中富家子女與窮人獲得學士學位的比率差距，在一九八〇到二〇一〇年間擴大了一半。今天，在所得分配上層，父母的所得每有增加，也代表他們的孩子進入大學的機會也有所提高。同時，父母所得與子女能否自大學畢業也有直接的關係，關係之密切，較之入學有過之而無不及。在進入大學後，富家子女完成學士學業的比率遠超過其他人——大約是二．五到四倍。

這些情況加總起來，意味到二〇一六年時，美國來自所得分配在最高四分之一部位的家庭子女，有百分之五十八在二十四歲之前就已獲得學士學位，明顯高於次等的百分之四十一左右、再次等的百分之二十，以及所得分配最低的四分之一部位的百分之十一。這些差異的意義並不僅是在於幅度廣大，更重要的是相關的規模。和高中的教育投資不均情勢一樣，富家子女與中產階級學生間的大學畢業率差距，要超過中產階級與貧窮人家間的差距。富有人家與中產階級間的差距目前幾乎是一九七〇年時的兩倍。

相較於其他人，富有人家在爭取進入重點大學與自該校畢業都享有優勢，尤其是在最具競爭性的頂尖菁英大學（儘管所有所得階層家庭子女進入大學的絕對比重都有所下降）。就算是貧窮人家的子女進入大學，其平均成績也是在所有大學百分位數中的第三十五位，中產階級則是平均在第五十百分位，而來自所得分配最高的百分之一家庭的子女平均卻是在第八十百分位。由此來看，富有人家與中產階級間在學業上的差距較中產階級與貧窮人家間的差距高出一倍。

這樣的差距不僅顯現在一般的重點大學，在頂尖重點大學更是極端。富家子女自高中畢業後並不一定能夠進入菁英大學就讀——因為富有人家太多，而真正頂尖的菁英大學又太少——但是來自貧窮人家或中產階級的子女卻幾乎是完全被阻隔於頂尖菁英大學的門外。例如二〇〇四年的高中畢業生，來自高所得家庭的學生有百分之十五左右都進入頂尖的重點大學就讀，然而中等所得家庭學生只有百分之五，貧窮人家學生只有百分之二能夠進入頂尖重點大學。這樣的差距真的很大，而且再一次地，富有人家與中產階級間的差距要超過中產階級與貧窮人家間的差距——前者是後者的三倍。

各個所得階層家庭將子女送進大學的比率決定了大學學生主體的組成比重。因此，大學學生組成呈現向富有人家傾斜的情況也就不足為奇了。今天，有百分之三十七的大學生是來自所得分配在最高四分之一部位的家庭，在中間的兩個四分之一部位是百分之二十五左右，最底層的四分之一部位只有百分之十三。大學學生組成向財富傾斜的情況隨著菁英主義與體制的發展而日趨明顯。此外，由於富有人家所得提升有助子女自大學畢業，大學畢業率也向富家子女傾斜。二〇一四年所有獲得學士學位的大學生，來自所得分配最底層四分之一部位的只有百分之十（還低於一九七〇年的百分之十二）。

這種不均的情況在重點大學尤其明顯，而在最頂尖的大學更是令人難以置信。根據一項調查，在大約一百五十所最具競爭性的重點大學——也就是說最頂尖的菁英大學，來自所得分配最高四分之一部位的學生與來自最低四分之一部位學生的比率是十四比一；另一項調查則顯示在九十一所最具競爭性的大學中，來自所得分配最高層的學生與最底層的學生比率是二十四比一。這些數字意味在菁英大學，有百分之七十二的學生都是來自所得分配在最高四分之一部位的家庭，來自最底層四分之一部位家庭的學生只有百分之三左右。

來自所得底層家庭的大學生比率之低的確令人苦惱，但是並不令人意外。因為事實上窮人在任何一個社會的菁英機制內，都不會是主要分子。不過令人驚訝的是，在所得分配相對較高的部位，大學教育向財富傾斜的現象反而最為明顯。在所有的重點大學，來自所得分配最高四分之一部位家庭的學生，相較於中間兩個四分之一部位的學生比率，分別在八比一與四比一。由此顯示，在菁英大學，富家子女的人數不僅超過貧窮人家，而且也在廣大的中產階級之上。這種失衡的情況是隨著一位菁英的培育——自幼兒一路到高中——所形成的教育不均所積累而成。根據一項研究，菁英大學富家子女的比率自一九八〇年代末期到二〇〇〇年代初期擴大了〇・五倍。這些抽象的數字同時也反映出現實的生活層面。例如二〇〇四年的一項調查顯示，在最頂尖的私立大學，光是父親為醫生的新生人數，就超過家長為鐘點工、老師、牧師、農民與軍人的新生人數總和。

向財富傾斜已成為最高學府最為突出與最令人憂心的現象。最為頂尖的菁英大學並沒有發表任何有關學生組成階級背景的資料，但是有些學校的學生自行開始收集資料與進行調查。根據他們的資料，哈佛與耶魯來自所得分配五分位中最高位數家庭的學生，相對於來自五分位中倒數第一與第二分位學生總和的比率是三・五人對一人。[10]更令人煩心的是常春藤盟校、芝加哥大學、史丹福、麻省理工與杜克大學，來自所得分配最高百分之一家庭的學生人數，竟比來自所得分配下半部的學生總和都多。美國大學教育高度傾向財富的情況實在令人難以接受。就算是長期以來象徵社經最高階層與菁英教育的牛津（Oxford）與劍橋（Cambridge），今天的學生組成在經濟背景上也較哈佛與耶魯多元化。

這些事證描繪出一幅鮮明的圖像。出身於富有家庭是獲得學士學位的充分條件，更是得到菁英大學學士學位的必要條件。大學主宰了富家子女高中後的生活，這些人又主宰了菁英大學的學生組成主體。不論其初衷還是原先的目的，菁英體制現在已把大學變成有錢人的專屬。

專注於菁英教育的大學本身也使得富有人家與中產階級間對人力資本投資的差距擴大。對貧窮人家與中產階級子女人力資本的組織化投資大都止於高中畢業，大學所進行的新一波人力資本投資則是集中在富有的年輕人身上。這些投資，加上頂尖菁英大學所提供的教育，幾乎是專屬於富家子女所有，而且規模龐大。

大學為富家子女所提供的教育投資近幾十年來一直呈穩定成長。今天高等教育占了美國公共教育支出的百分之三十三，若加上私人相關支出，大學就占了全美教育總支出的百分之四十五。[11]此一數額不論是絕對值，還是與其他經濟部門相比，都同樣驚人：例如在二〇一四年，專上教育支出為五千三百二十億美元，占國內生產毛額（GDP）的百分之三．一（一九七〇年時是一千四百二十億美元，占GDP的百分之二．二）；而美國的教育總投資約相當於非住宅有形資產的投資總額。今天光是耶魯的支出就是美國一八四〇年教育總投資的好幾倍。[12]（令人驚訝的是，與OECD其他國家比較，美國在小學與中學的支出占GDP比率低於平均水準，但是在專上教育的支出比率卻是平均水準的兩倍左右。）美國大學的支出自一九七〇年以來加快成長腳步，意味迄今平均在每位學生身上的支出增加近百分之六十。

在最頂尖的菁英大學，教育相關支出成長最快，但是入學註冊人數卻是成長最慢。例如常春藤盟校投在每位學生上的實質支出中間值在二〇〇一到二〇一五年間成長了百分之八十。一般而言，具有高度競爭性的大學對相對富有學生的投資，要高於非競爭性大學對不是那麼富有的學生的投資：在最頂尖的重點大學，以學生為導向的課程平均每年投注在每位學生身上的支出是九萬兩千美元，但是非重點大學相同的支出只有一萬兩千美元，此一差距是一九六〇年代的五倍。

這些持續增加的支出有部分是靠進入菁英大學就讀學生家長的資助，但是大部分是靠學生家庭之外的補貼：來自大學富有的基金會與公共資金（包括根據大學慈善團體地位的稅收補貼）。總體上，在最富有的百分之十的大學，每花在學生身上的一美元，那些富有的學生每位只需負擔二十美分，然而在最窮的百分之十大學，那些窮學生與中產階級家庭的學生，要為花在他們身上的每一美元負擔七十八美分。這些補貼與投注在學生身上的教育支出在一般學生與富學生間形成的差距，在過去五十年間快速擴大。一九六七年，非重點大學平均每年花在每位學生身上的補貼大約是兩千五百美元，頂尖的重點大學則是七千五百美元左右，到了二〇〇七年，在底層的大學平均每年對每位學生的補貼是五千美元左右，然而在名列第九十九百分位的頂尖重點大學，此一補貼卻是暴增至約七萬五千美元。由此再次凸顯大學教育向財富傾斜的趨勢已造成最有錢的學生反而能夠獲得最多的補貼。

簡而言之，大學教育不僅強化了對富家子女的培訓，同時也不斷提高他們所獲得的補貼。由此也凸顯菁英體制下的資源繼承規模有多驚人。

研究所與專業學院

根據一般的看法，大學畢業代表的是青春歲月的結束，開始進入成年人的生活（畢業典禮就是此一開端的象徵）。就此而言，大學畢業生從此永遠離開培育他的校園生活，進入殘酷的「現實」生活。

然而今天的生活卻與這樣的看法迥異，尤其是在經濟菁英之間，幻想與現實間的差距持續穩定擴大。至少對於需要不斷精進與培訓的菁英人士而言，大學畢業指點了一條明路（即使不是立即，也是在可見的未來），這條明路不是指向現實的生活，而是在校內繼續深造。的確，美國最頂尖菁英大學的學生，大都認為大學是通往研究所繼續深造的管道，這樣的想法就和高中生把高中視為通往大學的管道一樣。深造教育是聚焦於投資增進專業技能的人力資本，然而也無可避免地集中在菁英階層，使得富家子女與一般大眾接受人力資本投資的差距更形擴大。研究所與專業學院將菁英階層的繼承機制一路延伸至成年人的生活。

研究所與專業學院教育的興起[13]是在相對近期才有的現象，而受到菁英人士的歡迎也是新近才出現的情況。的確，研究所教育是直到最近才成為菁英工作的必要條件，包括各項專業在內。在二十世紀初期之前，專業學院——法學院或醫學院——一般上並非研究所（要求就讀的學生必須先取學士學位）。更重要的是由於需求眾多，待遇又好，當時的菁英銀行家、顧問與企業主管大都未曾接受研究所的教育。哈佛商學院長尼汀・諾里亞（Nitin Nohria）就曾指出，上世紀中期美國管理層菁英間相互維繫的關係不是大學學歷，而是家庭網絡與宗教信仰。在一九〇〇年，完成大學教育的企業領袖，每五位還不到一位。

過去美國專業菁英之所以不需要研究所教育，是因為他們都會自雇主那兒獲得密集的在職培訓。醫生需要特別的技能才能醫治病人。菜鳥律師則是資深律師與法官的學徒。最重要的是，上世紀中期的美國企業經理人，包括菁英主管，在企業的升遷管道中必須接受系統性高強度的在職培訓。

以IBM為例，一位新主管的養成過程始於其阿蒙克市（Armonk）的培訓中心，而且就某種角度來看，企業的培訓一直持續，永不結束。管理層的職員基本上頭兩年的事業就是在阿蒙克市的各個職位輪流實習。同時，在他們整個事業生涯，每年必須在阿蒙克市接受三週的培訓與實地培訓。一位IBM的員工在工作四十年後退休時，可能會發現在其工作期間，有四年以上的時間，或是百分之十的時間是在接受培訓。柯達（Kodak）是另一家典型的上世紀中期美國企業，該公司的新員工必須接受大量而密集的培訓，因此其政策是從不僱用年齡超過二十五歲的人，也不會僱用業外人士。上世紀中期一項針對企業主管的調查顯示，新員工在求職時會將企業所提供的在職培訓列入考慮，而上世紀中期的企業也會積極回應這樣的需求——至少十八個月的基本主管培訓計畫。

但是今天的企業卻不會提供這樣的培訓。當IBM在一九九〇年代初期放棄以在職培訓為主幹的終身僱用制時，該措施對總部員工衝擊之大，使得該公司要求當地販賣槍枝的商店暫時關門歇業。至於柯達，現今只對不到三分之一的核心管理職位提供在職培訓。這樣的轉變乃是基於現代的經營管理之道——一批中年的保險業主管回憶他們早期都要接受整整一年的培訓，然而現今他們的公司根本就不再提供任何培訓。這樣的管理之道反映在現實生活上的情形是：根據調查，今天美國企業在其薪資預算中培訓所占的比重還不到百分之二。

在職培訓為上世紀中期典型的職業生涯提供薪火，這樣的培訓主要是著重於一家企業內部的機動性——常言道「從收發室到主管辦公室」。（根據財星雜誌在一九五二年所做的一項調查顯示，有三分之二的企業資深主管在其現在就職的公司已工作了二十年。）

可是今天這樣的薪火相傳已不存在了。菁英工作的特質已有所改變，企業專屬的知識價值下降，一般專業技能的價值則告提高。與此同時，菁英勞動市場的結構也出現變化，企業與其職員間的承諾有所降低。現今的職場階層是由專業所組成，不再是由企業或是整個產業來決定。今天的雇主已拋棄過去在經理人間視為標準作法的暗示性承諾，即是只要工作稱職就有望終身僱用與享有穩定的升遷管道。相反的，現在企業所提供的，套用蘋果電腦對其員工的聲明：「在我們有限的良機下，享受你在這兒美好的旅程。」

這些改變使得大學教育較在職培訓更能提供職能的培育與繼續深造的機會。任何一位有上進心的年輕醫生現在所追求的不再是傳統上以一年的實習經驗來換取行醫的一般執照，而是時間較長且強度較大的住院醫師，其中有一些可能需要長達七年的時間（例如神經外科）。的確，如今有許多專科醫生所要求的是住院醫師之外更為正式與全職的培訓。菜鳥律師在執業之前也需要先接受學士後法學院為期三年的培訓，而全美的法學院過去二十年間平均每年出產約四萬名法律博士（JD）。今天從事金融、顧問與管理等職業的菁英人士幾乎全都曾接受學士後商學院為期兩年的培訓，而全國的商學院平均一年可以產出十萬名工商管理碩士（MBA）。根據一九三二年的一項調查，當年的企業高級主管有百分之五十五都沒有受過大學教育，然而今天在企業高級主管中每十位就有九位是自大學畢業，菁英經理人更是全都擁有MBA或是JD的學位。這樣的模式在菁英人士間根深蒂固，大家都已視為理所當然，認為是菁英職涯必備的背景條件。但是實際上，它們所代表的是一項創新——他們的出現還不到兩個世代。

這樣的轉變對美國社會的教育分配——人力資本的投資——有重大影響。學士後培訓長期以來一直被視為對人員，尤其是菁英人士人力資本的大量額外投資。上世紀中期的雇主會花費多年時間與心血來培訓菁英員工。然而大學後的研究所與專業學院對學生的投資更大：哈佛商學院平均每年在每位學生身上投下的經費超過三十五萬美元。

菁英工作的培訓地點由工作場所轉變到大學，改變了接受培訓的菁英其社經地位成分與人力資本的投資型態。企業雇主所提供的培訓多多少少會傾向於財富，因為能夠獲得最多培訓的職位可能都是由來自菁英大學的求職者獲得，而他們又都可能是來自富有的家庭。而以大學為骨幹的專業培訓更是向財富傾斜，在頂尖的研究所與專業學院就讀的富家子女比重之高，甚至較菁英大學學生組成失衡的情況有過之而無不及。（甚至連今天最受歡迎的在職培訓方式——無薪實習——都出現向富家子女傾斜的情況，因為只有這些人才負擔得起沒有薪資的工作。）

此一情況的出現並不令人意外。研究所與專業學院都具有學業競爭性，最頂尖的學府競爭性也最高，甚至超越頂尖的菁英大學。例如耶魯法學院學生的大學成績中位數是三．九GPA（學業成績平均績點），LSAT（法學院入學考試）成績則是位居第九十九百分位。哈佛商學院學生的大學成績中位數是三．七GPA，GMAT（經企管理研究生入學考試）成績則是位居第九十六百分位。史丹福醫學院學生的大學成績中位數是三．八五GPA，MCAT（醫學院入學考試）成績位居第九十七百分位。這些學生都是畢業於菁英大學，而最頂尖的研究所與專業學院的學生，都是自最頂尖的菁英大學取得學士的學位。今天耶魯法學院的學生有百分之四十是來自常春藤盟校，有百分之二十五是來自哈佛、普林斯頓或是耶魯。不用多說，這些大學的學生組成是向財富傾斜，而錄取他們的研究所與專業學院也無可避免地同樣向財富傾斜。

研究所與專業學院的費用都相當昂貴。菁英專業學院必要的直接成本——學費與雜費——與菁英大學一樣貴，有許多甚至還更高：耶魯法學院一年的學費是六萬美元左右，哈佛商學院則是七萬美元。這還只是學費，沒有把住宿與伙食包括在內。若是將這些費用加進來，估計耶魯法學院一位學生在為期九個月的一學年間要花上八萬美元左右，而哈佛商學院的學生在九個月的學年期間則要花上十萬五千美元以上。（根據學生指出，充分的社會參與還會使得ＭＢＡ的成本再增加兩萬美元，若是不想增加負擔，可能就會被排除在學生才能享有的知識與網絡福利之外。）專業學位的間接機會成本，若是依據在學業期間放棄的所得來計算，與直接成本差不多，甚至還有過之。

這些情況，再加上其他一些未經證實的，使得菁英研究所與專業學院的學生組成出現難以想像的社經失衡現象。我們缺乏有關這方面的系統性資料：這種向財富傾斜的現象太過極端，難以自廣泛的資料中篩選出來，因為一般的做法都是把菁英階層歸類於單一的所得層級，要自其中再分辨出最高的百分之幾有其難度。再說各大學也不會大肆宣揚學生組成向財富傾斜的情況，畢竟這並非一件光彩的事情。不過儘管如此，有越來越多的非官方資料揭露菁英專業學生的家庭財富情況。哈佛商學院的學生在談論我們之前提到的社會參與費用時，稱這樣的費用是「只有兩萬美元」，由此即可顯示他們家庭的財富背景雄厚。耶魯法學院學生最近所做的一項家庭背景調查則顯示：來自所得分配在最高百分之一家庭的學生人數，甚至比在所得分配下半部的所有學生都多（占比大約是百分之十二對百分之九）；耶魯法學院學生家庭平均年所得的中位數是十五萬美元左右（屬於所得分配的最高五分之一）；耶魯法學院只有百分之三的學生是來自接近貧窮或貧窮的家庭。

實在難以想像會有社經成分如此向財富集中的學生組成主體。儘管目前還沒有其他菁英研究所與專業學院的相關資料，但是沒有理由認為哈佛商學院與耶魯法學院的情況是屬於特例。相反的，一項有關法學院的普查顯示，在頂尖的法學院就讀的學生，有近三分之二的父母中至少有一人擁有學士後學位，有三分之一學生的父母都有學士後學位。

過去有一段時間，在職培訓是扮演菁英體制早期刺激民主脈動的角色，相較於將教育延伸進入成年期的菁英思想，在職培訓則是允許員工透過公司內部的升遷機制提升自我，而無須考慮他們的背景因素。但是隨著時間的演進，菁英體制背叛了其民主初衷，而以大學為主的教育取代了在職培訓。研究所與專業學院更是將對富有學生的人力資本投資擴大至他們的成人生活，而且這些投資是近乎無法想像地完全集中於社經菁英身上——使得菁英階層的繼承機制更加深化，然而層面也更加窄化。今天菁英體制已將美國的培訓與教育完全聚焦於針鋒之上。

菁英繼承的價值

菁英是造就出來的，不是靠著出生，不過也並非自學成才。

菁英與一般大眾的教育大相逕庭：不論是在人員、設備、方式、目的與學習計畫上都是如此。這樣的差異引領接受菁英教育的富家子女進入完全與眾不同的生活方式——這樣的生活方式與菁英人士的成人生活相互契合，自成一體。然而沒有什麼簡單的方法能將這樣的生活方式予以定性，也沒有單一標準的量尺能夠衡量菁英教育與一般教育間的差距。就此觀之，富家子女早年的生活是由菁英教育所主導，而在成人後的生活則是由菁英工作所主宰。

菁英教育與菁英工作間的關係所反映的正是富人與一般大眾間教育不均的本質——這可以由所得分配在最高百分之一所形成的經濟不均看出來。菁英教育與最高勞動所得間的關係可以作為進行相關統計的指引方向。勞動所得代表的是勞工人力資本的報酬，而教育與其他相關方面則是在於建立與增進學生的人力資本。

因此，要建立一套衡量富家子女所受菁英教育價值的方法，就必須去除圍繞菁英教育的所有文化背景與制度的作用，也不要考慮父母對子女在教育與培訓上所提供的直接個人投資。相反地，應把教育單純地視做對人力資本的投資，並以美元作為計價單位以利了解。然後我們再問典型的富家子女在教育上所接受的投資要比中等階級子女所獲得的教育投資高出多少——也就是說，住在帕羅奧圖，所得分配在最高百分之一家庭出生的子女所獲得的教育投資，相較於聖克萊爾湖畔中產階級家庭子女所接受的教育投資，要高出多少。根據粗略（但是保守），以美元計價的估計：在學齡前的幼兒學校是一年一萬美元到一萬五千美元；小學是一年兩萬到兩萬五千美元；初、高中是一年五萬到六萬美元，在大學與專業學院則是一年九萬美元。

最後，為了了解這筆投資到底有多少，我們將一位菁英自童年期每年所接受的教育投資加總成為一筆單一的數額，再從歷史的觀點來看今天這筆對菁英人力資本的投資。舊時代休閒階級的所得與地位是來自其物質資產與金融資產的累積。那時候的菁英父母在當時的社經秩序下對子女的教育投資顯著偏低（不論是絕對值還是與中產階級比較）。不過與此同時，他們也透過物質與金融資產——土地、工廠、股票與債券——的贈與，來提高子女的所得與地位，以此確保其財富與特權得以繼承延續。一般而言，這些贈與都是來自遺囑中的遺贈，即是由子女作為垂死父母的繼承人。過去的財富移轉主要就是由這種老式的繼承機制所主導。

但是現代的菁英階層並非由休閒與資本所得所組成，而是來自於高人一等的勞動。今天的菁英父母在這樣的新秩序下提供給子女的是成為菁英勞動階層的社經基礎。他們是在還活著的時候就對子女進行人力資本，以此取代過去以物質與金融資產的遺贈來作為菁英社經地位世代傳承的方式。因此，可以藉由計算傳統的遺贈規模來衡量現今菁英的人力資本投資。

要這麼做，需要先設想所得分配在最高百分之一家庭對子女教育每年投下的資源、中產階級對子女投下的資源，以及富有的父母為子女設立信託基金，讓子女在他們去世後可以獲得遺贈財產，這三者間在規模上的差距。這樣的做法主要是依賴假設的數字，因此得到的結果也不會精確。不過儘管如此，也可以做出合理的推斷（根據不同的背景假設），而結果令人咋舌：今天典型的富有人家對子女的人力資本投資——不僅遠在窮人家之上，同時也明顯超越中產階級的家庭——相當於傳統繼承下父母對每位孩子一千萬美元的遺贈。（請參考表一與表二，頁四三七－四三九）

每個孩子一千萬美元！

這就是菁英階層子女繼承父母資源的總值。稱之為繼承是因為這些資源確實是由父母傳給子女，並且心懷可以由此建立一個世代皆為菁英的願望。這樣的菁英體制有兩個層面，首先，子女所承繼的教育資源是用來購買未來的成就：參與孩子教育過程的菁英父母、私人教師與老師都抱持同樣的目的，即是培養孩子的技能以建立成就；菁英子女擠破頭也要在競爭激烈的頂尖學校搶得一席之地，一旦進入，就會極力爭取成績。其次，孩子承繼的資源使他有資格進入競爭激烈，以成就表現為導向的菁英工作圈。

菁英階層對子女教育的大量投資（其規模不論是絕對值還是與中產階級教育支出的比較，都是大得驚人），代表的一種全新且獨特的菁英繼承技術，真的可謂「家庭財富移轉的革命」。富有的父母與他們的子女都會自然傾向以人力資本的投資作為所得與社經地位世代傳承的管道。這也是為什麼相較於其他主要的支出，所得增加帶動教育支出成長的速度最快；也是教育投資不均近幾十年來惡化情況更甚於所得不均的原因。的確，菁英體制充滿想像力的意識形態已完全掌握菁英階層，即使是超級富豪——他們的財富完全可以確保他們以傳統的遺贈方式世代傳承——也會對子女採取菁英繼承的方式，以此作為其資源最主要與專屬的遺贈管道（例如祖克柏）。

從有閒階級主導社會到富人勞動族主導社會的社經變遷使得菁英繼承的操作合理化。菁英繼承——富有人家對子女的人力資本投資，遠遠超過中產階級子女獲得的資源——主導了菁英世界的傳承。而在其中，菁英教育則是扮演傳承媒介的角色。菁英勞動所得則是回報由教育投資建立的菁英繼承價值。

機會的終結

雖然菁英階層過去一度對外開放，然而菁英繼承的操作現在卻成為菁英階層與機會之間的阻礙。

隨著家庭成為生產基地，而不是消費基地，子女成為人力資本的集合體，菁英與中產階級間的差異就不只是在文化與美學上的差異，而是上升至經濟的層面，而且這樣的差異會一直延伸持續到成人生活。菁英體制如今已成為推動特權傳承的引擎，將窮人家與中產階級的子女排除在未來賺取所得與地位的機會之外。不論當初採用菁英體制的動機為何，現今的菁英體制已不再堅持推動社經機會均等的初衷。相反的，菁英體制如今正是美國社經失衡的根源。

菁英體制早期的成就確實滿足了布魯斯特等一批上世紀中期教育改革者當初擁抱其思想的心願。被菁英體制取代的貴族菁英缺乏教導與培訓子女在高度競爭的世界中如何生存的動機與能力。但是隨著菁英體制日趨成熟，貴族菁英不勞而獲的希望也無可避免地遭到破壞。菁英體制所造就的新一代菁英是靠著在學校與工作中贏得激烈的競爭而獲得成就與地位，他們對於教導子女具有前所未有的熱誠與天分。

由於培訓與教育，富家子女在他們接受教育的每一階段，逐步超越其他人——再次強調，不僅是窮人，也包括了中產階級。在童年時期的每一個階段，大量投資於富家子女的人力資本，使得他們產出高人一等的表現，這些成就又幫助他們進入菁英養成的下一個階段，繼續接受密集的投資，幫助其表現更上層樓，這樣的操作從童年、青年時期一直持續到進入成年期。此一機制運作的結果是建立全部由現代孩子組成的新一代菁英人士。在菁英養成的每一階段，菁英父母都會依據菁英體制的標準與方式來確保他們的子女擁有競爭優勢。菁英繼承建立了今天的菁英世家。

然而由此也可以確定地說，來自窮人家，甚至中產階級家庭的子女，儘管學業成績合格，在大學階段也會面臨社會與財務上的阻礙——尤其是菁英學位，這些阻礙是富家子女所沒有的。影響所及，中產階級與窮人家的高中畢業生儘管學業成績優異，也可能無法進入與其學業成績相匹配的大學就讀，或是完成大學學業。這種不匹配（Undermatching）的現象，儘管真實，但並不足以成為大學向富有學生傾斜的主因，尤其是最頂尖的菁英大學，這些大學傾全力將資源注入造就下一代菁英人士的人力資本上。

教育資源分配不均具體反映在SAT上，可以看出經濟菁英圈外成績優異的高中畢業生人數在最頂尖的菁英大學根本是微不足道，反觀屬於圈內的菁英人數卻是多到學校只能向財富傾斜。即使是最有天分與最用功的勞動或中產階級學生——輔以少數充滿熱誠，好心給了關注的老師，再加上本身的勤奮好學與特有的創意（南洛杉磯有一位學生表示他「有關世界的知識是來自觀看『危險邊緣（Jeopardy，美國智力競賽的電視節目）』」）——也無法與曾接受數以千計小時培訓與數以百萬美元計投資的富家孩子競爭。的確，儘管來自低所得家庭的高中畢業生近幾十年來學業成績普遍進步，不匹配的現象有所減少。但今天，即使學業成績與所進大學完美匹配，也不會實質增加低所得家庭子女在菁英大學的比重。

新一代菁英階層的組成顯示出其所造成的不均已將財富與成就拉攏在一起，導致最富有的學生同時也是學業表現最好的學生。因此，菁英大學的學生組成不僅是向財富傾斜，同時也向學業成績傾斜。的確如此，最頂尖大學的學生都是成績最好的。基本上，一年大約有八萬名學生的SAT批判性閱讀測成績是在七百分以上，而在美國新聞與世界報導排行榜中排名前二十所大學就招收了其中四分之一左右。此外，光是全美前五大法學院就錄取了三分之二LAST成績在第九十九百分位的學生。

舊時代的貴族菁英根本無法與新一代的菁英階層競爭，因為前者生來就不需要什麼成就，然而新一代的菁英階層卻是從小就培育必須爭取成就，因此也主宰了菁英體制的競爭。由此得證，推動大學，尤其是最具競爭性的頂尖菁英大學的學生組成向財富傾斜的主力，是學業成績而非只是狹隘的財務背景或是文化。向財富傾斜並不能解釋舊時代貴族菁英階層的崩解，而是在於新一代菁英階層的崛起與勝利。教育不均所顯露的正是菁英體制不均內在邏輯的暗黑行動。

最後，菁英體制下的世代傳承方式為菁英階層提供了一個優勢，將菁英繼承與舊時代的貴族繼承完全區隔開來。貴族菁英的物質與金融繼承多會導致繼承人的奢靡怠惰，從而造成其階層的瓦解——這也是在二十世紀初為什麼有「富不過三代」說法的原因，反觀新一代的菁英階層則是拒絕揮霍他們所獲得的人力資本。

菁英階層在年輕時為累積人力資本而養成勤奮好學的自律習慣，讓他們在進入成年期後也會避免過度浪費。同時，法律也支持這樣的做法：人力資本的所有人不能在無勞動配合的情況下擷取人力資本的利益，法律制度下的工作——允許有償勞動，禁止奴役——防止人力資本所有人在尚未勞動之前就出售自己的人力資本。在菁英繼承機制下，子女並沒有繼承父母的債務，而人力資本可以確保他們不致像貴族菁英那樣變得奢靡懶散。此外，由於教育投資早在子女還未成年時就已支付，因此人力資本的移轉也可免於課徵贈與稅或遺產稅。

人力資本與物質、金融資本完全不同，其結構——無論是從心理、經濟，還是法律的層面——可以避免所有人的揮霍浪費。最後，隨著圍繞菁英工作階級的人力資本結構日趨成熟——即前述菁英教育中所談到的體制，結構本身不僅能夠確保接受父母人力資本傳承的子女能夠善用此一資源，而且還能幫助子女將人力資本繼續移轉給他們的下一代，從而建立世代的傳承。

從各方面來看，透過人力資本移轉建立世代傳承的菁英體制，其實就是過去幾個世紀以來主宰菁英生活，以出生決定繼承的貴族體制的翻版。菁英體制中的教育扮演的是貴族體制養育的角色，菁英工作則是取代了貴族體制遺贈給後代的土地。（在上世紀中期，人們不是由出身來區分，而是由是否能繼承物質與金融資產來分別高下，由此所反映的是菁英體制與貴族體制間的空窗期，並非代表邁向進步的踏腳石。）

菁英家庭一路壟斷所得與地位，並且將窮人與中產階級排除在菁英培訓與工作之外，所反映的並非菁英體制價值的倒退，而是凸顯其價值的實現：特權世代傳承的特性與其說是反映菁英體制的腐敗，不如說是該體制趨於完美的表徵。（即使是這種壟斷中罕有的特例：來自一般家庭，但絕頂聰明，或是鴻運當頭的孩子，躍上龍門，成為菁英，也不代表打破壟斷，而是被視為菁英階層與出身無關的證明，或者只是為該體制注入外界新血。）的確，相對於其所取代上世紀中期貴族體制下物質與金融資產的繼承機制，菁英體制建立的特權傳承機制，可能更為持久，從而使得菁英體制在形式上其實與貴族體制並無二致，而且更能維持長久。

因此，也難怪布魯斯特——被上世紀中期的有閒階級視做叛徒——在今天被譽為耶魯最偉大的校長。他是新一代菁英階層的英雄，因為他的改革創造了一個可長可遠的菁英體制。

然而諷刺的是，布魯斯特所幫忙創立的體制儘管全力支持菁英階層，但是同時也為他們帶來壓迫。

特有的測試

位於曼哈頓的亨特學院高中（Hunter College High School）是全美最為高端與最具競爭性的公立學校。該所高中的學生大幅增提高了紐約公立學校學生的學業成績水準、與進入大學以及未來在經濟上取得成就的機會。該校的畢業生有百分之二十五是進入常春藤盟校就讀。因為如此，大家都搶破頭要進亨特學院高中，申請入學的學生是其招收名額的十倍。與此同時，該校也以其特有而且嚴格的入學考試聞名——純然的菁英主義。

這套考試制度就和菁英體制下所有的測試一樣，都是對已有準備的學生有利，因此大部分的學生都會先進入考前補習班，希望在考試時能爭取到好成績。但是考前補習班的學費不便宜，自然對有錢人較為有利。的確如此，最近幾十年來亨特學院高中的學生組成持續向財富傾斜：該校只有百分之十的學生是來自需要校方提供午餐補貼的家庭（家庭年所得在四萬五千美元以下），然而在紐約一般的公立學校，需要午餐補貼的學生比率都在百分之七十五左右。此外，亨特學院高中的種族比率也有所改變：在一九九五到二〇一〇年這段期間，該校七年級學生中黑人與拉丁裔的人數分別減少了四分之一與六分之一。

隨著紐約人開始發現菁英主義破壞了均等的機會，亨特學院高中也成為政治矛盾的中心。該校許多師生與現任校長都認為該校必須放寬其入學考試的門檻，並且考慮考試成績之外的條件。

但是負責監督該所高中的亨特學院（Hunter College）校長並不同意這樣的做法。因此，就在亨特學院高中校友艾蕾娜・凱根（Elena Kagan）確認為最高法院大法官的幾週前，該校校長在爭議聲中辭職，使得該校必須物色一位新校長，而這將是其五年內第四任校長。

亨特學院高中的爭議同時還有另一個面向，衝突可能更為嚴重，卻絲毫不減其影響。甚至連該校菁英體制下的學生都開始抱怨學校的課業壓力與分級制度太過嚴苛與壓迫。該校為減輕學生的壓力，將在翌年試辦「作業假期」的措施。但是儘管如此，對學校的不滿已使得一些學生追求菁英教育的熱情減退，而入學考試的爭議也使他們的自信心受損。與此同時，亨特學院高中減輕學生壓力的寬鬆政策也損及其在菁英體制內的地位。該校在嚴格拒絕不符合其入學考試標準的聲請者入學的同時，又該如何解釋在另一方面卻又放寬對校內學生的要求？

亨特學院高中的爭議所反映的是菁英教育黑暗的一面。「我所受教育對我的價值，」一位知名的經濟學家曾經這樣表示，「不僅要看我接受了多少，同時也要看我的前輩接受了多少。」不論我的前輩與我自教育得到多少，這樣的說法並沒有錯。但是菁英教育——亨特學院高中與全國所有相類似的學校——在其自成一套的邏輯下，卻是造成毀滅性的影響。

就一方面來說，迥異於一般大眾，當菁英階層投下大筆銀子購買教育時，他們是直接減少了其他所有人獲得教育的機會。當有錢人買下昂貴的巧克力時，他並不會導致中產階級一般巧克力的口味變差。但是當有錢人在學校教育上大手筆投資，確實會降低一般大眾與中產階級所受教育的水準。父母為了讓孩子進入亨特學院高中，先讓孩子進考前補習班，還有亨特學院高中對學生提供的高強度教育，減少了其他所有人進入哈佛就讀的機會。成功培育一位菁英，背後也會造成別人的失敗。

在另一方面，菁英間的教育競賽由於所得增加而移除了相關消費的限制。有錢人或許安於巧克力的口味，但是卻無法滿足於學校教育，他們對子女教育的投資會不斷增加，企圖超越別人。他們投資的極限，端視孩子在生理與心理上對培訓的承受與吸收能力——若非學校與父母每次只能請一位老師來教導孩子，一天上課的時間只有這麼多，他們的投資會毫無底線。菁英教育已引發了一場毀滅性的教育核武競賽，誰都不可能自其中得利，甚至包括勝利者在內。

就這兩方面來看，美國的菁英教育已接近極限。全國最頂尖的菁英學校與大學的學生幾乎完全是為富人，然而從人性的觀點來看，他們的服務卻是每況愈下。

亨特學院高中的學生（還有菲利普斯埃克塞特學院、哈佛與耶魯的學生）是以一種強迫性的心理來看待他們的學校教育，視其為不斷競爭與追逐獎勵的過程。不論是悠閒的娛樂還是放縱的享樂，同時還有對學習的熱情都已成為明日黃花——在菁英體制之外的記憶。今天富有的年輕人勤奮學習，接受嚴格的培訓，為的是通過各種競爭，獲得他們在成年後成為菁英人士所需要的人力資本。他們的父母是圍繞著競爭來組織生活，目的是為維持其優勢與地位：他們對子女都抱持很高的期望，他們閱讀、學習、培訓、憂慮，甚至結婚與維持婚姻，都是盤繞在孩子身邊。在菁英體制下，為了複製其地位，父母都會採行直升機式的養育之道。

這些競爭壓力日積月累，造成有形的傷害。在首爾的富人區，當地學生比全球所有地方都要用功，然而在過去十年間脊柱彎曲的病例也增加一倍，醫生甚至將其命名為「高領症候群（Turtleneck syndrome）」——就是「孩童頭部過度前伸」。耶魯法學院的一項調查顯示，有百分之七十的受訪學生——他們的事業前景一片大好——表示他們在耶魯時都曾「經歷心理健康方面的挑戰」。他們抱怨曾經感到焦慮、沮喪、恐慌與經常性失眠等等精神上的損傷。如果說常春藤盟校在過去是為休閒菁英的身分錦上添花，如今卻已成為獲得或維持菁英地位而公開爭奪的戰利品。

菁英教育同時也造成無形的傷害，不過無損其嚴重性。一個充滿競爭與測驗的生活使得學生只有膚淺的企圖心與對失敗的恐懼。這樣的情況太過嚴重以致要求檢討整個過程的聲浪湧現。批評者稱菁英學生「非常聰明」，但是「非常困惑」，「完全不知自己的下一步」、「有如行屍走肉」，而最令人印象深刻的是被稱之為「優秀的綿羊」。一批來自頂尖法學院的學生最近被問到，有誰願意每週花上十五個小時在本質上毫無價值的工作，只為在事業上獲得競爭優勢，所有的人都表示願意，並且還認為是多此一問。

對於菁英教育的批評普遍是把這些弊病歸類為反映菁英體制的弱點或是菁英階層的墮落。有些批評則是從道德的角度出發，指責自私自利、矯揉造作又溺愛子女的父母培育出毫無膽識、欠缺朝氣又唯利是圖的孩子。也有一些批評是強調知性的一面，指責這些有錢人欠缺遠見與自我意識，毫不關心他們自身的人類發展——因為正如大衛・福斯特・華萊士（David Foster Wallace）對菁英階層最著名的指責，他們自少就被教導與自滿於相信「自我是一種你擁有的東西。」回想之前指責以收取租金與詐欺造假來提高所得的做法，現今的批評其實並無二致。然而這些攻擊都屈服於菁英體制的魅力之下，本能地將這些邪惡視為該體制趨於腐敗或是變異所造成的。

但是實際上這是菁英體制內部深沉與暗黑的邏輯運作所致。菁英教育浮現缺失，並非因為富有的父母與孩子較為腐敗、愚蠢，或是幼稚，而是在於他們無可避免地依循菁英體制形成不均的機制進行操作。由於學校教育中的競爭與學業成績決定了一切，因此只有圈外人才負擔得起無視菁英教育工具性機能的代價，而強調本質上的價值。唯有聖人（對所得與地位毫不在意）與天才（不需競爭就能在菁英競賽中獲勝）才有可能為了自己追求菁英教育。至於只具有一般道德感與能力的學生，為了爭取菁英體制的獎賞，只好專注於密集的培訓。

成年人為孩童設立未來的目標，工作則會重塑家庭的形象。模仿職場競爭的學校教育過去遭到嚴厲批評，批評人士抨擊美國資本主義下的學校教育是在培訓學生成為未來接受資本操控的勞工階層。這樣的指責聲浪如今再現，只不過是針對菁英階層。今天的菁英教育是縝密地培訓學生能夠裕如應付會使他們分心的突發狀況，同時抗拒他們自己本身興趣的誘惑，而堅持邁向菁英體制為其訂定的目標。與自我是本身就有的設想大相逕庭，菁英教育卻是要從意識形態上塑造學生，從而讓他們建立一個追求成功，成為菁英的自我。菁英的學校教育——以人力資本來建立與衡量自我——是將菁英人士工具化，從而自我利用。

富人——他們擷取了自我利用的所有回報——並沒有站在道德高點提出抱怨的立場。但是菁英教育身為特權世代傳承的機制，成本十分昂貴（儘管效率頗高，仍是無法符合成本）。父母在培育孩子上善意的忽視與自由玩耍的空間，已被時時刻刻的監督與密集的培訓所取代。父母過去圍繞成人世界的生活如今已導向培育子女的家庭事務，而曾擁有無憂無慮生活的孩子，如今卻是焦慮地為未來預做準備。富有人家長期以來都是消費主力，如今卻是成為投資與生產的基地，其目標是為下一代建立與累積人力資本。

一千萬美元是菁英階層繼承機制運作的金融成本。身心交瘁、焦慮不安則是菁英學生的人力成本。

就這兩方面來看，父母偏差與不公的作為已落在孩子的肩上，而且世代傳承。

第六章　晦暗與光鮮的工作

哈佛深紅報（Harvard Crimson）曾經刊登一篇文章，題為「失業的七二年畢業班」，輕描淡寫地指出「無論是機運還是出自於選擇，一九七二年的畢業班學生都發現自己在畢業後無處可去或是無事可做。」這樣的情況其實並不意外：在一九五九年，哈佛、耶魯與普林斯頓的畢業生每十個只有一個會在一出校門後立刻找尋工作，而且直到一九八四年大部分的畢業生才會立刻加入求職的行列。

當他們終於找到工作，上世紀中期的菁英畢業生都是加入能夠保證終身僱用的工作，而其薪資則是「端視在公司的年資而非工作的努力與否。」即使是「執行長（上世紀中期的企業）也不必特別聰明或是精明。他並不需要嚴酷無情或是咄咄逼人才能登上高位。」相反的，當時的菁英工作文化，根據威廉．懷特（William Whyte）在上世紀中期的暢銷著作《組織人》（*The Organization Man*）」指出，仍是由集體主義、風險規避與滿於現狀所主導。原因直接而簡單——一個由貴族休閒菁英階層所領導的社會與經濟，並不特別具有競爭性——「對手秋毫無犯。」

不過菁英體制顛覆了貴族體制的職場文化。如今的企業是由榮耀所組成，且勞動決定所得，職場的倫理是強調成就與競爭。現今菁英的職場崇尚高端的技能與極端的努力。超高技能（包括提供這些技能的教育與學位）不僅在爭取高薪與高等地位上益形重要，同時在避免低薪與地位低落上也同樣重要。高級工作的競爭激烈，但是一度為職場中心的廣大中級技能中產階級工作如今卻是進退失據。中產階級的工作不是被底層的低技能工作所取代，就是被高端的高技能工作取代。與此同時，高端工作的生產力與待遇和其他所有工作間的差距益形擴大——從而也使得爭取與維持高位的鬥爭益發激烈。

新的職場秩序所反映的是經濟與社會邏輯深沉的轉變，不是單純的商業習慣或辦公室文化的調整、政治誤判的結果，或是菁英的貪婪成性。高端工作的待遇之所以高人一等是因為新科技的湧現徹底改變了工作的本質，使得一些特殊技能的生產力遠大於其在上世紀中期或是一般技能的水準。這些創新對菁英人士大大有利，然而同時也嚴重不利於中級技能的勞工。儘管這樣的轉變在各個產業與部門間的進程互有不同，但是最終的結果卻是一再重演。

經濟學家將這樣的發展稱做「勞動市場兩極化與偏向技術人力的技術變動（Labor market polarization and skill-biased technological change）」。比較抒情的描述則是勞動市場日趨分成只需少量培訓、操作簡單而低薪的「爛工作」，與需要高深教育、複雜但具有趣味性的高薪「好工作」。

但是這種抒情主義的描述方式忽略了勞動市場轉型所造成的重大傷害。它掩蓋了爛工作不僅乏味低薪，同時——尤其是在工作兩極化上——也導致社經地位低落與前景晦暗的事實。它同時也遮蔽了菁英體制在菁英間引發的不滿——伴隨好工作而來的大量工作時間與無時無刻的自我工具化。

因此，或許可以更恰當地說，勞動市場已分成晦暗與光鮮的工作：晦暗是因其沒有立即的獎賞，也沒有更上層樓的希望，光鮮則是因為其外表的光芒遮掩了其內部的痛苦。

科技的陰影籠罩中級技能的工作，使其前景晦暗，而科技的光芒則是為光鮮的工作帶來閃耀的光澤。最終，隨著科技的進步，會有越來越多的工作受到此一趨勢壓抑薪資的影響，同時也只有越來越少的人能享受到其擴張的效果。不過好工作近幾十年來已逐步轉變成晦暗與光鮮的工作，而且絕大部分都陷入晦暗。

工作的技術革命

咖啡館、路邊小餐館，以及其他日常的餐飲業者長久以來一直是在食物的生產與社交生活中扮演主要的角色。在歷史的大部分時間，這些店家都是獨立擁有，老闆兼經理，僱用的是短期合約的廚師與其他中級技能的中產階級員工。上世紀中期速食連鎖業興起，將食物的生產標準化，但是並沒有拒絕中產階級的模式。

在一九九〇年代主持麥當勞（McDonald's）的艾德・倫西（Ed Rensi），回憶一九六〇年代的景況，「我們全部都是用手做的。」因此當時一家典型的加盟連鎖店需要僱用七十到八十名員工來料理食物與招呼客人。同時，幾乎是現代人所無法想像的，麥當勞還為員工提供系統性的培訓——甚至還開辦了一所自己的學校以幫助員工在公司內部的管理階層獲得更好的發展。該公司將這所學校稱為「漢堡大學（Hamburger University）」，一九六一年成立於伊利諾州埃爾克格羅夫村（Elk Grove Village）一家連鎖店的地下室。該校在一九六〇與七〇年代快速擴張，培訓許多員工開設自己的加盟連鎖店。倫西本身就是上世紀中期此一模式下的產物，他在一九六六年進入麥當勞擔任燒烤員，從此在公司內部一路發展，於一九九一年登上執行長的寶座。很少有員工能像倫西這樣升到如此高位，但是他的故事並非特例。在上世紀中期，對一位美國年輕人來說，進入麥當勞就等於是獲得一份好工作，而且還有了在公司內部升遷管道中更上層樓的踏腳石。

今天的速食業在製作與銷售餐點上都與過去大不相同。今天的麥當勞——在此一方面，所有的速食業者都是一樣——送抵餐廳的食物幾乎全都是預先製作而且包裝妥當，在交給顧客之前只需加熱而已。今天的加盟連鎖店僱用的人手也比以前少得多——麥當勞就比過去減少一半。此一經過精心規劃的預製過程不但使得僱用員工人數減少，對於剩下員工準備食物的技能要求也告降低，今天的速食店工作不過是拆開包裝與按下按鈕而已。

這些速食業的待遇也告降低——往往都是最低工資，倫西並且警告最近要求將最低工資提高到一小時十五美元的提案將會迫使麥當勞全面放棄人工而轉向機器人。此外，麥當勞現今已不再對員工提供培訓。漢堡大學儘管依然存在，但是現在是為培訓在職經理與主管，而不是像過去那樣招收加盟連鎖店經營者。確實如此，該校目前的焦點是在海外，在一九八二年於倫敦與慕尼黑開設校區後，又陸續在雪梨（一九八九年）、聖保羅（一九九六年）與上海（二〇一〇年）設立校園。即使是在美國本土——該校已遷移至伊利諾州橡樹溪（Oak Brook）的公司總部——現在是以二十八種語言進行教學，所培訓的海外加盟連鎖店經營者的人數比國內員工還多。

總括而言，這些改變徹底使得速食業的工作轉型。精密的食品加工新技術與先進的烹飪設備搶走了街頭人工的生產工作，而人力勞動也益趨偏向設計與管理生產中央化與分銷的勞工階層。倫西就指出，「越來越多的勞動力被集中在生產鏈的上端。」

這樣的發展也改變了麥當勞勞動力的形象。倫西憑藉發跡的中級技能已被兩極化的勞動力所取代。此一形態的勞動力是由低層與高層勞工所組成，兩者間的工作完全不一樣。

就一方面來看，速食業街頭層級的工作已被降級，成為只需極小技術含量的低層工作。麥當勞現今的員工有許多只能拿到時薪在七．二五美元的聯邦最低工資，麥當勞具有五到八年年資的員工薪資中間值也不過是時薪九．一五美元。但是儘管如此，其待遇還略高於漢堡王（Burger King）與溫娣漢堡（Wendy's）的水準。翻烤漢堡現在已是典型沒有出路的工作。

另一方面來看，這些業者的菁英工作層級獲得提升，具備超高技能的員工高高在上，設計與實施能夠取代中級技能員工的生產技術。麥當勞現任執行長不僅大學畢業，同時還擁有會計碩士學位，從來沒有在該公司的門市做過非管理性質的工作。同時，菁英層級的工作待遇呈爆炸性成長。在一九六〇年代晚期，麥當勞執行長的年薪大概是十七萬五千美元（以二〇一八年美元價值計算相當於一百二十萬美元），是最低薪資全職員工的七十倍左右；[1]到了一九九〇年代中期，執行長的年薪是約兩百五十萬美元（以二〇一八年美元價值計算是四百萬美元左右），是最低薪資全職員工所得的兩百五十倍以上，而在當下的十年期間，執行長的年薪達到八百萬美元左右，是最低薪資全職員工的五百倍以上。

今天用來烹飪與料理速食的現代科技足以解釋這些發展。科技直接壓迫下層勞工的薪資——正如倫西的警告，勞工薪資上漲會導致機器進一步取代人工。與此同時，儘管不是那麼明顯，不過科技也帶動菁英人士的薪資上漲，尤其是新的管理技能，是促成執行長薪資暴漲的主因。

麥當勞工作型態的轉變史也是其他產業的寫照。過去半個世紀以來，新科技改變了產品與服務的生產方式，從而也使得工作與勞動市場的本質產生變化。各種大大小小的創新重塑現有的工作：生產需要哪些工作，這些工作又該如何安排與結合，成為由一個人來擔負的職務。科技的發展同時也影響到各類職務所開放的機會，進而使得各職務的薪資高低有別。

這些發展也產生一個模式。新興科技浪潮下水漲船高，然而在浪頭上的船隻也是高低有別，而且也並非所有的船隻都跟著衝上浪頭。事實上，科技創新是一個部門接著一個部門將經濟生產的中心由技能分配的中部移轉到頭尾兩端。

新科技一方面取代了中級技能的勞工，從而消滅了主導上世紀中期經濟的中產階級工作；在另一方面，新科技則與低技能、超高技能的勞工形成完美搭配，從而增加了對低技能，尤其是超高技能勞工的需求，創造出許多晦暗與若干光鮮的工作，成為今日生產的主力。與此同時，創新也使得菁英人士擁有強大的技能優勢，相較於其他人，得以在技能層次分配的階梯上越爬越高。（擁有一般學士學位就能保證在菁英職位中占有一席之起的說法已經落伍——這是老一代的看法。）這樣的發展使得受過高度培訓，擁有超高技能的菁英人士其經濟報酬獲得大幅提升，反觀中級技能的中產階級經濟報酬則是受到強力壓制。菁英工作階層的興起與中產階級的沒落，都是因為受到科技發展的影響。

一般而言，世人較為熟悉的科技，包括麥當勞的烹飪設備，都是出自自然科學與工程學，與裝置、硬體與軟體有關。不過還有一些創新，並不為人熟知，但是同等重要，所牽涉的是新體制的安排，甚至是文化的發展，與自然科學、工程學無關。新的行政方式讓菁英經理人可以直接協調與控制大批的生產線勞工，從而淘汰了從文書員到中級經理的中產階級白領工作。新的法律技術則是讓菁英金融家可以管理更多的資金與進行更準確的投資，但是同時也淘汰了中級技能的金融職員。文化與社會的創新——包括菁英體制本身——也是影響重大。菁英階層擁有的超高技能與勤奮的工作倫理讓他們今天得以取代中產階級在生產中心的地位，而挑起推動經濟的重責大任，這是過去貴族菁英階層所無法辦到的。

總體而言，這些創新貶低了中產技能中產階級的重要性，使其居於不利的地位，同時也強化了菁英工作階層的地位與優勢。若是沒有這些發展，菁英體制的不均既沒有經濟實用性，也沒有社會持續性。然而麥當勞的經理人就是需要這些發展才能以新的方式在今天繼續經營公司。

革新無所不在，遍及勞動市場的各個部門。我們接下來進行更一步的案例分析，調查整個產業而不是個別的企業，由此可以顯示麥當勞並非異乎尋常的特例，而是反映出一個廣泛的模式。同時，我們所進行的案例分析產業——金融、管理、零售與製造——都是位於經濟不均趨勢的中心點。金融與管理菁英是菁英工作階層的縮影；零售業員工則是新低層勞動力的典型，製造業員工則是消失的中產階級。因此，這些案例分析涵蓋了一個完整經濟體中一大部分的晦暗與光鮮的工作。

一個單一的現象在不同的環境下不斷重複出現，通常就是真理。勞動市場的兩極化遍及整個經濟。中級技能的中產階級往往是技術革新的受害者，而菁英階層則是大獲其利；科技的創新將這些中產階級的工作貶低成新的晦暗工作，同時將超高技能的工作抬高成新的光鮮工作。在這樣的情況下，學校也重塑工作的形象，而新的工作秩序也是一樣來自於菁英體制的內在邏輯。

金融

一九六三年，經濟學人雜誌問道「銀行業還有未來嗎？」然後開始自問自答——該雜誌是聚焦於英國，不過該議題同樣也可適用於美國——銀行業是「全世界最不受青睞的行業。」與今天大相逕庭，上世紀中期的菁英大都排斥進入金融業：一九四一年，哈佛商學院的畢業生只有百分之一．三進華爾街工作。由於中產階級填補了菁英棄絕的工作空缺，因此自二次大戰結束直到一九七〇年代，與其他民間產業的人員相比，金融業的從業人員無論是教育程度、生產力與待遇方面都差不多。[2]上世紀中期的金融業枯燥、平庸、普通——就是一條死巷子。

經濟學人的預測顯然是大錯特錯。在其做出悲觀的預測沒多久，銀行業與投資銀行邁入長達半世紀的興旺期。金融工具的創新、資訊與電算科技的發展、法律與監管制度的改革，以及新的制度，使得金融在經濟生活中的分量大為提高。今天，沒有其他任何業別能比金融業——在菁英教育程度、工作時數與超高收入方面——更完美詮釋菁英體制下的不均。

自一九七〇年代以來，全美超級富豪中從事金融業的人數比率增加了十倍左右，現今全美最富有的五十人中有近四分之一都是從事金融業。今天，全美億萬富豪中有五分之一都是金融業者，而可投資資產在三千萬美元以上的四萬名美國人中，有五分之二都是從事金融業。

同時，還有一大批金融業從業人員，儘管他們的待遇不是天文數字，可是也十分優渥。一家投資銀行的董事近年來的紅利平均可達九十五萬美元，副總裁的紅利平均可能也會有七十一萬五千美元，即使是僅有三年資歷的助理一年平均也可獲得四十二萬五千美元的紅利。在二〇〇五年時，高盛建立了一個高達一百億美元的紅利池，相當於每位專業人員五十萬美元。甚至連高盛的分析師——通常是剛踏出大學的二十二歲菜鳥——在好年頭也可賺進十五萬美元。在如此高薪下，也難怪金融業人員的待遇要比其他所有行業平均高出百分之七十左右，這種薪資差距持續擴大的主因之一是金融業菁英人士的增加，約占了其中百分之十五到百分之二十五。（與此同時，低薪的金融業人員的工作已落入晦暗之中，其待遇進一步降低。）

金融業透過各種不同技能的人員運用科技來提供服務。大約過去半個世紀以來，金融科技與人員的技能產生重大變化：原本由中級技能中產階級主導的產業，如今則是由超高技能菁英人士與他們才會使用的科技所掌握。大批中級技能的工作遭到淘汰或是取代，取而代之的是擁有超高技能的少數菁英專業人員，他們光鮮的工作成為金融業的主導力量，並把低技術含量的助理人員打入晦暗的工作，只能扮演附屬的角色。金融業從業人員的勞動市場已經兩極化。

住房抵押貸款業務反映了這樣的轉變。抵押貸款是允許人們以未來所得來償還借款的方式將資金注入房市。房貸業者必須決定要對哪位申貸人提供多少貸款。貸款業者用來做出貸款決策的方法決定了他們會僱用什麼人與多少人。

上世紀中期的房貸抵押業務都是由銀行透過傳統的信貸人員來提供服務。他們是中級技能的中產階級人員，負責獨立研判申貸者的經濟情況、收入穩定性以及房屋的價值，以確保每筆貸款都是恰當與具有保障。傳統信貸人員據以研判的不僅是實際的狀況（申貸者的應稅所得與住屋的貸款價值比），還包括申貸人的特性與在社區中的地位。

傳統的信貸人員有完全的酌量權與責任。例如北卡羅萊納州住屋融資局（The North Carolina Housing Finance Agency）一九七七年的貸款承作指南（Loan Originator's Guide）就指出「信用審批的原則」是為「確認申貸者的信譽度而進行適度的考量」，同時還補充說明「這些指導原則並無應用於所有申貸案的必要」。甚至連債務與收入比率都可以在透過「特別的考量」與討論之後，直接給予「正常」或「合適」的評斷。根據這樣的指導原則，信貸人員必須十分了解他們的申貸者才行。例如在賓夕凡尼亞州伊利市（Erie）的馬奎特儲蓄銀行（Marquette Saving Bank）——該銀行直到進入二〇〇〇年代都還維持傳統的作業方式，直到最近才開始有所轉變，其信貸人員都會連同一位理事，在週六親自拜訪申貸者，以評估每筆申貸案的可行性。

銀行之所以僱用這些信貸人員，是著眼於他們的研判與裁量技能，以及他們對申貸的決定是否準確。信貸人員的事業則是依靠他們所決定的貸款案能否償還。傳統信貸人員的教育程度與社會背景都與他們中產階級的地位相對應。

今天的房貸抵押貸款業務則是大不相同，其中的轉變可以從兩方面來看。

首先，各家銀行都已大幅減少信貸人員，而剩下的信貸人員——都已轉型——不再需要任何技能含量。今天信貸人員的工作不過是幫申貸者收集資訊與填寫申請表格：他們的專業程度甚至還不如處理機器評分數據的操作員，他們的工作不具任何專業與創造力，只是持續不斷地重複機械式的動作，而不需要獨立的判斷。

現代的銀行「是完全根據數量來決定（信貸人員的）績效獎金」，與放貸決定的正確性沒有絲毫關係，基本上就是放棄這些基層人員的專業與判斷。確實如此，所謂「高速貸款方案」的目的是把申貸案的處理時間縮短四分之三，使其任何處理申貸案的方式都難以匹敵。一位資深主管在接受富比世雜誌訪問時指出，「銀行或是信用合作社的信貸人員其實就是該機構笑臉迎人的接待員——他的工作是接受申貸者填好的申請表，交給審核部門。」由於要求不高，現在的銀行都是從相對較低水準的求職者中招收信貸人員。根據一份有關最近金融危機爭議的法院文件顯示，美國銀行（Bank of American）僱用的信貸人員「是過去認為甚至連回答申貸者問題都不夠格的人。」

其次，今天的住房抵押貸款業務牽涉到的是一批具有超高技能的菁英人士。現在承辦房貸抵押業務的銀行都不會持有這些債權，而是將個人的貸款轉移到將其證券化的機構手中。房貸抵押證券是將大量的房貸債權集中綁在一起，然後再根據不同的償還期、違約風險與回報予以分層組合。如此一來，這些證券就可以獲得債信評等機構的評等，然後出售給投資人。

證券化的程序十分複雜，能夠建構、定價與交易這些房貸抵押證券的人絕非中級技能的中產階級，而是擁有超高技能的菁英人士。現在的基層信貸人員根本就不清楚這些由房貸組成的金融工具是怎麼一回事。

此一轉變的最大根由是在於金融科技的變化，銀行運用這些科技來幫助它們讓屋主得以用房貸來擁有住屋。合約與監管制度的發展使得房貸抵押證券的構成與交易合法化；經濟發展使得資產定價模型得以對這些證券進行估值；新的資訊技能則是能夠幫助不同種類且複雜的證券得以大規模交易，而菁英人士的社交科技則讓金融業者得以對管理證券化的機構提供合適的人才。沒有這些創新，要藉由證券化來管理風險根本是不可能的。

科技創新同時也對住房抵押貸款業務相關工作造成影響。由於證券化需要超高技能人員來設計與交易這些新證券，因此也促使擁有相關專業技能的工作機會大增。與此同時，這些創新一旦實施，也減少了中級技能傳統信貸人員的就業機會。如今房貸相關作業中的錯誤都可以在證券化的過程中予以修正，因此確保個別房貸周詳規劃已不是那麼重要。科技創新在提升高級投資銀行家技術地位的同時，也直接貶低了基層信貸人員的專業地位。

過去主導房貸業務的中級技能信貸人員大軍如今已遭到淘汰，或是被兩極化的人力所取代。這些人力一邊是大量從事晦暗工作的一般人員，其工作是收集資料來填寫一成不變的申貸表格。另一邊則是相對少數從事光鮮工作的華爾街菁英，他們將房貸包裝成複雜的衍生性金融商品，將其風險據以量化、對沖與分散，從而「修正」房貸原始的錯誤。雖然這兩類人員都屬於同一部門，但是他們的工作截然不同，使得住房抵押貸款成為科技帶動勞動市場兩極化的樣板。

創新帶動轉型的情況在金融業界屢見不鮮。（有些工作——例如保險理賠核算師——不斷重複這樣的模式，甚至連微小的細節都不放過。）根據職稱詞典（Dictionary of Occupational Titles）顯示，上世紀中期金融業對複雜與簡單的工作一視同仁（其負擔僅較其他非農業民間企業的工作略微沉重）。然而今天的金融業卻是完全偏向複雜的工作，而將簡單的工作排除在外。現在的金融業遠較其他行業更為重視複雜的連繫、分析與決策技能。

隨著金融相關工作益趨複雜，在上世紀中期主導金融業的中級技能中產階級人員也日益受到排擠，而擁有超高技能的菁英人士則挾著金融創新的優勢進入金融生產的行列。在整個金融業界，文書員與行政人員的工作時數比率已由一九七〇年的百分之六十左右在二〇〇五年降至百分之三十，但是管理與專業人員的工作時數比率則由一九七〇年的百分之二十五增至二〇〇五年的百分之四十五。此外，金融業員工與其他人員間教育程度的差距自一九八〇年以來擴大了八倍。

在轉型的過程中，金融業就業人口中成長最快速的是來自附屬於菁英的群體：例如電腦與數學方面的專業人員比率在一九七〇到二〇〇五年間成長了六倍，而證券與資產交易人員的比率在同期間更是成長三十倍。金融高級人員培訓之密集，專業技能水準之高，令人咋舌。最為頂尖的菁英金融業者，所付的薪水也最高，而他們的人員全都是來自最具競爭性與菁英專屬的地方——大學。

的確，銀行業如今在招收新人時都會標榜自己是超級菁英薈萃的地方，而宣稱「我們只僱用超級巨星，」與「我們只僱用五所大學的學生，」或者是告訴招收進來的新人，他們是「莊稼上的奶油（The cream of the crop，意指最優秀的人才）。」菁英大學的畢業生對於金融業求才若渴的誠意也是反應熱烈：哈佛、普林斯頓與耶魯的畢業班學生如今有一半左右都會到華爾街業者或相關機構進行面試，可能有三分之一的畢業生都會進入金融業。哈佛商學院一九四一年的畢業生只有百分之一．三從事金融相關工作，然而現今此一比率已達到百分之三十（超過其他所有的業別）。

此一轉變帶動金融業的進一步成長，同時也反饋到從業人員的所得上。在上世紀中期，金融業就是一般經濟的寫照——一般的技能、一般的生產力，以及一般的薪資——藉由增加人手來從事既有的工作而緩慢成長。自一九七〇年代開始，金融業在GDP的占比快速擴張，但是新技術，加上從業人員專業技能水準的提高，使得生產力大幅提升，反而讓該業界僱用人數維持穩定甚至有所減少。[3]人力減少，生產力卻告提高，自然也促使薪資所得水漲船高。今天，金融業從業人員無論是在教育程度還是薪資待遇上，都高於其他民間產業。（請參考圖七，頁四三一）的確如此，他們的待遇甚至高於其他業別的菁英人士。哈佛商學院畢業生若是進入金融業，他第一年的薪資就會高於其他任何業別（大約三分之一左右）。與此同時，金融業待遇成長潛力驚人——頂尖的對沖基金經理人一年可以賺上數十億美元。

金融業的轉變可以由房貸抵押貸款業務的演進明顯看出，金融生產已從經濟學人當初所描述的一般中級技能事業，轉型成比其他任何業別更能體現超高技能工作階層的產業。

管理

繼金融業之後，企業管理也踏上轉型之路。上世紀中期的管理普遍存在於各個階層，如今卻已成為菁英階層專屬的事務：過去由各階層普遍分享的管理工作與報償，現在則是集中在少數的菁英身上。新科技改變了美國企業的經營方式，將上世紀中期廣大的中產階級組織人變成許多從事晦暗工作的次等勞工和少數從事光鮮工作的高級主管。

經理人的工作是在相對晚期才出現在美國的勞動力中。在美國肇始之初，勞工與企業間的關係非常短暫，根本不需要管理，直到一九〇〇年代初期，美國工業勞工的人員流動率每年還在百分之百。

例如十九世紀的鋼鐵工人，都是以承包人或轉包承攬人的身分從事生產，他們的待遇是以生產的鋼鐵噸數來計算，煤礦工人則是與礦場主人就每塊岩石分別簽定採礦合約。即使是從事製造業的企業也不需要多少管理的工作。杜蘭特——多特馬車公司（Durant-Dort Carriage Company，可能是最暢銷的馬車公司，在十九世紀末期轉型製造汽車，是別克、雪佛蘭與通用汽車的前身）

其實本身並不製造馬車，僱用的人員也不多。該公司在早期大部分的時間都是委託別人製造，然後由其進行銷售。

在十九世紀大部分的時間裡，美國經濟其實都用不上經理人。儘管機械技術的發展與生產規模擴大形成產業，但是生產工作的組織架構仍屬傳統的工坊模式。個人自僱式的勞工都不願從事大量生產的工作，他們都是靠著合約進行特定數量的生產，而不願出售自己的勞動力成為受僱於人的員工。至於十九世紀的主管在意義上也不是真正的經理人，而是企業老闆——有些類似今天的風險資本家——他們的工作焦點是財務而非管理、監督勞工或是品質管控。沒有可供協調與指揮的員工，他們根本就談不上管理或是經理人。

現代科技是十九世紀企業為何沒有經理人的主因。當年主導經濟生活的產品與服務都相對簡單，很容易在合約上說明與定價。同時，管理協調的核心科技——如電話、直立式檔案櫃、現代辦公區（通常是摩天大樓），當然，還有電腦等辦公室設備——都還沒發明出來。

這樣的情況在一八五〇到一九五〇年間出現劇烈變化，環環相扣的科技創新帶動經濟生活的改革，從而將管理帶進美國的企業之中。待改革塵埃落定，管理的工作也充斥於各企業之間，使得每一位員工就功能而言都成為經理人。上世紀中期的經濟發展有很大一部分就是拜這種管理普及化的模式所賜。這種管理機能擴散到整個勞動力的模式（包括普遍認為不是管理，而是「勞動」的工作），也造就了上世紀中期廣大的中產階級。

就一方面來看，製造技術益趨複雜與生產規模日益擴大，使得藉由合約來進行協調的成本大增，從而也創造了對管理工作的需求。例如隨著縫紉機趨於複雜，勝家縫紉機公司（Singer Sewing Machines）也警覺自己已無法確保推出的產品品質穩定與零件規格的統一。該公司於是開始自行生產，並在內部統一製造零件，這樣一來，該公司也發現需要建立管理階層來監督與協調內部的生產，以確保品質的穩定與零件的統一化。此一模式在工業革命時期普遍受到企業採用，而費德瑞克・溫斯洛・泰勒（Frederick Winslow Taylor）就此指出，產品的複雜化與大量生產「為工業公司的管理增添了沉重的新負擔」。

在另一方面，管理科技的創新增加了管理協調的供應，能夠直接指揮眾多員工，而且在細節上遠非過去所能相比。公司組織的革新帶動這些科技的運用。於是，中階經理人大軍開始協調長期員工的生產作業，他們受過公司內部的培訓，擁有公司特有作業程序的專門技能，而在終身僱用與內部升遷機會廣泛的情況下，他們也願意為單一員工提供特別的培訓。

即使成立宗旨是為保護勞工終身僱用權益的工會——在上世紀中期的巔峰時期，美國民間產業勞工有三分之一都是工會會員——都會接受某種形式的管理協調（或是美國最高法院於一九六○年所謂的「工業自治」）。工會領袖本身就是具有不同功能的中間經理人。工會下的生產線勞工透過終身僱用與內部培訓，也轉型為最基層的經理人。就組織架構而言，終身僱用的生產勞工——例如聖克萊爾湖畔兼做製模工的保齡球小弟——也被賦予開發與管理自身人力資本的責任，從而將其對公司的長期價值最大化。

這樣的發展造就了美國企業以員工為基礎的管理階層架構，此一模式隨著二十世紀中期中產階級的大爆發而達到頂峰。當時，公司的每一位員工，從生產人員到執行長都是管理架構下的一分子，而公司的每一項工作性質其實都十分相近。能夠獨立協調生產作業的中階經理人，不僅要承擔相關的職責，同時還要擔負經營公司以獲取所得的責任（強勢的工會甚至會將生產線的勞工組織成公司的管理基層，代替控制中心）。至於在最上層的經理人則是放棄此一部分的所得以交換他們身為休閒階級所應有的舒適安逸的生活。

杜蘭特——多特馬車公司後來成為通用汽車公司，其龐大的生產規模與眾多的中產階級勞動力使執行長查理．厄文．威爾遜（Charles Erwin Wilson，他本人就是從公司基層幹起，一路自管理階梯登上頂端）在一九五三年宣稱「凡對國家有利的，對通用汽車也有利，反之亦然。」美國集裝箱公司（The Container Corporation）甚至以藝術的形式來彰顯此一概念，委託一批主要的當代藝術家以「美國西部的偉大創意（Great Ideas of Western-America）」為主題製作原版海報。湯姆．沃爾夫（Tom Wolfe）還特別為此寫了一篇短文：「這一系列廣告所傳達的訊息是『我們真正做的並不是我們實際做的東西（例如錫罐頭），我們製造的是尊嚴。』」管理的概念在企業界已十分普遍，對公司內的地位與所得形成壓縮。相對於其他任何部門，廣大的中產階級主要就是靠這樣的管理模式建立起來的。

在上世紀中期尾聲，科技巨輪再度轉動，在一九七〇年代末，尤其是一九八〇年代初，揭開了美國管理第三紀元的序幕。在這新紀元中，企業回到了十九世紀的經營模式，然而所運用的卻是二十一世紀的新科技。今天，在評量、監控、通訊與數據分析等管理新科技的發展下，高階經理人擁有無與倫比與前所未有強大的監督與指揮權力。

如今，即使是最大的公司，菁英高階主管坐在總部的辦公室內，幾乎可以同步掌握公司每一個部門的作業情況，而且鉅細靡遺，甚至包括個別員工的情況。例如優步（Uber）的演算法可以讓其只僱用相對少數的高階經理人（儘管優步市值已達五百億美元，但是只僱用了一萬六千名員工）來直接協調數以萬計的駕駛，而這些駕駛從來就不會與中間管理階層見面。今天沃爾瑪（Walmart）的主管可以知道遠在阿布奎基（Albuquerque）郊區分店的網球罐庫存有多少與前週賣了多少罐。今天亞馬遜的管理階層也能夠知道賓州柏英村（Breinigsville）的出貨中心在前六個月每週出貨了多少玩具音樂盒。奇異（GE）的老闆現在也可以隨時調閱每條裝配線的生產力報告。

此外，菁英主管不僅能夠監控，而且還能指揮線上員工，往往可以深入到他們工作最細節的部分。亞馬遜的倉管——從上而下規定線上員工的每一個動作與步驟——就是一個最鮮明的例子。

這些創新除去了中級技能工作的管理職能，剝奪了中產階級勞工過去承擔管理職責所享有的地位與所得。企業不再需要中間管理階層充當上層領導與生產員工間在策略執行上的調解人。過去需要所有勞工承擔若干管理職責的生產程序，如今被分割成碎片而成為機械式的操作，勞工原有的管理職責遭到撤消，一切的協調工作都是來自上級。

隨著中間管理機能喪失必要性，企業的階級架構中也不再需要中間管理階層。自一九八〇年代開始，一波前所未見的企業組織再造熱潮席捲美國產業。在一九八〇年代中期以前，在美國幾乎找不到進行精簡瘦身的企業，一些大型企業甚至採行「絕不裁員」的政策。但是現在的企業卻是在積極消除企業獵人卡爾．伊坎（Carl Icahn）口中所謂「不適任」與「近親繁殖」的中階經理人，因為這是「官僚體系下疊床架屋，層層上報的官僚階級。」

這波淘汰浪潮聲勢浩大：例如美國電話電報公司（AT&T）重組旗下一個單位，目標是經理人與非經理人的員工比率由一比五降至一比三十。在一九八〇年代與一九九〇年代的企業改造風潮中，中階經理人削減的規模比率是非經理人員的兩倍。影響所及，年齡在四十五到六十四歲、年資在十五年以上的中間經理人階層全面崩盤（在一九八七到二〇〇六年的二十年間，在經理人中所占比率縮減近四分之一）。此一過程直至今日，仍未停歇。

這波精簡瘦身熱潮的出發點在於企業的組織改造，而不是出於經濟的打擊：不論是享有獲利還是沒有獲利的企業，不論是在經濟熱絡還是衰退的時期，此一熱潮勢不可擋，並在一九九〇年代經濟火熱之際達到頂峰。這波規模浩大、有意識的中階經理人大清洗，主要是因為新的管理科技使得此一階級的人員供過於求——坦白說，就是冗員。

在此同時，美國企業也剝奪了生產員工僅剩的管理功能。隨著工會式微——隸屬於工會的民間產業勞工比率今天已由一九六〇年的三分之一降至十六分之一以下——終身僱用制，甚至全職工作已被短期與臨時工作所取代。物流業者優比速（United Parcel Service）長久以來以拒絕僱用臨時勞工，強調內部升遷制度聞名，然而在一九九三年也逐步轉向臨時勞工。該公司此一政策在一九九七年引發大罷工，全國卡車司機工會（Teamsters Union）打著「臨時工的美國不會成功」的旗號發動示威抗議。儘管如此，優比速自一九九三年以來已僱用逾五十萬名臨時工，其中只有一萬三千人獲得公司內部的擢升。在上世紀中期，工會勞工都是設法尋求在公司內部的發展。然而在今天，短期勞工與臨時工都是透過相對嚴苛的合約僱用，因此在公司內部也無發展可言，完全是出售自己的技能或是特定的產出。

因為如此，往往會出現這樣的情況，由於企業精簡而遭到裁撤的員工轉而成為公司的承包商，也就是說公司以外包合約取代內部的管理作為協調的方式。例如IBM在一九九〇年代大裁員之後，在被裁的員工之中，每五位就有一位以外包顧問的身分重返公司。

還有一些公司從一開始就是採外包合約的經營模式。優步付給其司機的報酬並不是依據他們的努力或時間，而是他們所完成的每趟出車任務。成衣零售業者班尼頓（United Colors of Benetton）僅有一千五百名員工，然而其承包商則僱有兩萬五千人。有許多酒莊其實本身並沒有員工，而是將葡萄的種植與收成、釀酒、裝瓶與分銷都分包給其他相關業者。福斯汽車

（Volkswagen）最近建了一座車廠，然而內部工作人員都不是公司僱用的，而是承包商的人員。

在相對極端的案例中，新科技消除了雇員與承包商間的界線，因此在名義上是受僱提供他們勞動的雇員，實際上是出售他們的產出。亞馬遜的物流科技就是這樣的情況。該公司以演算法優化模式（稱為「混沌式倉儲」，因為在一般人眼中根本就是隨機模式）來安排倉庫裡的貨物。同時，一套精準的行動映像系統（利用追蹤設備與感應器）能夠指揮員工如何自貨架上取下貨品與裝箱。透過這樣的方式，亞馬遜取代了傳統從事倉儲管理，在高度集中管理制度下工作的中階員工，而將生產過程分割成各個部分，然後以實際上分別購買的形式進行管理。亞馬遜積極尋求運用科技來完全取代人為的倉諸管理，而在最近以近十億美元的價格買下機械人公司基法系統（Kiva Systems）。此外，中國的京東（已和谷歌建立策略結盟關係）在上海附近建了一座倉庫，運用數百具機械人每天包裝與出貨約十萬個包裹，只有四名員工負責管理。

當然，管理的機能並未消失，而是取走生產員工與中階經理人的管理職責，交給一小批菁英主管，他們與生產線上員工的區別主要是在於兩者間的不同，而不僅是在教育程度上。將管理職權集中的新科技——不僅是監視組織與收集數據的資訊系統，同時還有用以解析數據的創意與分析架構——都極為複雜。因此，只有受過高度培訓的經理人才會運用這些科技來指揮與協調生產作業，無須依賴上世紀中期那些疊床架屋的中間管理階層。

這批新崛起的管理菁英都受過高等教育。上世紀中期的企業主管可能是自公司內部的升遷階梯一路爬上高位（例如艾德．倫西），而不是依賴大學教育。但是今天的高階經理人（如麥當勞現任執行長）都擁有菁英背景，而且大都擁有企管碩士或是類似的研究所學位。此外，今天當高階主管需要管理上的協助時，他們並不會找中階經理人，而是管理顧問——承包企業管理的外部顧問，而這些管理的工作原本都是屬於企業內部的事務。這些顧問也都受過高等教育，是超級菁英的一分子：頂尖的顧問業者麥肯錫公司（McKinsey & Company）就誇耀其「如同大學的能力」，並且標榜其特有的研究能夠讓公司「只要按下一個按鈕，就能掌握未來十年尿布大暢銷的全球五十大城市。」

最後，科技的發展不僅將管理的權力集中在一小批菁英主管的手中，同時也讓這批菁英的經濟價值水漲船高。隨著高級主管壟斷了管理的職權，公司內部的協調作業也越來越依賴他們，他們因而占據了所有管理的經濟報酬。在上世紀中期由公司所有中級管理階層分享的收入流，如今卻是完全集中流入菁英主管的手中。企業執行長與其他高階經理人——包括麥當勞的——的地位與所得今天都是與金融業的並列在菁英體制不均的神殿之上。

近幾年來，在一般的情況下，美國企業最高薪的執行長一年可以賺得近一億美元，美國年薪最高的兩百位企業執行長一年所得中間值是兩千萬美元。今天，大型企業執行長的薪資是工作所得中位數的三百倍，而執行長對勞工所得比率自一九六五年來已擴大近五十倍。同時，在最高領導階層之下相對廣泛的菁英管理階層，也享有優渥的待遇：標普一千五百大企業各家薪資所得在前五位的主管——總共有七千五百人，他們的收入總和相當於這一千五百家企業獲利總額的百分之十。

就此而言，這波削減中級管理階層的企業改造行動，不僅是單純地改善了美國企業的經營、推動管理的整頓與精簡組織；它同時也將公司組織架構重組，置入一套全新的階層，將美國企業管理變成一句成語所形容的樣子：腦滿腸肥，刻薄寡恩。

美國管理的第三紀元，就某種重大的意義而言，返回了肇始時工匠作坊的模式。在這樣的模式下，生產人員與經理人都了解將他們連繫在一起的並非某一特定的雇主，而是在於技能與工作。與此同時，經過改良的同業公會——植基於主導菁英教育與培訓的學校與大學——為相關人員的工作提供相對應的技能，並由此決定其地位與收入。

管理，是上世紀中期帶動廣大中產階級興起的中心角色，如今卻掏空了中產階級。許多中產階級，甚至不是雇員，都往往落到只能從事底層的晦暗工作，反觀在頂端的高層，一小批菁英主管透過精簡的組織架構發號司令，從事新科技帶給他們的光鮮工作。

中間階層的空洞化

金融與管理並不是唯二受此一工作新趨勢影響的產業。其他經濟產業的中級技能工作也一樣遭到淘汰，使得勞動力兩極化。

例如上世紀中期的零售業仍是以獨立的小型商店為主。在一九六七年，全美零售額有百分之六十・二是來自僅擁有單一商店的零售業者（大型連鎖售業者的貢獻只有百分之十八・六）。這些店家僱用的都是中級技能員工。紐約時報在一九六二年的一則報導就指出，「小型獨立商店店主、銷售人員與顧客都呈倍數成長，店主的銷售生產力頗高。」該報導並且指出，其他型式的商店根本難以匹敵：「大型零售商由於人員素質低落因此在銷售上都面臨阻礙。」

今天，零售業則是由一些耳熟能詳的大型連鎖業所掌控：例如達樂（Dollar General）、家庭一元（Family Dollar）、沃爾格林（Walgreens）、CVS、7-Eleven、克羅格（Kroger），當然，還有沃爾瑪與亞馬遜。這些大型連鎖零售業者運用科技來進行銷售，從而淘汰中級技能的員工，並且以晦暗與光鮮的工作來取代。如今零售業基層的員工所從事的只是一些低層次的工作：貨架員、結帳作業員、門警，甚至只是接待人員（例如沃爾瑪），或是機械化倉庫的勞工（例如亞馬遜）。他們的待遇低落：根據一項估計，沃爾瑪（現今是全美最大企業雇主）的員工薪資中間值僅是一萬七千五百美元，另一項估計則是一萬九千一百七十七美元。如此低薪使得該公司有些員工所得降至貧窮線[4]以下，必須仰賴公共救濟，諷刺的是還包括沃爾瑪假日食物捐贈活動的接濟。例如沃爾瑪在奧克拉荷馬州的一家商店就在募捐食品罐頭的箱子標示「讓我們成功／踴躍捐輸」。在此同時，沃爾瑪執行長二〇一七年的薪資是該公司中級員工的一千一百一十八倍。

零售業的高級人員運用新科技將與銷售有關的所有事務集中化——包括由矽谷貝深科技（Percolata）[5]等業者提供的顧客行為大數據分析、擬訂與執行價格優化計畫，在消費者注意的地方實施折扣，而在他們疏忽的地方提高價格，以及使用品牌化技術讓消費者無需工作人員的幫忙就能辨識商品。這批開發與運用新科技的高級人員，無庸置疑一定是經過高等教育與培訓，擁有超高技能的菁英。亞馬遜創辦人暨執行長貝佐斯是當代最有錢的人，他自普林斯頓畢業時是該校最優等生與斐陶斐學會的成員，而亞馬遜早期還曾招收在牛津就讀的美國羅德獎學金學者。

中級技能的文書工作——例如電話接線生、打字員與文字處理員、旅行代辦人員與會計——現在都已消失，[6]這些工作不是由菁英人士以電腦來取代，就是外包給底層的資料輸入人員。律師事務所過去十五年來已裁掉十萬個以上，學歷在大學二年以下的助理工作，同時增加了相同數量具備法律博士與學士資格的工作。此外，電腦輔助設計程式取代了中級技能的繪圖員，讓具備超高技能的建築師與工程師可以運用新科技來製作更為複雜與具有創意的設計。

沒有任何一個產業能夠倖免於此一浪潮。即使是在藝術與娛樂產業，新科技也創造了少數幾位「超級巨星」來捕捉全球觀眾的眼球，並由他們取代技藝相對較低，在巡迴旅程範圍內娛樂當地觀眾的表演者。二〇一七年，碧昂絲（Beyoncé）、勒布朗．詹姆斯（LeBron James）與J．K．羅琳（J.K. Rowling）分別賺進近一億美元。此一數字也許是他們在上世紀中期同行的一百倍左右，也差不多是後備歌手、美國國家籃球協會（NBA）發展聯盟球員與電視編劇今天所賺的一千倍——這些人都具備相關技能，然而卻都不是他們這一行的頂尖高手。

最後，當然，科技也改變了製造業。一般而言，大家都是強調科技摧毀了幫助建立上世紀中期中產階級的傳統製造技術，而且不只是在聖克萊爾湖畔小鎮，而是遍及全國。在上世紀中期是美國最大企業雇主的通用汽車，每年付給工會員工六萬美元，再加上一些福利。然而今天的美國汽車工業則是每萬名員工就有一千兩百具機械人，而且以機械人進行生產的趨勢正在加快腳步之中。[7]（事實上，機械人在歐洲與亞洲製造業中所扮演的角色更為吃重。）總括而言，美國自一九七〇年代以來總共已喪失近八百萬個製造業工作。[8]如果要讓美國今天的製造業勞工占勞動力比率恢復到一九六〇年代中期的水準，美國經濟可能還需要兩千五百萬個製造業工作。

在此同時，還有一項較不為人所知的情形，即新科技為製造業造就了一批從事光鮮工作的超高技能人員，他們設計、規劃與管理自動化生產作業。儘管美國製造業就業人口在一九九二到二〇一二年間大約減少了三分之一，不過同期擁有大學學歷的製造業就業人口增加了百分之二．四，擁有碩士資格的更是增加了百分之四十四。

相較於所取代的中級技能人員，這些超高技能人員的生產力更高——而且是多得多。他們的生產力之高，即使在製造業就業人口減少之際，依然能夠幫助製造業在實質國內生產毛額的比率維持穩定。他們的待遇也相對較好：在二〇〇七到二〇一二年間，製造業勞工的平均所得增加了百分之十五以上。有一些相對極端的例子，中級技能工作轉向光鮮工作的情況甚至可與金融業相比。柯達（Kodak）在其最風光的時候僱用多達十四萬名員工來製造相機與底片，該公司的創辦人喬治．伊士曼（George Eastman）更以擁護上世紀中期中產階級的工作模式聞名，為員工提供終身僱用、內部培訓與升遷的機會。但是今天該公司已被如 Instagram 等數位科技公司所取代。Instagram 在以十億美元出售給臉書時，總共也只僱用十三位擁有超高技能的員工。不用說，這十三人現在都非常富有。

這些所有的例子（還有其他許多沒有提到的）一再重複一個基本的故事，全都是環繞一個主題。主掌上世紀中期職場的民主化體制如今已被菁英體制下形成的不均所擊敗。科技創新浪潮淘汰了過去掌握生產的廣大中級技能中產階級的工作，並以晦暗與光鮮的工作組合取而代之。

製造業是上世紀中期與中產階級關係最密切的產業，然而其就業人口無論是在數量上還是比率上都告大幅減少。相較之下，與該產業最為密切的上下游產業——一端是零售，另一端是金融——則是快速擴張。同時，每個產業的工作都呈兩極化發展：中級技能的信貸員被底層的合約人員與高層主管所取代；中級技能的獨立零售商被大型連鎖零售業者僱用的底層結帳員與開發電子商務軟體的高級人員所取代；中級技能的工具與製模工則是被機械人與高級工程師所取代。

統計資料也在在顯示勞動市場中間階層的空洞化。（請參考圖八，頁四三二）在自一九八〇年代初期開始的三十五年間，與中級技能相關的工作比率持續加速下降，在一九八〇年代下降約百分之五，一九九〇年代下降約百分之七，二〇〇〇年以後的降幅則達到百分之十五左右。在同期間與超高技能相關工作比率則是以每十年百分之十左右的速度穩定上升，而低技能的工作比率也告增加，主要是在二〇〇〇年以後。

總體而言，自一九八〇年以來，美國經濟的中級技能工作減少了四分之一，高技能工作則是增加逾三分之一，而技術與專業人員占總體勞動力的比率已自一九五〇年以來成長一倍，在今天已達百分之二十的水準。與此同時，根據對各州的調查顯示，上層階級的興旺與中產階級沒落的情況是同步出現——意味高所得的上揚（以所得最高的百分之一計算）造成中產階級所得的下降。此外，此一趨勢並不僅限於美國，菁英體制不均破壞工作民主化的情形遍及全球富裕社會。[9]

隨著時間演進，這些趨勢也越來越強。在進入新千禧年後的第一個十年，低薪與高薪的就業人口都持續增加，唯獨中等薪資的就業人口卻是持續減少。這樣的模式也出現在經濟大衰退與之後的復甦之中：在衰退期損失的中產階級工作是復甦期回復數量的三倍，但底層與高層工作回復的數量則是超過損失的部分。此外，美國勞工計局預測，在接下來的十年間，萎縮最快速的將是中級技能的工作，而成長最快速的十個工作類別都是屬於低技能與超高技能的。麥肯錫顧問公司的研究機構麥肯錫全球研究所（The McKinsey Global Institute）認為此一變化還會更劇烈，預測美國有近三分之一的勞動力，而且全都是中級技能的工作，在二〇三〇年前會被自動化所取代。

這些發展的總和可不是小小的漣漪，而是滔天巨浪——甚至是排山倒海。坦白說，勞動市場已拋棄了上世紀中期勞動力民主化的核心價值，從而也徹底改變了工作的本質。

上世紀中期美國的形象是主宰美國經濟與社會的廣大中產階級，然而現今卻是富人與其他人間不斷擴大的差距。在上世紀中期，工作將美國人民結合在一共享與民主化的環境之下。通用汽車中產階級的工會員工就是美國勞動市場的體現。今天，工作卻造成美國人民的分裂，體現美國勞動市場的是沃爾瑪的接待員與高盛的銀行家。

書中自有黃金屋

主導上世紀中期的民主化職場符合中產階級的習性。眾多的中級技能工作與相關的培訓機會將各階層的勞工與技能結合在一起。當聖克萊爾湖畔的保齡球館小弟進入終身僱用制度——擁有中產階級的薪資水準與在內部培訓與升遷的機會——經過精心規劃，具有高度競爭性的菁英教育似乎並沒有必要性。

但是如今主宰經濟的是菁英體制下的職場，這套模式完全符合美國菁英階層的習性。今天勞動市場中間階層的空洞化將各類勞工區隔開來，尤其是將超高技能的勞工與其他人完全隔離。富有家庭大量投資於菁英教育（大學文憑已取代職場中的在職培訓），為他們的子女提供未來從事高級工作所需技能的培訓，讓他們以後能夠居於菁英體制不均下占有優勢的一方。

菁英教育成功了。富有家庭對子女人力資本的投資帶來豐碩的報酬。來自所得在最高的五分之一家庭的子女，相較於最貧窮五分之一家庭的子女，有七倍的機會成年後所得分配是在最高的四分之一階層，有九倍的機會躋身於財富分配高的四分之一階層，而且有十二倍的機會在教育資源分配上居於最高的四分之一階層。

教育已成為職場最偏愛的分級機制，而學校教育的經濟報酬，尤其是最頂尖的學校，非常豐碩。教育幾乎已成為勞動市場兩極化下低層與高層工作階級間最完美的區分標準，以所得等級來畫分勞動階層，不必擔憂會有任何重疊。在這樣的分類下，高等教育與光鮮的工作相互結合，菁英體制的不均使得菁英學生與超高級技能的工作者結為一體。

此一分類具有高度的完整性。（請參考圖九，頁四三三）大學畢業生平均一生所賺的錢會比沒有高中學歷的勞工高出百分之九十三，比僅有高中學歷的勞工則是高出百分之八十六；專業學院畢業生一生所得會比沒有高中學歷的高出近百分之九十九，比僅有高中學歷的高出百分之九十八，而且也比僅有學士學位的高出百分之八十三。這也意味來自教育資源分配下半部的勞工，每五人僅有一人一生所得會超過來自頂部十分之一階層的人。

以絕對數字來看，差距更為驚人。僅有高中學歷的男性勞工一生可能可以賺得一百五十萬美元，男性大學畢業生一生可以賺得約兩百六十萬美元，而擁有專業學位的男性一生則可以賺得超過四百萬美元。就女性而言，相對應的數額分別是一百一十萬美元、一百九十萬美元與三百萬美元以上。相較於美國過去與其他富有國家的現況，這些數字都大得驚人。現今的大學所得溢價可能是一九八〇年的兩倍，而學士學位的折現值，也就是學費淨值，現今的水準可能是一九六五年的三倍。（大學教育的經濟報酬率——估計是一年百分之十三到百分之十四——是股市長期報酬率的兩倍。）美國的大學溢價是英國與法國的一倍半，是瑞典的三倍。[10]

就教育的級別與測試成績來看，上層與中產階級間一生所得的差距遠大於中產與底層間的差距。若是再細分菁英教育的等級，可以看出差距更大。排名在中等大學的學士一生所得可能比排名在低層大學的高出百分之十到百分之四十，前者學費報酬率也可能是後者的兩倍。[11]頂尖菁英大學的學士所創造的所得更高，是一般學士平均所得的兩倍，而最高所得更是一般學士最高所得的三倍。（畢業於哈佛大學，進入社會六年後薪資所得在最高百分之十階層的人，平均薪資是二十五萬美元。）另一項調查的結果更為驚人，美國有近百分之五十的企業領導人、百分之六十的金融業領導人，以及百分之五十的政府高層官員，他們所就讀的大學都集中在僅僅十二所而已。

研究生，尤其是專業學位的經濟報酬率更高。在一九六三年，研究生的所得溢價與學士相比，差距根本就是零。然而時至今日，研究生，儘管僅是一般的，經濟報酬率也有百分之三十。畢業於菁英大學的研究生或是專業學位的所得溢價還要更上層樓。位居所得分配第七十五百分位的專業學院畢業生一生所得大約在六百五十萬美元，是高中畢業生的五倍左右。同樣的，來自最頂尖的菁英專業學院的畢業生，創造的所得也更高。

我們之前所談到有關律師優渥的所得——主要合夥人數以百萬美元計的收入與高級助理數以

十萬美元計的所得——主要是集中在頂尖的律師事務所，而在其中工作的人都是來自菁英學校的畢業生。來自全美十大法學院的畢業生第一年薪資中間值是二十萬美元；一項針對哈佛法學院已畢業十年的校友（也就是說他們都是年紀坐三望四的人）所做調查顯示，他們的年薪中間值是四十萬美元；在獲利最豐的律師事務所（每年賺進五百萬美元以上），有百分之九十六的合夥人都是來自全美前十大法學院。總體而言，美國前十大法學院畢業生所賺得的收入比排名十一到二十名法學院的畢業生高出四分之一，比排名二十一到一百名的則是高出一半。這樣的收入水準使得從事法律專業的人都大為滿意。此一所得水準也將進入法學院就讀的內部報酬率提升到百分之十五至百分之三十，端視學生所獲得的學費補助有多少。

在商學院方面，五大商學院的畢業生在進入社會四年後的平均年薪是二十一萬五千美元，其中最高所得甚至超過一百萬美元，是排名五十名商學院畢業生所得的兩倍到三倍。頂尖商學院畢業生所從事的工作足以解釋他們的高所得。在哈佛商學院——一九四一年畢業班從事金融業的人只有百分之一．三——二〇一六年畢業班有百分之二十八的人進入華爾街工作，還有百分之二十五的人加入顧問公司。和法律專業一樣，畢業於頂尖商學院的企管碩士幾乎馬上就可以得到回報：前五大商學院畢業生五年期所得增加的部分——所增加的薪水在扣除學雜費與在學生時期的捨棄所得——現在超過七萬五千美元。

這些數字足以顯示菁英體制不均下超高工作階層的範圍有多狹隘——真正光鮮的工作就只有

這麼一些。一般的大學學歷——可以讓人躋身於美國教育程度最高的三分之一階層——也可以使他們避免落入兩極化勞動市場的底層，但是卻不足以推升他們進入頂層（在收入增加集中在所得最高的百分之五、百分之一或前百分之一的十分之一階層之際，這些人的收入也難以達到頂層）。凱業必達網站（CareerBuilder.com）的執行長就表示，「學士資格可以讓你進入門內——具有大學學歷的人大都不會失業，但是並不足以讓你的薪資達到你所預期的水準。」也許可以這麼說，一般的學士已被不斷進步的科技所超越，就像之前的科技發展取代了教育程度相對較低的人一樣，包括當初賦予學士價值的科技。

由此觀之，與其說一般的學士資格拿到了進入菁英階層的入場券，是勞動市場兩極化的體現，不如說是上世紀中期工作民主化的勞動市場兩極化後所遺留下來的東西。

閒置，但在休閒階級之外

一八八三年，保羅．法拉格（Paul Lafargue，馬克思的女婿）寫了一篇文章主張「懶惰的權利（The Right to be Lazy）」。在二十世紀的第一個十年，緊隨勞工爭取一週工作四十小時獲勝之後，一些工會開始要求進一步減少工作時間。一時之間，呼籲一週工作三十小時的聲浪大起，[12] 其中若干較為激進的工會更是主張大幅減少工作時間（世界產業工人工會（Industrial Workers of the

World）將「一週工作四天，一天工作四小時」的訴求印在T恤上廣為宣傳。〕一些社會賢達人士於是根據這些訴求提出建議。約翰．梅納德．凱因斯（John Maynard Keynes）在一九三〇年的文章中預測科技術創新將大幅或是溫和減輕勞工的工作時間與負擔，並且認為可能在本世紀就會達到一週僅要工作三十小時的境界。

凱因斯與其他人希望這些發展能夠引領社會進入類似烏托邦的世界——一個人人都能擁有在現實世界中只有休閒階級才能享有的新世界。在他們的時代，這些希望再自然不過。當時的工作辛苦沉悶，休閒是社會地位與尊嚴的表徵。在這樣的情況下，依靠工業化與機械力量來解除勞工階級沉重的枷鎖，自然成為一些理想家的夢想。

如今他們大部分的預測都已實現，但是結果卻並非是烏托邦，反而更具毀滅性。

科技創新確實減輕了勞動與中產階級的負擔，童年與退休生活在其一生時光中的比率較以前增加，而勞動的參與則是集中在主要工作年齡的成人。工作本身所需要的時間也有所減少，至少是在菁英階層之外。一九〇〇年一週工作六十小時以上的生活在今天根本不曾聽過，相較於上世紀中期，中產階級一週工作四十小時的生活在今天也是相當罕見。同時，低技能，甚至中級技能的勞工現在的工作也遠不及過去辛苦與危險。總體而言，在經濟分配三分之二底部的階層現今所付出的勞動力比過去減輕許多，工作條件也沒有過去那麼惡劣，甚至還能擁有過去無法想像的物質享受。這些發展或許未達到凱因斯與其他人所預期的境界，不過確實是朝烏托邦的方向前進。

然而儘管如此，烏托邦仍是遙不可及，那是因為凱因斯與其他人對價值的預測——未來對榮譽的衡量標準——幾乎完全錯誤。

烏托邦論者都相信（以凱因斯為最）工作時間減少不僅能帶動繁榮，同時也能讓休閒時光廣為分享——在當時的貴族體制上，社會對休閒的理解就是賦予一個人榮譽與社會地位的價值標準。換句話說，他們相信科技能讓一般大眾獲得他們那個時代只有菁英階層才能享受到的生活。根據此一觀點，一般大眾所減輕的不僅是與工作相關的負擔，同時還包括伴隨而來的社會障礙與地位低落的壓力。科技革命不僅帶來好處，而且是雨露均霑。就算尚未達到經濟充分均等境界，新秩序也會化解社會中所有人階級與地位的界線。休閒的擴散——再次說明休閒指的不僅是不需勞動的活動，同時也是具有彰顯地位與榮譽意義的消遣活動——也成為達成經濟平均的保證與標準。這才是烏托邦的意義所在。

然而邁向全面享有休閒的烏托邦之路出師不利。科技創新不僅改變了人們如何使用時間的方法，同時也對社會重新定義。科技革命導致工作集中在菁英階層的生產上，同時也融合勞動與休閒，從而使得勤奮與利用結為一體。

可是儘管廣大的勞工自辛勞沉悶的工作解放，他們同時卻也被（相同的機制）排除在勤奮之外。兩極化的勞動市場讓中產階級沒有足夠——根本就是欠缺——的事情可做。這種強迫性的閒置——不僅是失業，同時也包括非自願性的半失業與撤出勞動市場——也意味菁英體制對中產階級造成的不均，無論是規模還是程度，都等同於上世紀中期因歧視女性而強迫閒置的情況。[13]

由於勤奮已成為榮譽的象徵，賦閒不再是代表休閒階級，反而是其反面——萎靡懶散與自甘墮落。即使中產階級最終找到工作，也都是相對晦暗的，成為地位低下，必須接受侵犯性監控的目標——他們根本無法自其中獲得如菁英階層所感受到的尊嚴與社會地位。亞馬遜的倉庫員工所有的動作都遭到監視與規範，該公司發明了一種腕帶，可以藉由員工的觸覺反應來了解他們是否在進行裝箱作業，還是在上廁所或是抓癢。優步的駕駛必須在訂單到達後的二十秒內接單，儘管還不知道訂單的目的地是在哪裡。

菁英體制下所造成的閒置，其所形成的社會效應與貴族體制下的辛勞並無二致（是休閒階層所形成社會效應的反面）：在崇尚休閒的貴族體制下，尊嚴的反面就是辛勞，而在今天崇尚勤奮的菁英體制下，閒置就是尊嚴的反面。晦暗的工作帶來晦暗的人生，菁英體制陷阱為中產階級造成的痛苦與怨恨，都是植基於菁英體制社經邏輯中的不均元素。

這說明了中產階級日趨沒落的命運與凱因斯等人所預期的蓬勃發展結果完全相反的原因——今日的美國人已深深體認「中產階級的閒置」是嚴重的社會問題，而不是快樂的特權普及化，它使得整個社會不是向樂園，而是向地獄前進。由此來看，儘管是科技的創新，如今所帶來的不是烏托邦，而是其反面。

菁英體制的不均在兩方面打擊中產階級，一方面是新的經濟現實剝奪了他們勤奮工作的機會，另一方面則是由此也剝奪了他們的尊嚴與榮譽。菁英體制的邏輯要義是強調競爭優勢，而把劣勢視為個人在技能或努力上的缺陷，並且以此評斷是否失敗的標準。這也解釋了為什麼社會充滿憤恨與鄙視的情緒：即使經濟擴張，民粹主義依然充斥政界，還有自我傷害的死亡（吸毒、用藥過量與自殺）導致總體死亡率即使在沒有瘟疫與戰爭的情況下仍然持續上升。這些劇變都是集中在不具大學學歷的中產階級身上——他們也正是菁英體制不均下被貶抑成冗員的一群。

晦暗的工作沉悶乏味。菁英體制把技能推上尊貴無比的地位——成為讓人神往迷戀的目標，充滿魔力，無法得到它的人自然感到沮喪與怨恨難平。

難以承受的勤奮

過去建立美國中產階級的工作條件——終身僱用、受到尊重的中級技能與按部就班的升遷制度——如今已不存在。信貸專員、股票經紀人、中級幹部、獨立商與專業技能的工匠現在都已消失殆盡。中間階層的空洞化造成「所得與工作時間的非線性關係，」同時也促使菁英與勤奮間的關係趨於普遍，於是形成「彈性的工作時間表代價高昂」的現象。影響所及，高強度的超高等工作的唯一替代品就是低等工作，任何反對光鮮工作的菁英最後只能屈就於晦暗的工作。一個「贏者全拿」的社會從此誕生，其中所得與地位高度結合。

在上世紀中期，以底層為重的所得逐步緩慢向上層攀升。在一九七〇年以前，從所得分配第五十百分位升至第七十五百分位，或是從第七十五百分位升至第九十九百分位，特別是從第九十九百分位升至第九十九．九百分位間的差距都很微小，讓美國中產階級至菁英階層都具有充分的安全感，因為從所得階梯降下一層並不會損失多少，而再上一層也不會增加多少。

然而自此之後，菁英體制不均下以上層為重的所得成長將階間的距離不斷擴大，而且越上層的差距越大。這使得要攀上高層的競爭益形激烈，從所得分配的第九十百分位至九十九百分位，或是從九十九百分位至九十九．九百分位（甚至是從第九十九．九百分位到九十九．九九百分位）間的差距，也因而大到天差地遠，是經濟停滯與暴富之間的區別，從而引發中產階級與現代貴族階層間的鬥爭。在菁英體制下，一位菁英擊敗一百位競爭者中的九十九位並不算成功，他必須擊敗已從一百位競爭者中打贏九十九位的百位競爭者中的九十九位，才算成功。然而這也使得最成功的菁英人士也最不具安全感。菁英有如身在不斷緊縮的籠子之中，壓力越來越大。

在工作如此兩極化的勞動市場，工作與休閒生活間的平衡根本不值一顧。要享有休閒生活，一個人就必須放棄其高級工作與隨之而來的所得與地位，退出菁英階層。同時，菁英教育龐大的成本也意味這樣的選擇會導致其後代也必須承受後果。一位擁有高級工作的菁英如果拒絕自我利用，將使他——與其子女——的生活全面崩潰。這種情況有如自斷崖直線墜落，使得當初選擇住在半山腰的人備感壓力，他們為了避免墜落谷底只好緊緊攀住峭壁。

菁英體制的生產機制使得菁英階層必須加倍勤奮，從而使得他們必須違反本意，更加努力與超時工作，因此陷入經濟學家所謂的老鼠賽跑的困局之中。划船比賽可以顯示這樣的情況。單人艇選手若是衝過終點線一定會熱烈慶祝，但是八人小艇若是抵達終點，選手都會直接翻船，藉以凸顯自己已是筋疲力盡。單人艇選手所展示的是范伯倫精神，即是他們並未發揮全力，可以說是在游刃有餘的情況下贏得比賽。反觀八人小艇——代表一般的裝置——卻是對每位選手為提升小艇速度所做出的貢獻視而不見，選手必須以筋疲力盡的姿態來顯示他們的努力，因為他們的生產力其實無法直接衡量。

從事相對複雜與高技能工作的菁英階層也面臨相同的問題。當個人對團體所貢獻的生產力無法直接衡量時，雇主往往會以工作時間的長短，或是乾脆直接取消只需短時間的工作，來作為評判人員工作表現的標準。這種老鼠競賽的效應強大，有一家菁英企業由於擔心職員工作太過辛勞，而准許他們可以無限期休假，結果反而使得大家減少休假時間。

總體而言，這樣的效應反而使得菁英階層的工作時間大為增加。根據有關工作時間的跨國比較顯示，在經濟不均越嚴重的國家，菁英階層的工作時間就越長。跨國比較的結果十分明顯，例如美國與瑞典在經濟不均上的差異，在於美國的工作時間要比瑞典高出近百分之六十。美國各產業之間也存在這樣的差異，工作時間的增加導致產業內所得分配不均的情況隨之擴大。老鼠賽跑的效應可以由頂尖律師事務要求其律師必須增加收費才能成為合夥人的例子得到驗證。一項研究顯示在受訪律師中有近一半都認為為達成此一目標，他們的工作時間都過長。

可是菁英階層事實上並未就此獲得任何好處，因為儘管個人的工作時間增加，有助其地位的上升，卻也意味在其他方面的損失。競爭性的勤奮造成一種囚犯困境，菁英階層作為一個團體，集體的所得與消費都高人一等，因此也需要集體加倍勤奮才能供應這些需求。因為如此，許多有關自我毀滅的故事——基本上是不勝枚舉，沒有盡頭——反而成為外界普遍認為代表菁英階層的形象。例如執行董事、執行長與專業事務所的合夥人儘管住在豪華公寓之內，可是屋內只有枕頭與睡袋，因為他們根本沒空去買家具。空無一物的公寓捕獲了人們對菁英階層的幻想，因為這代表了他們的生活除了工作之外，什麼都沒有。

是的，今天作為一位菁英，沒有人指望他會有任何個人的生活。高盛投資銀行部門的共同主管大衛．索羅門（David Solomon，中文名字為魏德巍）就表示，雖說一九八〇年代的銀行家工作時間也很長，但是至少可以晚上離開辦公室，並在兩天早上接收語音信箱。可是現在「如果有人傳送一條訊息給你，若是沒有在一小時內回覆，別人就會開始懷疑你被車撞了。」菁英階層的工作絕不容許受到個人生活的干擾。美國律師協會的一份報告指出，「有關律師在醫院產房內達成協議與草擬文件的故事多得令人心煩。」此外，還有許多有關因為工作而錯過子女表演、兄弟姐妹婚禮的事蹟，以及因為要參加會議而更改家人喪禮日期的故事。

菁英階層的壓力日益加重。一篇有關華爾街的報導頗具代表性，這是「一位快樂的大學畢業生」的故事，他在進入摩根士丹利之後，體重增加了三十磅，「變成一個脾氣暴躁，從來不笑而且討人厭的傢伙。」另一項有關菁英銀行家的研究則是指出，「熱情洋溢，精力充沛的新僱用大學畢業生在四年後變得一團糟，深受過敏與藥物成癮之苦，甚至還有「長期的健康問題，如克隆氏症、乾癬、類風溼關節炎與甲狀腺機能失調。」

與工作壓力相關的索償要求——尤其是菁英人士——也呈爆炸性增長，光在一九八〇年代上半就大增三倍。帕羅奧圖醫學基金會（Palo Alto Medical Foundation）設有行動診所，在矽谷多家大型雇主的園區內提供服務，該基金會發現菁英人士普遍有壓力流行病與焦慮不安的情況，並且大都缺乏維他命D——然而當地一年有兩百六十天都是陽光充足的氣候。

儘管已有一些防範工作過量的措施，但是反而更加凸顯問題的嚴重性。金融服務業者瑞銀集團（UBS）要求其初級銀行家每週休假兩小時以「處理私人事務」。高盛現在則是指示暑期實習生不得通宵工作，並且要求分析師在週六休假。摩根士丹利則是將其四週帶薪休假重新命名為「研究休假」，希望藉此鼓勵副總裁們能夠利用，該公司並且還會監督此一措施的實施效果，以防有些職員因為擔心會被認為太過「軟弱」而拒絕休假。

這些故事在在凸顯菁英們除了工作與為能繼續工作而採行的必要措施外，其他一切都不在考慮之列。然而沒有任何所得與財富能夠補償工作過量對他們個人生活所造成的傷害。隨著增加的所得與消費所帶來的幸福感越來越小，超時工作所造成的壓力也就越來越大，迫使他們不斷擴大減少生活中其他的必要活動。

從事高階工作的菁英人士也逐漸了解此一問題。多項調查報告顯示現在平均每週工作六十小時以上的人都希望能夠將工作時間減少二十五小時，由此反映出菁英階層普遍的心聲。調查也顯示在每週工作超過五十小時的男性中有百分之八十，女性中有近百分之九十，都希望能夠減少工作時間。同樣的，擁有碩士以上學位的男性表示，他們每週工作時間要比他們認為理想的狀況多出十一．六個小時。男性經理、專業人員與技術人員則表示他們每週工作時間較他們的理想多出近十二個小時。在女性菁英方面，工作過量的情況更為嚴重：碩士以上女性認為她們每週工作時間較理想狀況多出近十五個小時，女性經理、專業人員與技術人員則認為多出十三個小時。（令人訝異的是非菁英人士認為超時工作的情況相對輕微：高中學歷以下男性與女性勞動者認為他們每週工作時間只比他們所希望的多出五小時。）

在私下的場合，菁英人士更是認為高所得能夠彌補他們失去的時間是極其荒謬的想法。一位年輕的專業人士最近將他的薪資方案比做付他三百萬美元與邁克．泰森（Mike Tyson）對決。其他一些工作過量的菁英人士則稱他們的工作「病態與失心瘋」、「根本算不上生活」，或者「這不適合生育孩子」。然而最為圖像式的抱怨也最扣人心弦。JP摩根與DLJ的分析師將他們工作的辛勞比擬成巴丹死亡行軍、奴隸與納粹大屠殺。這樣的比較儘管有些過分，但是並不能就此否認他們來自工作的慘痛經驗。過去勞工運動人士譴責加諸於窮人身上的工作壓力之重，殘酷且不人道，然而今日從事高階工作的菁英人士的工作壓力，正是如此。

總結而言，菁英階層不僅是工作超時與過量，他們的工作形式也是錯誤的——動機錯誤，目標也錯誤。

工作的真實意義，就如志業是反映一個人的興趣與抱負，是在於追求自我表達與自我實現。然而不論工作為何，超時工作就會造成生活的混亂：持續每週工作一百小時以上的生活型態，絕對無法與作為伴侶、父母、朋友的生活相容。不過志業能夠將工作人性化，使其可以表達自我，而非疏離自我。因此，志業可以將一個人的工作與他生活的其他部分合而為一。

然而菁英體制的不均阻礙了菁英人士追求以志業為依歸的工作。在其運作中，菁英體制將技能變成菁英迷戀的物件——一種渴望獲得，但是在得到後卻只能帶來淺薄的滿足感的東西。菁英階層也因此陷入人力資本的矛盾之中，他們必須對技能大量投資——從而使其人力資本成為其財富大宗——才能自工作中得到滿足。當工作主導所得多寡，勤奮主導地位高低時，一位菁英人士若是為了自己真正的抱負或是興趣而不顧所得與工作的型態，無異於將自己（與子女）自我放逐於菁英階層之外。菁英體制不僅成功讓菁英階層勤奮努力，同也造成他們的勞動異化（alienated labor，也稱勞動疏離化）。

菁英體制的力量強大，使得菁英階層甚至為勞動異化披上抱負與志向的外衣，把社會地位變成其追求的目標。例如最近一位業主為其投資銀行部門招收新人時就強調其菁英人員「熱烈追求哈佛的所有事物。」，或是「像普林斯頓的工作」，藉此營造出一種文化，在此一文化中凡是捨棄高薪工作，追求休閒時間、自由或其他具有意義的工作的人就是欠缺抱負與不夠聰明。與此同時，此一文化也使得深具意義但薪水不高的工作——老師、公務員，甚至是軍人與牧師——都因為菁英體制而遭到社會地位下降的打擊。

但是無論如何掩蓋，異化勞動依然存在。菁英階層的生活透露出真相：工作與生活間的平衡，對今天的菁英階層十分重要，而工作本身並非志業，而是異化勞動。

菁英體制的陷阱使得菁英人士陷入命運的轉折點。休閒與地位、勤奮與次等間的老式關係——范伯倫休閒階級的倫理關係——在菁英之間建立了一套集體協商的機制，即是保護菁英避免工作過量、自我利用與異化勞動的行為準則。這套機制藉由貶低勤奮工作獲取所需的勞動者地位，來鼓勵菁英投入其真正的興趣，追求能夠實現抱負的志業。

休閒階級的意識形態含有某種高人一等，自成一體的成分，能夠保護菁英不僅不致受到外來者，甚至還包括來自本身的侵犯——可以幫助休閒階級避免或是阻止永無止境，不斷升高的毀滅性自我利用。

然而在菁英體制所形成的不均下，休閒階級的意識形態必定瓦解。勞動市場的兩極化使得菁英人士必須接受高強度的培訓，並且在心理上甘願辛勤工作，才能自其所從事的光鮮工作發揮經濟機能。這樣的菁英文化取代了過去休閒階級的文化，其中對勤奮的表揚，以其作為榮譽的象徵，更是一大創新，由此帶動體制其他所有的發展。

在此一創新下，辛勞也成為菁英階層的特徵——筋疲力盡與勞動異化如影隨形。然而就在勤奮可望帶來公正的歷史性時刻，工作（尤其是菁英的工作）卻已異化；就在投身於志業開始受到菁英的關注之際，工作本質的改變卻使得此一觀念變得不合時宜。菁英體制競爭與獎勵的內在邏輯——還有菁英階層的社經地位——使得菁英無可避免地走向自我利用的異化。

因此，經濟不均在為菁英階層帶來利益的同時，也為他們造成苦難，使得他們永遠無法完全收復昔日貴族階層的優勢，而從事高階工作的菁英人士與其說是宇宙的主人，不如說是高級傭兵。他們的優勢反而造成他們的勞動異化。他們成為他們成功的集體受害者。

第三部

新貴族

第七章　全面分裂

威廉．傑佛遜．柯林頓（William Jefferson Clinton）與喬治．沃克．布希（George Walker Bush）都出生於一九四六年的夏天，相隔不過五十天，後來他們先後成為美國第四十二位與四十三位總統。

雖然他們都登上總統寶座，但是他們卻是來自上世紀中期完全不同的社會階層。柯林頓的家庭是中產階級。他的父親是一位巡迴推銷員，在他出生前不久就因交通事故喪生。他的母親回到娘家，攻讀護理（在再嫁給一位汽車經銷商之前），柯林頓小時是由他的外祖父母撫養，他們經營一家小雜貨店。

反之，布希卻是出生於富貴之家。他出生時他的父親（後來也成為美國總統）還是耶魯大學的學生。布希的祖父普雷斯科特．布希（Prescott Bush，後來成為美國參議員）當時是耶魯董事會的成員，也是最富盛名與獲利最豐的銀行布朗兄弟哈里曼公司（Brown Brothers Harriman & Co.，美國最古老的私人銀行之一）的合夥人。

他們兩家在社會地位上的區別並沒有對這兩個小男孩的童年生活帶來什麼不同的經驗。

在柯林頓方面，儘管他的家族並不富有，但是並沒有對他年輕時的生活造成不便。他童年時在阿肯色州霍普鎮（Hope）南哈維街（South Hervey Street）一一七號的住家（他的祖父母自一九三八年租下房子，然後在柯林頓出生那年買下）位於一個安穩舒適的中產階級社區內，就在最熱鬧的小鎮中心附近。柯林頓一家人簡單樸實的房子對面，是文森·佛斯特（Vince Foster）的磚造大房子，他的父親是一位殷實的房地產開發商，儘管他們兩家經濟情況迥異，並不妨礙這兩個小男孩成為終身好友。柯林頓在成長過程中充分利用家鄉所提供的機會：他在當地公立高中接受良好的教育，為他日後進入大學做好準備，他也加入多個頗為活躍的民間團體，包括美國退伍軍人協會（American Legion）旗下的少年國家隊（Boys Nation），他是該組織的學生參議員，曾到華盛頓拜會總統甘迺迪，從而也開啟了他以政府公職為一生職志的抱負。最終，柯林頓拿到獎學金得以進入頂尖的私立大學就讀，接著又憑著獎學金進入牛津大學與耶魯法學院。他在耶魯法學院時認識出身富有家庭的希拉蕊·羅德姆（Hillary Rodham），後來兩人結婚。

而在另一邊，雖然布希家族算是有錢，但對喬治·布希年輕時的生活影響有限。就今天的標準而言，他們不算特別富有，以此而言，他們生活並不奢侈。布希兒時住在德州密德蘭（Midland）西俄亥俄大道（West Ohio Avenue）一四一二號，占地一千四百平方英尺，與柯林頓家族一樣，都是位於一個安定的中產階級社區內。布希童年所上的教堂兼容並蓄，信眾貧富不拘。他是在一場後院烤肉聚會認識他未來的妻子勞拉（Laura），她是一位圖書館管理員。勞拉．布希結婚時穿得婚紗禮服是現成的（希拉蕊．柯林頓也是一樣），喬治與勞拉的蜜月之旅相對平實，是去墨西哥的科蘇梅爾島（Cozumel）。

柯林頓與布希所出生的美國社會經濟統合程度遠大於過去，這主要是拜戰後經濟蓬勃發展與民權革命所賜。薪資上升與強大的工會使得藍領勞工成為美國上世紀中期生活的中堅力量。同時，《美國軍人權利法》更是讓一整個世代的年輕人得以進入大學就讀，為他們開啟了由藍領階級通往白領階級未來的道路。

當時的經濟菁英所得大都是在中等水準。不僅是企業執行長對於生產勞工的所得比率，還有醫生對於護士、律師對於祕書、銀行總裁對於銀行櫃員的所得比率都是在現今水準的一半到二十分之一左右。此外，這些相對溫和的所得所面對的卻是相對較高的稅率——一九五〇年代的最高邊際稅率是在百分之九十以上，然而現今大概是百分之四十左右。最後，當時的菁英普遍分散各地，因此自一九五〇到一九七〇年間的薪資所得分配也較為平均。

這樣的經濟現實所形成的社會習慣與倫理為菁英階層與中產階級建立了連接點，從而為美國上世紀中期的生活營造出一種經濟統合的文化。

上世紀中期菁英人士在生活享受上能夠顯示高人一等的地方並不多。今日經濟菁英所習以為常的奢靡生活在當時並不存在，至少也沒有現在這樣的規模。一九六〇年代初期在最昂貴的餐廳用餐的花費，可能只是一般餐廳平均花費的兩倍；最昂貴的酒以現今貨幣價值來看可能只值五十美元，而最貴的汽車價格可能還不到汽車平均價格的一倍。房價也是一樣，在上世紀中期，位於最「時髦」地區的房價可能也僅比一般新屋的平均價格高出一倍。即使是上世紀中期的設計，強調的是現代主義、簡樸與大量生產，由此提升包括菁英在內的中產階級美學品味。

當時的菁英不會，也不能藉由對自己的活動、社會與文化空間畫地自限，以和中產階級做出區隔。一九五〇年代的美國有許多機構能夠填補富人與中產階級間微小的差異。少年國家隊將中產階級的柯林頓帶到華府晉見總統甘迺迪，其實並非罕見。美國任何一個全國性的大型民間組織（美國退伍軍人協會、共濟會、農委會、婦女聯命衛理公會等等）都能夠吸收各個階層的民眾參與，包括領袖人物在內。總體而言，當時的菁英與中產階級是共享一個單一整合的社會。在上世紀中期，美國整個社會就像聖克萊爾湖畔小鎮。

與此同時，上世紀中期的美國民眾都深刻體認他們的經濟秩序是將富人與其他人融合一體，而且他們也熱烈支持與擁抱這種相互融合，沒有階級意識的社會模式，包括流行文化在內。財星雜誌曾經報導美國一九五五年企業「高管」的日常生活，指出這批典型的菁英人士「在經濟生活方面與下一層所得並無二致」，該雜誌並以一些實例來證明其論點。例如傑克．華納（Jack Warner），一家紙業公司的「大老闆」，該公司一九五四年共生產五十億個紙袋，供應全美市場五分之一所需，「住在一棟樸實無華的磚造房子內，這棟房子座落在阿拉巴馬大學附近塔斯卡盧薩（Tuscaloosa）一百二十英尺的土地上。」還有比爾．史蒂文森（Bill Stephenson），成為美國東西部最大銀行連鎖事業總裁時，「他買了一輛福特新車，直到現在仍在使用。史蒂文森太太則是使用一部已買了三年的別克。史蒂文森夫婦偶爾需要舉行派對，但是他們都是在他們有七間房間的住宅內舉辦，而且他們都與兼職清潔女工相處愉快。」

財星雜誌指出，這些例子顯示一個趨勢。「高管們今天的住宅都相當樸實，而且也不大——也許是七間房與兩套半的衛浴。」同樣的，「由於房子較小，舉行的派對規模也就要縮小，」「大型遊艇也沒有必要。」菁英階層與中產階級在上世紀中期相互融合而產生的低調生活型態逐漸形成一種規範，凡是違反此一規範的人會成為批評與譏諷的對象。財星雜誌就強調上世紀中期菁英人士低調的生活型態，與他們在大蕭條之前作風奢靡鋪張的前輩形成巨大反差。的確，該雜誌甚至是對浮華招搖的個人作風懷有敵意：「像羅伯特．楊格（Robert R. Young，美國鐵路業巨擘）這樣的高管現今已很少見了，他們除非在新港（Newport）擁有一棟有四十個房間的『小屋』，或是在棕櫚灘（Palm Beach）擁有一棟有三十一個房間的海邊別墅，才會感到快樂。」不過財星雜誌也補充指出，「事實上楊格為他在費爾霍姆（Fairholme）新港的房子只付了三萬八千美元，然而這房子最初可是費城銀行家約翰．卓克索（John R. Drexel）在一九〇五年花了將近二十五萬美元建成的。由此可見，這類豪宅的市場行情有多低。」史蒂文森本人的說法則比較委婉，但是表達的意思一樣強烈：「高管們……都不想太過招搖，讓自己難堪。」意即他們並不打算莽撞地從幕後現身。

經濟根基產生文化操作，深入廣大民眾的生活，所影響的不只是他們生活的方式，同時也影響他們對如何生活的想法，從而建立想像空間。根據社會學家威廉・朱利斯・威爾森（William Julius Wilson）指出，上世紀中期「沒有證據顯示（美國社會結構的）階級效應能與種族效應相匹敵。」在整個大壓縮期間，富人幾乎是與中產階級無縫融合，至於所得確實在美國社會造成裂痕，不過是在中產階級與貧窮階級之間。

除了貧窮階級之外，所謂經濟不均在上世紀中期的社會只是一個模糊的概念。費茲傑羅表示有錢人與一般群眾完全不同，顯然只是一種羅曼蒂克或懷舊主義的說法，到了上世紀中期，海明威予以反駁才凸顯美國社會真實的一面。如同柯林頓與布希以及他們社會背景所顯示的，上世紀中期富人與一般群眾間的差別只是在於比較有錢而已。

裂痕的出現

然而今天的情況卻是大不相同。

經濟不均正在造成美國的分裂，帶來嚴重威脅。換句話說，分配不均已嚴重威脅到美國資本主義過去維持社會融合的機制，而將美國轉變成一個階級社會。

經濟不均並非現今美國唯一的隱憂。種族偏見——美國的原罪——依然存在，而種族問題仍是美國最大的隱憂之一，是階級所無法取代的。但是階級問題雖然不能取代種族問題，其組織原則對美國社會與經濟所造成的階層化力量足以和種族並列（正如威爾森本人所承認的）。我們之前曾指出現今的階級在學業成績上造成的影響之大，足以媲美吉姆．克勞法（Jim Crow，美國南方一八七六到一九六五年間所實施的種族隔離制度）對種族的影響，而這僅是冰山一角而已。這樣的比較不應掩蓋種族問題的事實，而是凸顯階級問題的嚴重性。

菁英體制不均現今為菁英階層與中產階級間所畫下的界線（取代了上世紀中期兩者間模糊的界線）並非僅是隱喻，而是能夠具體衡量的事實。中產階級正在萎縮之中：如今夠資格稱得上中產階級的家庭戶數已較頂峰時減少五分之一，而中產階級家庭所得比率也下降了三分之一左右。這些趨勢說明了為什麼美國絕大多數民眾已不再是中產階級，倖存的美國中產階級財富為什麼不再受人矚目。中產階級式微的影響遍及整個美國社會：美國經濟分配的中心——上世紀中期廣大的中產階級將分配與社會合而為一的力量——如今已不復存在。

中產階級的文化也失去主導美國社會想像的力量。聖克萊爾湖畔小鎮不再代表理想中的美國——帕羅奧圖已取而代之。因此，無可避免地，上世紀中期所營造出的社會融合形象如今也在消逝之中。今天，菁英體制形成的不均實際上已主宰在其體制下所有人的生活。現今富人與其他群眾之間無論是工作、生活、結婚生子、購物、用餐、玩樂與祈禱，都大相逕庭，大家是身處於一個大部分已經分離的社會之中。分配不均已製造出一個對內凝結、對外隔絕的菁英階層，他們的生活完全是由菁英體制打造而成。

今天，富人與其他人所過的日子都是對方所難以理解的。他們兩者之間在經濟不均的運作下已全面階層化，他們的世界觀罕有交集，兩者間的互動間接且少之又少，隔閡日益加深也益趨冷漠。

工作

強迫性工作過量與被迫性閒置間的裂痕使得富人與其他人間的隔閡逐日增大。同時，他們為適應環境而在態度上所做的調整也形成價值認知上的差異。富人推崇長時間工作為一種英勇神武（甚至是具有男子氣魄）的行為，並且鄙視閒置。但是其他人卻是蔑視過度工作，將其視為某種自戀的行為。這種價值認知的差異，使得菁英體制不均形成的經濟失衡同時也直接引發道德上的衝突。

富人與中產階級在工作場所上的差異更是使得衝突加劇。一般而言，富人與其他人都是為了生計而工作，但是他們工作的領域不同，甚至是在不同的大陸。

上世紀中期的雇主招聘人員時不會花多少工夫在在篩選上，聖克萊爾湖畔小鎮的保齡球館小弟就是典型的例子。在一九六〇年代，福特汽車公司——當時堪稱是高薪雇主——公開拒絕對求職者進行篩選，至少對藍領工作是如此：該公司的一位經理就曾這樣表示，「假如我們有一個職缺，我們就會去工廠的接待室看看是否有人在那裡。如果正好有人，看來四肢健全，而且也沒有喝酒，我們就僱用他們。」即使是白領工作的求職者，所受到的審核也是少得驚人。對上世紀中期的勞工而言，得到一份工作根本不必經過申請與審核。

同時，上世紀中期的企業是讓所有員工齊聚一堂，無論他們的技能高低。上世紀中期這種散布式的管理方式讓各層級技能的勞工並肩工作，形成無縫融合。在職培訓可以為勞工提供在內部升遷管道上更上層樓所需的技能。企業，甚至整個產業，都不會依據技能的高低來將勞工分類：當時即使是金融業員工所具備的技能，平均而言，也不見得比其他產業勞工的技能要高出多少。的確，上世紀中期的經濟模式不僅讓各層級技能的勞工普遍分布於各個工作場所，同時在家庭之間也是如此。一九七〇年，擁有大學學歷的人「平均分布於」全國各地：在市區與鄉間、在各地區之間，甚至是在城市之間。

不過，今日的情況完全相反，工作場所會系統性的依據技能高低來為勞工分門別類。企業在招收人員時就會進行嚴格的篩選，然後分出菁英與非菁英人員，分發至不同的工作場所。

只有最低薪的工作，雇主才會不經篩選僱用非技能勞工。中產階級的雇主會透過一般的認知測試與漫長的面試來進行篩選。菁英雇主則是會進行高強度的篩選過程，只會在已經經過精挑細選的求職者中僱用最適合的佼佼者，而且還會花費數以百萬美元計的經費來調查求職者，持續好幾天對求職者進行多個回合的面談。

這種高強度的篩選作業的確發揮作用，尤其是在菁英階層的頂端。隨著時間的演進，這種將工作與技能、培訓水準高低配對的作業日趨穩定與精準。影響所及，菁英雇主（包括獲利最豐的律師事務所）全都是自菁英大學，有時甚至幾乎只針對最頂尖的菁英大學來聘僱新人。

篩選工作能夠幫助企業將其技能性員工與非技能性員工區隔開來。這樣的區隔對企業有利，他們因此可以利用只有技能性員工才會的生產技術。在篩選與動機相結合下，根據技能來區隔工作的趨勢全面興起。

中間管理階層的空洞化——過去透過公司內部升遷管道而連接勞工的事業階梯如今已經撤走——將公司內部技能性經理與非技能性的生產勞工明確區隔開來。同時，美國企業界並且更進一步以不同的公司來隔離技能性與非技能人員。結果是具備大學學歷的人越來越不可能為同時僱有無大學資格員工的公司工作。

不僅是企業界，整個產業界也呈現要不僅僱用低技能勞工，要不就是只僱用高技能人員的情況。在上世紀中期，零售業與金融業都是僱用中級技能人員，但是時至今日，零售業與金融業卻分別成低技能工作與超高技能工作的代表。如果說某人的事業是從沃爾瑪的助理開始，最終卻成為高盛的執行董事，一定會被人譏笑這是不可能的事情。甚至是在公司內部從生產部門擢升至管理階層——例如麥當勞的倫西——也變得令人難以置信。

今天，非技能勞工與技能人員分屬兩不同的部落。即使是軍方也無法再像過去那樣將所有不同階級背景的人集合在一起。軍方長期以來都能集合社會各階層的民眾，例如二次大戰時的動員，《美國軍人權利法》更是讓軍人成為社會流動的主力。但是現今軍方事實上根本無法吸引受過高等教育的菁英加入。

這樣的轉變可以由對陣亡將士的紀念行動中看出來。幾乎每所主要大學都會有一道紀念牆，上面刻有一長串參加美國內戰、第一與第二次世界大戰以及韓戰所犧牲的畢業生姓名。但是自此之後的名單就短得多。菁英階層反對越戰的意識形態，加上在大學就讀可以兵役緩徵召，讓富人大都得以避免上戰場，而在最近的伊拉克與阿富汗戰爭，富人幾乎全都是袖手旁觀，儘管他們大都支持美國出兵。此一趨勢力量強大，在一九九〇到一九九一年的波斯灣戰爭，在紐哈芬市（New Haven）遭到謀殺的耶魯學生人數都超過在伊拉克的陣亡人數。

菁英工作使得上層幹部變得相對疏離，並且承受剝削式的工作要求壓力。但是（部分因為他們的自我膨脹）這些要求所使用的語言都含有夥伴關係與合作性質的調性，而非對立式與命令式的。同時，菁英在工作場所的作風也捨棄制式而趨於非制式：以名字取代頭銜、衣著上傾向非正式的打扮或是至少能夠表現自我的裝扮（制服——甚至是灰色絨布西裝——更是前所未聞）。菁英雇主更是刻意模糊工作與個人生活的界線，營造出所謂「私人社會世界」的工作環境。更重要的是雇主還鼓勵所有的菁英員工——從最資淺到最資深的——主動積極任事，讓員工覺得是為自己工作而不是為了名義上的老闆。今天菁英工作的氛圍是互惠，不是對立。

這些作為都是依循菁英體制內經濟與意識形態的架構。技能創造價值，勤奮帶來榮耀，工作本身自然也是光鮮亮麗。儘管菁英工作的光澤淺薄，不過卻是實實在在的，菁英的工作環境都會小心維護這樣的光澤。

然而非菁英的工作環境卻幾乎是完全相反。不僅是薪資待遇，非菁英的工作文化也凸顯中級技能勞工的地位低人一等。在非菁英的工作場所，禁止表現自我的制服十分普遍，大家都是置於僵硬的階級制度之下，這樣的制度並不鼓勵任何有關提升工作安全或生產效率的作為（例如過去的工匠技術工作服）。一位前工廠勞工就形容他的工作是要他「做一些蠢事」。在雇主嚴格限制休息與個人時間下，非菁英的工作環境完全將工作與個人生活區隔開來，有的雇主甚至還會進一步加強控管——例如亞馬遜的倉庫管理——近乎完全掌控人員的勞動。

生產勞工的管理機能遭到剝奪，使得他們與手握管理特權的上級幹部加速分離。雇主完全控管中級技能勞工，實際上等於是買下他們的勞動力而不是他們的技能與努力。影響所及，在菁英人員享受獨立的作業空間與各項激勵措施的同時，非菁英的工作環境卻是將勞工變成工具。

總括而言，非菁英的工作文化否定了他們在工作上的努力與貢獻，低落的薪資待遇更是凸顯工作的晦暗。

這些區別形成了菁英階層與次等群眾間的差距。差距之大產生一些極端的現象，儘管少見，但是更能顯示其中情況。

在一方面，之前所提從事極端工作的菁英都是完全將工作當做生活。他們一心只想著自己的生產力與自其中獲得的榮耀，因而完全投入工作之中。極端工作固然光鮮，但是也相對淺薄，而這些菁英所享受到的榮耀也僅限於菁英體制下膚淺的工具價值。

在另一方面，菁英體制將大量且持續增長的次等群眾驅逐於工作所帶來的地位之外。最明顯的例子是今天有近兩千萬人——一九六〇年時僅有兩百五十萬人——因為曾經坐監或是遭到重罪判決，而被排除在所有的就業範圍之外，只能從事最為邊緣的工作，深陷晦暗工作的陰影之下。這一群人是因為大量的種族偏見行為所造成的，包括警察的監控、刑事訴訟與刑法的操作，同時也包括對非白人，尤其是非洲裔美人比率特高的大量監禁，形成所謂「新吉姆．克勞（New Jim Crow）」的現象。

菁英體制下勤奮代表榮譽的概念為監獄之外的階級秩序注入新元素。相對於有前科的人被排除在就業圈之外，菁英體制的不均顛覆了美國的種族秩序。在休閒階級時代，種族的從屬關係是透過合法強迫勞動的奴隸制來操作的，然而現今在勤奮代表身分地位的時代，種族的從屬關係是藉由合法的強迫閒置來界定的。

家庭

過去的貴族階級視自己在習俗道德之上，並且嘲笑中產階級的性習慣庸俗不堪。同時，貴族菁英結婚後，父母除了將財富與家世交給子女外，對他們一直是保持距離，而將養育的工作交付給隨從與僕人。最終，即使貴族階級逐漸沒落，根據范伯倫的觀察，作為裝飾性的妻子——藉由在家閒閒無事做來凸顯丈夫的財富——成為舊時代休閒階層最後的代表。

今天，情勢逆轉。菁英階層，不論男女，個人生活相對保守，而且婚姻也相對穩定。他們的婚姻生活非常注重子女的養育。一位受過高等教育且成功的妻子有助於提升丈夫的社會地位。反之，一位沒有受過教育，或是教育水準相對低落的妻子，則會造成地位焦慮。

菁英體制形成的不均足以解釋這樣的轉變。該體制使得菁英家庭成為製造下一代菁英階層的人力資本生產中心。受此影響，菁英家庭不論是在組成、法律結構與生活習慣上都與中產階級家庭大不相同。

菁英階層的不同之處在於他們相互間結婚、維持婚姻關係以及對子女的養育都是基於世代傳承的出發點。受過高等教育的父母，尤其是母親，更能夠對子女提供良好的教育。離婚的成本昂貴，不僅是在金錢上面，同時還會打亂他們的工作，並且使得養育子女的工作變得複雜，因此相較於一般大眾，富人離異的情況較少。此外，非婚生子女會使得整個情況更為複雜，因此在富人之間幾乎是從未聽聞。

菁英階層的家庭理想已將世代傳承視為當務之急，將情感與倫理完全傾注其中。菁英家庭的子女肩負世代傳承的責任，他們的成就成為承載父母期望與野心的工具。相較於中產階級的家庭，菁英間的競爭甚至使得兄弟鬩牆更為激烈。

在父母之中，菁英階層對他們的婚姻相對滿意。根據調查，在一九七〇年時，專業人士與勞工階級夫婦表示婚姻生活「非常美滿」的比率大致相等，但是時至今日，表示婚姻生活「非常美滿」的中產階級夫婦比率下降了三分之一，而專業人士夫婦認為「非常美滿」的比率儘管在一九八〇年代一度下跌，[1]不過隨後反彈，並且迄今一直維持穩定。同樣的，擁有大學學歷的婦女認為「離婚是解決婚姻問題最好的方法」的比率在二〇〇二到二〇一二年間下降了四分之一。菁英階層甚至把性與婚姻緊密結合：富有的女性大都是在婚後懷孕，她們的墮胎率在過去二十年間下降近百分之三十，反觀較窮的女性同期間的墮胎率則是增加近百分之二十。

此外，菁英家庭參與社區活動也相對積極。例如在十九世紀末，課外活動被視為「即是……教導美國勞工階級如何生活舒適。」不過儘管課外活動直到二十世紀中葉都是以此功能為主，但是現今主要是由菁英階層所主導。若是將社經地位分成四個等級，在一九五四到一九八六年間出生，其中社經地位最高與最低等級的人，他們在十二年級時參與非運動課外活動、運動與團隊運動比率間的差距分別成長百分之二四〇、百分之四十與百分之一三〇。

此外，同期間富小孩與窮小孩參加宗教儀式與社區活動在天數上的差異，都擴大三倍左右。兩者之間被認為是「最值得信任的人」的比率差距也擴大約三倍。同時，根據一項廣泛性的社會聯繫評量指標（主要是回答有關孤單、友誼與人際交往等問題的一項調查），也顯示屬於社經地位最高四分之一等級的人成長最快，然而在底部的人卻是根本沒有成長。

菁英家庭——不論是父母或子女——對於菁英社會秩序下學業、職業與情感上的投資與參與都要超過非菁英家庭。

即使是菁英家庭的性別動態也與眾不同，儘管比較複雜與反直覺。菁英階層在社交觀念上較美國大眾比較自由，因此也可能比較反對堅持女性應待在家裡扮演妻子與母親的性別傳統倫理，甚至鄙視美國中產階級的性別歧視。但是儘管如此，美國菁英家庭的經濟結構卻與他們的理想並不一致（就像菁英的性行為與他們的性倫理並不相關一樣）。

一方面，在經濟中最為頂尖與最高薪的工作大都是由男性支配。在財星五百大企業中，只有百分之十四的高級主管（與最高所得者的百分之八）是女性，而且有逾四分之一的企業根本沒有女性的高級主管；華爾街依然是由男性主導；在美國的律師事務所，女性合夥人只占百分之十八；最近幾年醫生的性別薪資差距益形擴大。

由於菁英參與子女教育的程度益趨深化，這樣的情況加上性別倫理，將母親與教養的角色相互結合，更是使得上述模式合理化。菁英工作的時間遠遠無法與生育（更別說養育）孩子的時間相比。因此，菁英女性待在家中並不是如范伯倫所說的養尊處優，而是耗費心血養育子女。如臉書與蘋果等企業甚至會花費好幾萬美元來支付女性主管的凍卵費用，以鼓勵她們延後生育與繼續留任。但是儘管如此，菁英體制下世代傳承的迫切性仍是凌駕一切。

在另一方面，傳統上主導職場的男性中產階級——在製造業尤其如此——卻看到他們的薪資近幾十年來停滯不前，同時取代他們的許多服務業工作原本都是屬於女性中產階級。（事實上，中產階級性別薪資差距縮小主要原因之一就是不具大學學歷的男性薪資降低。）同時，在菁英體制下的勞動市場中相對貧窮的男性，由於教育水準低落，在尋找較好的工作時，成功的機會不如女性：在年所得低於三萬美元的家庭中，具有大學學歷的男性僅占百分之四十二。由此來看，范伯倫的邏輯依然適用於中產階級，只不過出現諷刺性的扭曲——在中產階級家庭，職業婦女意味光靠男人的薪資已不足夠。

總體而言，這些模式顯示在男女菁英之間薪資差距擴大的同時，中產階級與貧窮階級的性別薪資差距卻告縮小。在所得位於五分位數中最高等級的雙薪家庭，只有百分之二十九的妻子所得高於丈夫，然而在所得最低等級的雙薪家庭中，有百分之六十九的妻子所得都高於丈夫。這樣的情形也是造成菁英階層之外結婚率下降的原因之一，當女性所得超過男性時，結婚的可能性也告降低，影響所及，結婚率下降了百分之二十三，而且高度集中在經濟分配的最底層。由此顯示，菁英體制的不均已滲透到兩性關係與家庭內部經濟權力的平衡。

這樣的差距既深且廣，不但對家庭習慣，同時也對大家心目中理想家庭生活應有的習慣造成影響。的確，菁英體制的不均導致富人與一般大眾對婚姻生活的挑戰與未來懷有幻想，然而這些幻想其實與婚姻生活並沒有任何關聯。

對菁英而言，他們當下在婚姻上的課題是同性婚姻。社會大眾快速接受同性婚姻，可說是思想突破的一大勝利，邁向未來的一個里程碑。（不過可能也並非完全的勝利，因為美國非菁英大眾願意接受同性婚姻固然令人驚喜，但是他們也依然維持一些傳統的性道德觀念，最主要的就是在墮胎方面。）

相反地，美國非菁英大眾專注於——他們也無處躲避——異性婚姻的崩潰。對他們而言，支撐家庭生活的制度基石正在崩塌。至於此一傾危欲倒的制度是否應擴大範圍，納入同性伴侶關係，仍是一個遙遠，甚至還僅是一個學術性的問題。

文化

有人曾問西格蒙德．佛洛伊德（Sigmund Freud）一個人要如何得到幸福，他的回答是「愛情與工作……工作與愛情，這就是一切……愛情與工作是人性的基石。」菁英體制下的工作與家庭，會重回生活的泉源，將富人與一般大眾分流而行。但是儘管佛洛伊德是如此認為，眾人所追求的不僅是愛情與工作，他們同時也拜神、投身政治、社交、飲食、購物與自娛娛人。這些與那些行為與工作、家庭相連接形成文化。然而就和家庭與工作一樣，菁英體制的不均也使得富人與一般大眾擁抱完全不同的文化。

美國的宗教信仰今天因教育與所得的不同而大為分散。英國國教／美國聖公會教徒、猶太人與印度教徒，擁有大學學歷或是家庭年所得在十萬美元以上的可能性是全國平均水準的兩倍，然而僅高中肄業或是家庭年所得低於三萬美元的可能性僅及全國平均水準的四分之一。（不過長老會教徒的教育程度與所得水準僅是稍低於富人。）反觀耶和華見證（Jehovah's Witnesses）、國民浸信會與基督神能教會（Church of God in Christ）的信眾擁有大學學歷或是家庭年所得在十萬美元以上的可能性還不及全國平均水準的一半，而僅高中肄業或是家庭年所得在三萬美元以下的可能性卻是全國平均水準的一倍半。（有趣的是天主教徒的教育程度與所得水準與全國平均水準差不多，可能是因為天主教悠久的歷史與其廣泛深入社會大眾之間，以及內部眾多教派所致。）

政治傾向也因階層高低而有所不同，而川普充滿敵意的民粹主義所反映的即是社會上早已存在的政治差異。

來自頂尖的菁英預科學校菲利普斯埃克塞特學院的一位學生最近在回答一項有關菁英價值觀的調查時表示，「就道德觀點而言，我是民主黨，但是我的荷包說我是共和黨。」這位學生顯然十分清楚他的階級定位。總體而言，美國菁英階層不論黨派，相較於中產與勞動階級，在社會議題上都屬自由派，但是在經濟議題上則屬保守派。

有許多證據顯示富人在社會議題上的態度比較進步。根據一項針對數百項有關美國價值調查的綜合分析指出，在所得分配（大約）在最高五分之一部位的美國人相對於所得分配較低的同胞，在同性戀、墮胎與政教分離等議題（僅舉出部分案例）的態度上都較屬自由派。

有關人數相對較少的經濟菁英，其相關意見較難取得。（因為這些真正的有錢人都不願曝露身分，就算找到他們，他們也大都因為太忙或是由於涉及隱私而不願接受意見調查。）不過隨著學術界對菁英階層與其所形成不均的興趣日增，這批人在文化方面的態度也開始逐漸揭露。我們由此可以看出這一小批真正的有錢人在社會議題上所抱持的自由態度甚至還超越一般的菁英階層。根據最近一項調查顯示，擁有研究所或專業學位的美國人，在「堅持一以貫之的自由思想」的可能性上，是最多僅有高中學歷者的六倍。菲利普斯埃克塞特學院的調查也指出，十位學生中就有九位顯示他們在社會議題上屬自由派。最後，一項針對芝加哥真正富有家庭階層（年所得在一百萬美元以上，總財富在一千四百萬美元以上）所做的試點研究顯示，他們在宗教、文化與道德價值等社會議題上都持有相對進步的自由思想。

然而菁英階層在經濟議題上所抱持的保守態度就不是那麼為人所知：它是隱藏於少數富豪在經濟議題上過於激進的言論之後——這些相對偏頗的言論在經過媒體的高調報導之後形成一種假象——反而取代了經濟菁英普遍的態度。不過菁英階層在經濟議題上確實有其獨特的保守態度。

針對美國所得分配最高五分之一的富人所做調查，在顯示他們深具社會自由主義的同時，也揭露他們獨特的——的確是獨特的——經濟保守主義：美國最富有的五分之一人口遠比其他五分之四的人口憎惡累進稅制、經濟法規與社會福利支出。在美國所得分配最高十分之一的人口也顯示出相同的經濟保守態度：與美國一般民眾相比，富人比較憎惡最高邊際稅率，比較贊同降低資本利得稅與遺產稅，比較不支持調高最低工資或是增加失業救濟，同時也相對質疑政府有關企業與產業的法規。[2]菲利普斯埃克塞特學院的調查也顯示，在經濟議題上持保守態度的學生人數是在社會議題上保守人數的三到五倍。

美國真正的有錢人在經濟議題上更是保守。參加芝加哥調查（所得分配在最高百分之一）的富人中，只有不到三分之一與一般大眾一樣支持政府保障勞工階級工作與提升他們工資的政策。調查也顯示只有大約一半的富人會支持政府有關保障全民健康與高品質教育（公立學校、大學與勞工再培訓）的相關法規。同時，只有大約三分之一的受訪富人願意支持政府為縮減所得不均而進行的直接分配行動。這些富人極力反對對大型企業增加管制，絲毫不顧美國民眾大都支持這樣的做法。他們認為「赤字才是美國當務之急」的人數比率，是全國平均水準的四倍左右，然而認為就業才是最重要課題的人數比率僅及全國平均水準的四分之一。此外，富人中的富人——所得分配最高百分之一中的十分之一——最為保守，較受訪中的富人更是反對經濟法規，而且還支持削減國內社會福利措施，甚至包括社會保障。

最後，雖然針對超級富豪的意見調查很少，不過類似的研究證實極端富有的人在經濟議題上也是極端保守。最近一項實驗性的研究顯示耶魯法學院的學生（父母年所得中間值約在十五萬美元，研究當時的第一個永久律師工作年薪是十八萬美元）遠較美國一般民眾重視效率，然而在平等思想上卻遠不及眾人。這些學生中自稱支持民主黨的人數，相對於支持共和黨的人數，是十比一，但是自稱是民主黨的耶魯法學院學生的行為——他們並不願捨效率而就重分配——卻像是共和黨。耶魯法學院的調查並非個案。另一項取樣較為廣泛的調查則顯示在學生大都為富家子弟的大學，相較於辨識學生的種族、性別、宗教、學業成績，或是入學動機是為了賺錢還是求知，最能看出的就是學生的經濟保守主義。該項調查指出富有的大學往往會導致學生益趨傾向經濟保守主義，而越是有錢的學生，這樣的傾向也越強烈，儘管有一大堆的證據顯示這些菁英學校也鼓勵學生在社會議題上發展新觀點。

這些與眾不同的差異形成菁英階層特有的世界觀，將美國富人與一般群眾的自然本能與想像理解能力完全區隔開來。菁英階層的世界觀結合了有關隱私、差異性與多元主義的進步思想與關於工作、生產力與個人責任的傳統保守思維。相較於一般大眾，富人更能接受同性婚姻、女權運動與平權運動，同時也傾向反對學校祈禱、法紀管制，他們也會較其他人支持低稅賦與自由貿易，反對社會支出與工會。正如一位評論家所言，這樣的世界觀所反映的是「自由市場對富人的強大吸引力」——包括自由市場中對宗教與道德主義的漠不關心與對政府法規和重分配的厭惡。

總的來說，美國菁英階層是越來越趨於支持——然而美國中產階級卻是越來越趨於反對——知識分子所謂的古典自由主義（包括意義相對狹隘，但更為現代的新自由主義）。這樣的意識形態——其實僅是以一種迂迴的說法來表示菁英階層可以，但其他人不行——深深吸引各界菁英。因為如此，史蒂夫．賈伯斯（Steve Jobs）才會宣稱「矽谷是菁英體制」；高盛才會高調宣揚它追求財富的企圖心，而不是低調隱忍；耶魯大學也因此在歡迎各種膚色的學生同時卻反對其職員與研究生組織工會。此一意識形態將各界菁英不分黨派地結合在一起。因此，當川普串聯本土民粹主義與社會保守主義，大肆攻擊貿易與自由市場時，可以想見菁英階層是多麼地厭惡而發出強烈的譴責。

富人與一般群眾不僅是在信仰與政治理念上有所不同，即使是在日常消遣上也是如此。首先，家庭年所得超過十萬美元的美國人花在靜態休閒活動上的時間，要比年所得兩萬美元以下的人短少百分之四十。（即使是失業，教育程度相對較低的人每週花在看電視與睡覺的時間也要比受過高等教育的人多出約十一個小時。）反之，富人花在鍛鍊身體與運動的時間就比較多，在財富分配五分位數中居於最高位置的人平均每週花在鍛鍊身體的分鐘數，是居於中間位置的兩倍，是居於底部的五倍，而健身也已成為社會地位的象徵。

即使是工作時間較長，富人獨處的時間較一般大眾多，而與別人交際的時間則較少。當他們在社交時，高所得允許他們可以選擇同伴，而比較傾向於朋友共處（在所得分配五分位數中居於最高位置的人與朋友共處的時間平均一年要比居於底部的人多出五・二個夜晚）。反觀其他人比較傾向於與家人或鄰居共處（在所得分配五分位數中居於底部的人與家人共處的時間平均一年要比在頂部的人多出四・六個晚上，與鄰居共處的時間則是多出八・三個小時）。

富人與其他人的交際網絡也大不相同：富人的網絡範圍廣闊（涵蓋國內與國際），相對淺薄，而且「變通靈活，甚至遊走四方」或是抱持「四海一家」的概念；反觀勞動與中產階級的交際網絡範圍狹窄，但「根深蒂固」。即使是烹飪與聊天之類的活動，富人與一般大眾也互有不同。菁英階層會以新穎的食物來取悅那些喜歡「新奇事物」的人，而其目的往往是為了業務需求上的交際，中產階級則是做一些大家熟悉的食物與家人或老友們分享。同時，富人傾向於正式與有禮的交談習慣，有別於其他人的坦率直爽。

富人與一般大眾的嗜好也互不相同。我們之前曾提過從上網的行為就可看出兩者間所專注事物的差異，富人主要是搜尋科技、健身與旅遊，窮人則是在網上搜尋慢性病、槍枝與宗教。由此可見，在虛擬世界的追求也能反映在現實之中。由菁英等級的柏克萊加州大學（University of California at Berkeley）與中產階級的路易斯安納州立大學（Louisiana State University，LSU）間學生社團的差異也可看出其中的不同。柏克萊有而LSU沒有的學生社團包括國際特赦組織、反販運聯盟、永續建築社團、環境科學學生組織與全球學生大使館，反觀LSU有而柏克萊沒有的學生社團則包括油田基督教團契、農業綜合企業俱樂部與戰爭遊戲暨角色扮演社團。

消費

富人與一般大眾間的差異已深及日常的消費——衣服、家用產品、汽車、電子產品等所有人們所擁有的物品、所使用的服務、所吃的食物，與他們購買這些商品的生意。這些東西都很普通，但是卻十分重要。根據統計，美國家庭消費約占GDP的百分之七十，因此消費者產品其實就是社會動態的縮小版。

在上世紀中期，消費模式的主調是平均主義：中產階級負擔得起豐盛的生活方式，高品味（甚至道德）使得富人向中產階級看齊。然而時至今日，情勢扭轉，富人與一般群眾間的消費型態益趨分離，儘管大家的品味與道德都是趨向奢侈。這樣的分離造成全面性的區隔，如今人們所購買的品牌透露的訊息是他們的收入而非種族。

在人類歷史的大部分時間，菁英階層所擁有與消費的東西都與一般大眾大不相同，而且不僅是在程度上，同時也包括種類。在封建時代，地主僅限於一小撮人，他們的土地就代表他們的菁英地位。在君主專制政權下，土地所有權代表的就是居於菁英頂峰才能擁有的特權。同時，禁奢令也限制了其他人所有的消費行為，例如禁止菁英階層之外的民眾穿著色彩豔麗的精美服飾或是享受奢華的飲食。

隨著資產階級革命的展開，這樣的消費階級秩序也逐漸受到侵蝕（有些禁奢令還試圖力挽狂瀾，然而卻是加強限制商業活動而不是抑制貴族的財富）。二十世紀初期的資本主義更是加速了這個進程，因此到了上世紀中期，頂層與中產階層間的消費階級界線已消弭殆盡。

在土地與住屋方面，聯邦政府支持購屋民眾的政策使得住屋自有率自一九四〇年的百分之四十四升至一九七〇年的百分之六十三。（自此之後就再也沒有出現顯著增長。）到了一九八〇年代，汽車、冰箱、音響、洗衣機與烘乾機、空調，已遍布中產階級的家庭之中。上世紀中期的美國民眾都是購買相同樸實的汽車與手表，到相同樸實的餐館用餐。他們甚至到同一家商店購買相同品牌的商品。調查顯示，在一九七〇年代，每四位成人之中就有一位一年至少去一趟西爾斯百貨（Sears），而且美國有半數的家庭都有一張西爾斯信用卡。

品味，甚至道德觀，也反映當代的經濟型態。上世紀中期遍布聖克萊爾湖畔小鎮與其他無數類似城郊鄉鎮的住屋，屋內滿是現代主義的擺設，所使用的材料、設計與技術，都在在顯示中產階級小康家庭的生活形態，而不是富人的奢華作風或是窮人家的貧乏。即使是讓城郊生活變得方便的汽車也是刻意設計得符合中產階級的預算。亨利．福特（Henry Ford）最著名的政策是付給員工足夠的薪資使他們成為他的客戶，他生產大眾車而不是豪華車款，可以確保車輛的品質與價格能夠吸引他的員工購買並且也買得起。在上世紀中期，這種消費型態的審美觀深植文化與道德之中。此一潛移默化的力量之大，甚至深入菁英階層，財星雜誌就曾嘲諷幾位在上世紀中期的企業領袖——不論是在新港的「木屋」還是棕櫚灘的別墅——仍企圖維持鍍金時代的生活方式。

今天，菁英體制下的不均顛覆了此一趨勢。消費不均——就美元的數目來看——與所得不均亦步亦趨，即使是在所得分配的最頂層亦是如此。同時，消費不僅是在金額上將富人與其他人區隔開來，中產階級與菁英階層的消費者如今亦是在不同的商店購買不同的商品，他們甚至連付錢的方式都不一樣。

在一方面，折價商品成為深陷經濟不均陰影下民眾的最愛，也益趨主宰中產階級的消費。被迫需要節省開支的家庭如今都到平價商店購買傳統的消費者產品。儲貸金融則讓入不敷出的中產階級以借貸來支撐消費。

近幾十年來，折價零售業——低價超級市場、一元店商與倉儲式商店——大幅成長。沃爾瑪一九六二年時還只是一家商鋪，而在二〇一六年已成長為在美營業額近三千億美元的零售業巨擘。達樂公司（Dollar General）與家庭一元店（Family Dollar）近年來平均每年營收成長率都在百分之九與百分之七左右。上門到這三家商店購物的顧客所得都相對較少，甚至還低於到如目標百貨（Target）等這類低檔次倉儲式商場的顧客——以家庭一元店來說，低了近百分之四十，與較高檔次商店的顧客相比，所得差距更大。（當倉儲式零售連鎖業者以低技能人員取代中級技能員工時，等於是直接擴大對他們所賣產品的需求。就如同亨利．福特當年決定付給員工足夠的薪資，以讓他們買得起他的汽車，所體現的是大壓縮時代的平均主義經濟型態，沃爾瑪現在的低薪政策使得員工只負擔得起到折價商店購物，所體現的正是今天失衡不均的經濟型態。）

儲貸金融業也快速成長，成為中產階級生活中無法擺脫的一部分。發薪日貸款就是此一業界最臭名昭彰的代表。發薪日貸款是提供給那些無力負擔生活，甚至連一週都撐不住的人。這樣的生意也為該行業帶來惡名，但是並不妨礙其快速成長。在一九九〇年代初期，發薪日貸款業還不到五百家店面，然而在二〇〇二年擴大至一萬兩千家，在二〇一六年又進一步增至兩萬兩千家。今天美國的發薪日貸款店家之多，甚至超過麥當勞與星巴克加盟店的總和，光是在二〇一二年，美國民眾就在發薪日貸款上花了七十四億美元。

然而儲貸金融只不過是冰山一角。在上世紀中期，中產階級家庭都有不錯的儲蓄，在一九七〇年代晚期，在所得分配底部百分之九十的家庭儲蓄率都還在百分之五到百分之十之間。但是自此之後儲蓄即告消失，借貸取代所得成為資助不斷增加的消費來源。中產階級的家庭債務也隨之增加，在一九九〇年代晚期超越所得，而在所得分配第五十到第七十五百分位的家庭債務最為沉重。這些借貸並非用來購買非必要或是相對奢侈的商品，而是全都用來應付社會合理支出（包括必需品），這些支出顯然都已超過中級技能所得的負擔能力。的確如此，調查顯示每十個低所得或中所得的家庭，就有七個是把信用卡當做「安全網」，用來應付一些無可避免的支出，例如醫療費用或是修理汽車與房屋修繕的費用。中產階級家庭現今相當普遍使用發薪日貸款來度日，以其來填補他們入不敷出且持續增大的差距。

在一個所得益趨不穩的環境下，[3]利用負債來支應消費只會使人陷入災難的陰影之中。例如查爾斯．狄更斯（Charles Dickens）筆下米考伯先生（Mr. Micawber）就抱怨，「一年收入二十鎊，支出十九鎊十九仙令又六便士，結果是皆大觀喜。一年收入二十鎊，支出二十鎊又六便士，結果是痛苦不堪。」米考伯先生後來被關進負債人監獄，就和狄更斯父親的遭遇一樣。不過美國中產階級最近所面臨的則是前所未見的取消抵押品贖回權與破產浪潮。

強制收債的規模也大得驚人：在最近典型的一年，光是紐約市就有三十二萬件有關消費者債務的民事法庭訴訟案，此一數字大約相當於該年所有聯邦法院的所有訴訟案件。儘管現在已不需要坐牢，但是債務對中產階級仍是沉重與痛苦的負擔。其實就和坐牢一樣，取消抵押品贖回權與破產會對他們的生活帶來陰影，禍延子孫，並且造成婚姻破裂，重創童年生活。中產階級所受衝擊之大，有些人甚至將其改稱為「朝不保夕階級」。

在另一方面，奢侈品——高級階層趨之若鶩，而在經濟不均陰影中閃閃發光的商品——日趨主導富人的消費，同時也成為他們的形象表徵。財星雜誌上世紀中期所稱頌的禮儀與習俗如今在菁英體制不均的內在邏輯下磨損殆盡，現在的菁英階層所珍視的卻正是該雜誌當年所嘲笑的事物。品味，甚至道德觀，也隨著經濟新面貌的出現而改變，如今眾人蔑視普通平常，毫無特色且唾手可得的事物，珍惜獨特奢華的事物。

菁英體制確保這樣的轉變無可逆轉。在勤奮成為榮耀，菁英階層又沒有時間培養范伯倫所描述的休閒習慣下，奢侈品（與勤奮努力）已取代剝削成為建立社會與經濟地位的最主要途徑。今天富人的消費是為在經濟不均下炫耀自己的財富。精美與昂貴的事物成為榮耀的具體象徵：是菁英階層勤奮不懈與鶴立雞群的化身，菁英階層的形象也因此更加鮮明。

由品牌最能顯示奢侈品對富人的專屬性。今天在每座城市都可看到較一般車輛貴上十倍的豪車。賓利汽車（Bentley Motor）單價在十五萬美元以上的汽車在二〇一四年的銷售量，甚至超越整個汽車業二〇〇〇年同等價格汽車的銷售總量；近年來日內瓦汽車大展（Geneva Auto Show）所展出百萬美元以上豪車的數量之多，可謂空前。〔包括藍寶堅尼（Lamborghini）一輛價值四百萬美元的跑車〕；同時根據品牌金融（Brand Finance）的一項研究顯示法拉利（Ferrari）是全球「最強大」的品牌。同樣的，現在有許多專賣店只出售價值在數萬美元以上的手表。[4] 奢華昂貴的烤箱與冰箱——由維京（Viking）、零度以下（Sub-Zero）、貝塔佐尼（Bertazzoni）與勒寇紐（La Cornue）所製造的產品——較一般的家庭用品要貴上十倍甚至百倍。紐約、華盛頓與舊金山最高級的餐廳今天隨便一餐要價就是一般餐廳的五十倍以上——在一九九〇年代開張的餐館法式洗衣坊（French Laundry），其宗旨是為實現主廚「長期以來的烹飪藝術夢想」：在納帕谷（Napa Valley）建立一個能夠提供精緻法式餐點的地方，一人用餐至少要價三百一十美元，這還不包括在其地窖內五千美元的美酒。

總體而言，傳統奢侈品的零售額成長快速，成長率是總體經濟的四倍，自一九九〇年以來平均每年都在百分之十以上；高盛並且預測奢侈品的銷售成長率還會繼續在總體經濟之上，在未來十年增加一倍。由個別項目價格所形成的銷售資訊，具體反映在生活之中。在上世紀中期，奢侈品的價格仍是中產階級負擔得起的，他們會在特殊時刻購買，或是某人因為特別鍾愛某種奢侈品（例如車迷）而大手筆購買，然而今天的奢侈品價格根本是中產階級一輩子難以企及的。在上世紀中期，比利·喬（Billy Joel）歌曲中的歐萊瑞警官（Sergeant O'Leary）還能夠以一輛雪佛蘭換上一輛凱迪拉克，然而今天的中產階級連做夢都不會夢到擁有一輛賓利，或是戴上一只寶珀（Blancpain）手表，或是以勒寇紐的廚具烹調，或是在法式洗衣坊用餐。

同時，奢豪風氣也明顯擴張到行動領域。許多原本是瞄準普羅大眾與中產階級消費的商品如今都已轉型成奢侈品。例如碧昂絲（Beyonce）最近的巡迴演唱會平均票價在三百五十美元以上；洛杉磯湖人隊（Los Angeles Lakers）、達拉斯牛仔隊（Dallas Cowboys）與紐約洋基隊（New York Yankees）的主場票價也都在二百美元以上。此外，現在還出現一批新型態的奢侈品：遊輪建有菁英甲板，提供私人助理與專屬游泳池，並且嚴禁其他乘客進入（就算使用集點方案的積分也不行）；渡假勝地則開闢專屬車道，讓遊客不需承受塞車之苦，而其要價可能是一般票價的十倍；航空公司則是提高頭等艙的奢華程度，以保時捷（Porsches）來接送付費最高的乘客往返於各轉運站間，而且機場還會為這些乘客提供獨立的無阻礙通道。還有全新的商業模式，不放過任何有利可圖的機會，包括原本並不需要花錢的服務——公共停車點〔猴子泊車（Monkey Parking）〕與餐廳訂位服務〔快速訂位（Reservation Hop）〕提供給願意花錢買特權的有錢人。（但是這種新生意也毫不意外地引發了怨恨，例如航空公司的頭等艙：頭等艙的奢華導致低價位艙等乘客不滿與空中鬧事的事件增多，不亞於乘客因遭遇九小時又二十九分鐘的航班延誤所引發的怒氣，而要低價位艙等的乘客必須經過頭等艙才能走到自己的座位，也會引發他們的不滿，相當於遭遇十五分鐘到一小時航班延誤。）

還有一些商品，尤其是服務，原本與奢華沾不上邊——因為它們本身並未牽涉到奢侈逸樂——如今卻是當做奢侈品賣給富人。

頂尖的私立學校與大學僅是其中一例。特約醫生為富人提供昂貴奢華的醫療護理服務，不但向病人收費而且也會要求客戶繳納年費，同時他們的收費也不會受到保險公司收費上限的限制。昂貴的收費容許他們所診療的病人人數也許僅及一般醫生的四分之一而已。他們向客戶提供閒聊式的顧問服務（一般醫生對病人的診療時間中間值是十五．七分鐘），並且可以當天約診，包括週末在內。特約醫院所提供的住宿服務簡直就和豪華大飯店一樣——弗雷特（Frette）床單、豐盛的餐廳菜單，餐點包括帕爾瑪火腿或是小牛肉排，同時還有貼身管家的照顧，這些服務都是提供給有財力在醫療費用之外還能支付數千美元的客戶。（如今甚至還有奢華的牙醫服務：例如法國有一位名叫伯納．圖阿蒂（Bernard Touati）的牙醫，專為富豪與流行歌星提供服務，包括瑪丹娜（Madonna）。他在巴黎的診所附近都是香奈兒（Chanel）、迪奧（Dior）與普拉達（Prada）的精品店，他補一顆牙收費近兩千美元，黛安．馮．佛絲登寶格（Diane von Furstenberg）就曾打了一張她精品店兩套服飾的欠條給他。」律師、會計師與投資顧問也都可以特約的形式向富人提供昂貴的法律或財務方面的服務（包括收入防禦策略）。菁英家庭甚至連所購買的日用雜貨都與眾不同。美國社經地位高的人所吃的食物較中產階級健康（水果、蔬菜、魚類、堅果、全穀與豆類），而中產階級吃得又比社經地位偏低的人健康。他們之間的差距都在持續擴大，不過和其他的階級差距一樣，高級與中產階級間的差距要大於中產階級與底層間的差距。

這些所有的商品與服務幾乎都是專屬富人消費，富人也以此來彰顯其社經菁英的地位。如果菁英視消費為負責（水果與蔬菜）、必要（醫療護理）與善意（教育）的行為，顯然已把菁英主義的意識形態植入奢侈的概念之中。

最後，在這些趨勢相互的加持下，富人與一般大眾在消費上的區別不僅是購買不同的商品，同時還有不同的品牌、不同的商店與不同的支付方式。

就和勞動市場的中間階層一樣，消費者市場的中間階層也隨著商業活動趨於貧窮與奢華的兩端而逐漸空洞化。相對於速食連鎖業者塔可貝爾（Taco Bell）與如法式洗衣坊的高級餐廳生意興隆，中階餐廳如橄欖園（Oliver Garden）與紅龍蝦餐廳（Red Lobster）卻是在苦苦掙扎。中階旅館品牌〔如最佳西方（Best Western）〕的成長率僅及高級品牌〔如四季（Four Season）與瑞吉（St. Regis）〕的一半。在中階超商與百貨公司〔如西爾斯與傑西潘尼（J.C. Penny）〕面臨倒閉之際，折價商店〔如砍價超市（Price Chopper）、美元樹（Dollar Tree）與家庭一元〕與高級商店〔如全食超市（Whole Foods）、諾德斯特龍（Nordstrom）、巴尼斯（Barneys）與尼曼馬庫斯（Neiman Marcus）〕卻都在大力擴張，而且往往是進占中階品牌棄守的地方。〔例如巴尼斯就遷入洛曼百貨（Loehmann）指標性的切爾西（Chelsea）臨街店面。〕

即使是付款，菁英階層也不一樣，他們大都是使用所得或儲蓄來付款（所得分配最高的百分之一大概仍把所得的三分之一存起來），而不是依賴借貸來消費。同時，若是貸款，富人大都是利用他們的貸款（例如三十年期固定利率優質抵押貸款）來從事財務槓桿的操作或是增加他們投資的報酬，而不是用來取代所得。

隨著差異逐步擴大，不僅形成區別，同時也造成隔離。菁英學校與大學將富人與中產階級學生分隔開來。特約醫生取消了一般的候診室，甚至剝奪了病人在候診室分享病痛經驗的機會。即使看似普通的購買行為，市場區隔也使得顧客與商品互不相同。

在大很多食品百貨（Big Lots），沒有乳酪窖，也沒有切肉師父與手工冰淇淋，在全食超市則是看不到可口可樂、奧斯卡邁耶熱狗（Oscar Mayer）與亨氏番茄醬（Heinz Ketchup）。家庭一元與尼曼馬庫斯之間沒有任何一件商品是相同的。塔克貝爾與法式洗衣坊所使用的食材，甚至包括食鹽在內都不一樣。這兩家餐館對待他們食材的態度也是截然不同。塔克貝爾在其網站中說明所使用的食材「儘管名稱怪異」，但是全部「都很安全，而且通過美國食品藥品監督管理局（FDA）的許可。」然而法式洗衣坊卻是以一本五十頁的書來解釋其使用的食材，書內有彩色照片、主廚的親筆簽名，以及每一位供應商的個人故事。例如奶油，根據這本書的介紹是來自佛蒙特（Vermont）的一座農場，該農場宣稱「要製造上等奶油，必須放棄自由意願，根據動物的需求生活。」

菁英體制下的不均，已使得菁英與中產階級間共同的消費場所甚至消費經驗都越來越少。他們之間所有的生活型態都是依據班機艙等分級的模式重新建立。

地方

聖克萊爾湖畔小鎮與帕羅奧圖大致平均繁榮的中產階級情況正是上世紀中期美國經濟地理的寫照。其他城鎮也都類似。例如在華府郊區的西格蒙納園區（Sigmona Park），根據一家自上世紀中期就開始營業的通訊社所顯示當地在一九七〇年代初期的情況：一位土地測量員、一位海軍陸戰隊少校、一位室內設計師、一位美髮師、一位警官、一位維修師父與一位祕書都緊鄰住在歐弗布魯克街（Overbrook Street）。

當年美國大部分民眾都是住在類似的中產階級社區內，他們之間的區別在於文化，不是所得與階級，而鄰里之間的地域感是在於氣候、歷史，甚至是當地人士的特色，不是經濟數據。

自二戰結束至一九七〇年代晚期，美國所得分布相對平均（在這段期間薪資所得差距縮小，有百分之三十是歸功於此一情勢的發展）。在一九四五年時，美國最富裕地區的人均所得是貧窮地區的兩倍，不過在一九四五到一九七九年間此一差距縮小了三分之二左右。即使是財富本身也分散於美國各地：在一九六〇年代中期，美國最富有的二十五個都會區也包括伊利諾州的羅克福德（Rockford）、米爾瓦基（Milwaukee）、密西根州的安納保（Ann Arbor）與克里夫蘭（Cleveland）。

這些發展揭示了美國上世紀中期在地理上的生產經濟邏輯。靠著收取租金過活的菁英階層必須住在他們的資產附近以便收租。當時農地、工業設備與工廠（往往都是有其必要性）散布美國各處，從而促使擁有這些資本財的菁英在實體空間的需要下也隨之分布各地。上世紀中期的菁英階層也是分散各處——例如大學畢業生就大致平均散布於各城市之間，中產階級因此成為每一個地方的主導力量。經濟地理使得上世紀中期的菁英階層無可避免地必須與中產階級相融合，從而使得社會階級的界限模糊不清。比爾．柯林頓與喬治．布希的童年就反映出美國當時普遍的社區生活型態：一個「單一的美國生活水平」。

今天，菁英體制的不均逆轉了這一趨勢。擁有超高技能的菁英人士無論到哪裡都是帶著自己的人力資本；他們只有在同類群聚的地區工作才能獲得高薪，因為如此一來，他們的勞動密集型生產才能自群聚經濟活動獲利，尤其是在知識散布方面。同時，這批新一代的菁英也需要集體培訓設施，包括學校與校外的進修，以便將他們的人力資本傳給下一代。此外，深受菁英階層喜愛的奢侈品也只會在富人消費者集中的地區販售，例如繁華的都市。這些力量在新一代菁英階層間形成地域群聚的效應，而美國地理也因此由所得分配重新組合。

首先，菁英自郊區移往城市。（反觀中產階級大都是原地踏步，光是遷往城市此一行動本身就具有更上層樓的意義。）在一九七〇年時，美國民眾，不論是住在鄉村或與城市，教育水平都差不多，不過隨著新的千禧年來到，住在鄉間的年輕成年人擁有大學學歷的可能性僅及城市同輩的一半，而且兩者之間的差距自此之後仍在持續擴大。鄉間的人才外流就像許多窮國人才外移一樣，對經濟發展形成阻礙。

同時，由於大學畢業生與高所得者傾向集中在某些城市，因此人才外流也在各城鎮間造成教育與所得水平上的差距。[6]在千禧年交替之際，有六十二個都會區只有不到百分之十七的成年人擁有大學學歷，有三十二個都會區則有百分之三十四的成年人擁有大學學歷。有些城市，都是一些大家耳熟能詳的地方，迄今仍是對菁英階層具有強大的排拒力或是吸引力。例如底特律的居民，擁有大學學歷的不到百分之十，反觀奧斯汀、波士頓、舊金山、聖荷西與華府，擁有大學學歷的居民比率都接近百分之五十。同樣的，紐約市大學畢業人口自一九八〇到二〇一〇年間共成長了百分之七十三，同期間沒有大學學歷的人口則是減少了百分之十五。此外，在全美都受過高等教育的伴侶中，有近一半都是集中住在若干極少數的城市內。

在菁英體制下，教育帶動所得。的確，光是不同的生產活動（足以代表人口教育的情況）就造成美國全境三分之一的薪資變化。由此來看，自一九八〇到二〇一二年間，紐約、華盛頓與舊金山的平均城市所得對全國平均所得的比率分別成長約百分之五十、百分之四十與百分之三十，也就不足為奇了。擴大來看，自一九九〇年以來，全美平均教育程度最高的十個都會區的人均所得增幅，是平均教育程度最差的十個都會區的兩倍。如今在教育程度最高城市的工作者平均薪資是教育程度最低城市的兩倍。

房價與房租也隨之變動。今天，如果還以為波士頓、紐約、舊金山或帕羅奧圖菁英社區一戶新建成屋的中間價僅不過是鄉間成屋——例如聖克萊爾湖畔小鎮——的兩倍，就實在太可笑了。即使是這些城市的房租，都是一般中產階級負擔不起的：洛杉磯、舊金山、邁阿密與紐約現今的房租分別占其已大幅上漲所得的百分之四十九、百分之四十七、百分之四十四．五與百分之四十一（二〇〇〇年時此一比率分別是百分之三十四．一、二十四．七、二十六．五與二十三．七）。根據統計，一座城市的大學畢業生所占比率每增加百分之一，房租就上漲百分之〇．六。今天的中產階級根本無力負擔住在城市裡。

隨著富人與一般大眾即使在城市間也日趨分離，由社會階級所帶動的地域隔離無所不在。在一九七〇年時，美國有近三分之二的民眾都是住在中產階級社區，然而今天只有五分之二，同期間美國民眾住在富人社區與貧窮社區的比率都增加一倍。此外，根據過去四十年的人口普查資料，富人與窮人都是越來越集中：由人口統計顯示，依所得與教育水平不同而形成的隔離居住區，自一九七〇年以來分別至少增加了百分之二十五與百分之百。即使是混合街區也不再是那麼的融合了：在一九七〇到一九九〇年間，在窮戶旁邊住的仍是窮戶的比率與富戶旁邊仍是住著富戶的比率分別增加一倍與五分之一。

社經地位區隔在所得分配的最頂端尤其明顯。在紐約的上東區，擁有大學學歷的成年人比率在一九六〇到二〇〇六年間幾乎擴大三倍，達到百分之七十四。同樣的，統計顯示美國有九百一十萬名年齡在二十五歲以上的民眾是住在平均所得與教育水平最高的百分之五郵遞區號內，其中百分之六十三都擁有學士學歷，家庭年所得的中間值是十四萬一千美元。他們的鄰居更是加劇了這樣的菁英地域隔離情勢。住在平均所得與教育水平最高的百分之五郵遞區號內的居民，有百分之八十都是住在相連的區號內，而與這些郵遞區號接壤的地區，居民的所得與教育水平也是在百分位數的第八十六位。此外，菁英與其鄰里都具有直接的關係：我們之前曾提到哈佛、普林斯頓與耶魯的校友有半數都是住在最富有與教育水平最高的百分之五郵遞區號內。專業學院的畢業生大都是住在相對繁華的地區內。哈佛商學院的校友有五分之三是住在所得與教育水平最高的百分之五郵遞區號內。

實體的隔離催化出其他各種不同的區隔。教育與所得反饋至生活環境與品質上——形成地域文化上的差異。最富有與教育程度最高的城市都自豪於市民預期壽命較長、低犯罪率、低汙染，以及相對較高的政治影響力。也許最重要的是菁英父母利用這樣的經濟差異，將自己與子女隔絕於其他社會階層紊亂紛擾，而且較不穩定的家庭生活之外。在菁英匯聚的郵遞區號內，於婚姻穩定，家長為親生父母的家庭中成長的孩子，有百分之九十從來沒有不屬於同一類型的朋友與鄰居。最令人感嘆社會分配不均的可能是富人社區為防範犯罪而設立的森嚴門禁與警衛，然而其實菁英階層自我隔離最重要的機制不是警衛而是房租與房價。

要將所有這些效應合而為一有其困難，不過根據一項估算，富有與高教育水平城市的鄰里質量與福利設施，在幸福感上所形成的差異，甚至比所得分配不均所形成的差異還要擴大百分之三十。經濟不均為富人與一般大眾製造了完全不同的生態體系。由此也足以解釋現今的地域流動性及其形成原因：過去美國民眾遷居到其他城市是為了尋找更適合居住的氣候，但是現今他們是為了和同類住在一起而遷居。

最後，這些效應的影響不僅是在生活面，同時也深及後代。貧窮的社區會阻礙，然而富有的社區則會增進孩子獲得成為菁英階層的教育機會。這樣的效應廣被所得分配的各個層面。在最底層，也就是仍有窮戶夾雜於中產階級與富人之間的城市，追求社經地位更上層樓的流動性最為強大，但是在混合所得的社區就難以出現這樣的流動性。在所得分配的相對高層，富人階層造成富家子弟與中產階級子弟間在教育支出上的巨大差距，意味菁英大學的學生群體是向財富傾斜。

每一座城市，每一個社區，都以其特有的方式來複製這樣的趨勢，由此也折射出其不同的地域性。不過不像上世紀中期，現今所得與階級對於一個地方的特性具有決定性的影響力。即使仍是中產階級的小鎮，例如聖克萊爾湖畔，相對於一般小鎮，也是具有其獨特性——最神奇的是其居民兼有少數富豪與若干貧戶。大部分的城鎮在階級秩序上要不是更上層樓成為富有階級，要不就是沉淪至貧窮階級。如今是由經濟趨勢，而不是個人的特質，來決定一個地方的形象。

在此一趨勢下，歐弗布魯克街也追隨帕羅奧圖的腳步。今天，住在西格蒙納區郵遞區號內的家庭年所得中間值超過十萬美元，有百分之六十的成年人都擁有大學學歷。現今歐弗布魯克街住的是律師、醫生與政府菁英。

費茲傑羅與海明威的回歸

上世紀中期美國的文化不容許經濟差異在如比爾．柯林頓與喬治．布希童年生活時的家庭間造成區別——他們那一代是相互分享一個中產階級的社會。

但是反觀比爾女兒雀兒喜（Chelsea）與喬治的女兒芭芭拉（Barbara）、珍娜（Jenna）的生活，卻是由他們現在所擁有的菁英地位來決定，使得他們與現下中產階級的孩子，或是他們父母那一代的菁英都迥然不同。

雀兒喜．柯林頓唸的是菁英私立高中〔在她之前最後一位於白宮長大的孩子是吉米．卡特（Jimmy Carter）的女兒艾米（Amy），她唸的是公立學校〕，然後是史丹福、哥倫比亞與牛津大學。在完成學業後，她先後進入管理顧問公司麥肯錫與私募基金暨不良證券投資公司艾成資本集團（Avenue Capital Group）工作。雀兒喜的丈夫——一對眾議員夫婦的兒子，他們是她父母在華盛頓的好友——也是畢業於史丹福與牛津，畢業後先是在高盛工作，後來成立自己的對沖基金。這對夫婦當初是在希爾頓黑德島（Hilton Head Island）的文藝復興週末活動認識的；後來在阿斯特庭園（Astor Court）舉行婚禮，那是一座占地五十英畝，建於鍍金時代的學院派莊園，位於俯看哈德遜河（Hudson River）的峭壁上〔雀兒喜身著王薇薇（Vera Wang）設計的新娘禮服〕，他們往在花了一千萬美元買下的公寓內（當然是在曼哈頓區）。

芭芭拉．布希自耶魯大學畢業後是為設計博物館與國際發展組織工作。珍娜．布希也曾為國際慈善機構工作，並且寫了一部有關她工作的書籍，後來擔任全國廣播公司（NBC）的新聞特派員。珍娜的丈夫——他的父親曾擔任多項職務：教育部副部長、維琴尼亞州副州長、維琴尼亞州共和黨團主席——在KKR（Kohlberg Kravis Roberts）工作，這是一家專精於槓桿收購的私募基金公司。他們是在一座特別委託設計與建造的十字架石壇前舉行婚禮的。

柯林頓與布希的孩子們從沒住過中產階級的社區。正如比爾．柯林頓與喬治．布希的童年生活代表上世紀中期的美國，他們的下一代反映的是一個新世代：他們是現代菁英的典型，最多不過是當前趨勢下較為極端的例子，但絕非特例。

菁英體制不均對富人與一般大眾所造成的影響不是僅侷限於依據實際美元價值所計算的所得

與財富上。相對的，菁英體制有一階級系統，將富人與一般大眾分隔在兩完全不同的世界中。毫無意外，在富人與一般大眾無論是工作、結婚、生兒育女、信仰與集會都互不相同的情況下，他們之間的鴻溝也越來越大——使得他們不僅是外在習性，同時也包括內在生活都相互隔離，各自有不同的希望與恐懼。教育程度相對較低的美國人信任感較低，對參與公共事務較為消極，對於未來的看法也較教育程度相對較高的人悲觀，而且相較於大部分（有些方面是全部）已開發經濟體，這些差異在美國尤其顯著。

少數一些能夠跨越此一菁英體制鴻溝的階級移民透露出兩個世界的差距無論是在外觀還是生活細節上有多大。例如即使是在菁英大學，來自相對貧窮背景的學生，其結婚率就低於富人家的子女。此外，半工半讀基本上是要求獎學金學生從事一些傳統上是勞工階級的工作，令人感覺不受尊重。（菁英大學的學生組成都是向財富傾斜，許多獎學金學生的家境其實都相當優渥，半工半讀成為他們體驗所屬階級之外生活的方式，然而這樣也導致半工半讀的屈辱性更為嚴重。）一位接受獎學金贊助的耶魯大學學生就抱怨：「耶魯有一種能力，能夠讓人做一些討厭的事情，然而又對它心存感激——像是坐辦公桌或是圖書館的工作，我都被迫做過，可是又不能拒絕，因為我不夠有錢，無法擁有自己的時間。」這種自憐自艾又充滿酸勁的抱怨在在顯示這位學生對無法企及的階級地位的怨恨：身為一個圈外人，他（還）無力負擔同儕與師長所期望他擁有的生活方式。

親和團體——耶魯法學院的稱為「第一代專業人士」——希望能夠緩和此一問題的衝擊性。

但是菁英主義的意識形態力量強大，使得這些團體無所適從，不知該是推翻此一階級結構，還是幫助拓寬其成員通往菁英階層的道路。大學本身也面臨同樣的問題：他們希望接受與肯定來自勞工與中產階級背景的學生，但是不像針對其他的少數族群，他們其實無法破除他們學生組合核心的階級制度。

菁英體制的封閉性無所不在，現今階級移民必須證明自己與菁英階層間的關係。（比爾．柯林頓與喬治．布希就從來不需要如此證明。）一位大學畢業生最近返鄉，回到他過去生活的社區，當地居民大都沒有上過大學。他不禁感嘆，「我感覺在一些非常重要的比賽換邊站了。」此一換邊站的隱喻捕捉到菁英體制下全面不均的生活經驗精髓。由於菁英體制不容許富人與一般大眾間的生活有任何重疊，因此在兩者之間並沒有能夠共同分享，甚至相互接觸的中間地帶。

一項可以直接顯示全面不均的方式是富人與其他人間在健康與壽命方面的差距。當然，這些資料並不精確，但是足以作為「能夠顯示全面優勢的有效指標。」醫療資料有助說明菁英特權何在。

受過高等教育的富人在活動力受限、視力不佳、心臟疾病、心理疾病、肥胖與全身不適等健康問題的發生率低於貧窮與中產階級（富人與中產階級間的差距相當於中產階級與貧戶間的差距）。美國菁英人士的菸癮也低於其他階層——癮君子在美國擁有大學學歷民眾間的比率僅及高中畢業或肄業民眾的一半（後兩者的比率相同）。同時，在生病時，美國菁英人士受到的治療與看護，不僅與貧窮階級，連與中產階級也大不相同。即使是牙齒，現今也代表所得與地位，就如古代的身高一樣。美國富人每年在美齒上的花費就高達十億美元以上，反觀窮人與中產階級卻是越來越依賴慈善性質的牙科診所（甚至到醫院的急診室看牙），因此在美國六十五歲以上的民眾間，每五人就有一人已無真牙。到慈善性質牙科診所就醫的一位中產階級病患表示，一口好牙是「洩露財富的線索。」

健康方面的這些差異在預期壽命上造成重大差距。在一九九九到二〇〇三年間，僅有高中畢業或肄業的美國非西班牙裔白人中年人的中年死亡率呈上升趨勢；上過大學但沒有學歷資格的人死亡率則是穩定的，但是擁有學士以上資格的人死亡率卻呈下降。事實上，教育程度偏低的美國民眾死亡率上升速度太快，甚至超越受過高等教育美國民眾死亡率下降的速度，因此美國總體死亡率一年上升約百分之〇．五，反轉了過去二十年死亡率一年下降百分之二的趨勢。

更廣泛地來看，在一九八〇到二〇一〇年間，（年齡在五十歲的人）在所得分配五分位數中最低兩分位數的男性預期壽命大致維持平穩或小幅下降，女性則是顯著下降（位於所得分配最低分位數的女性預期壽命減少四年）；中間兩分位數的男性預期壽命維持穩定，女性則略有下降；在所得分配最高分位數的男性與女性預期壽命則顯著上升。在這段期間，所得分配最高分位數的男性預期壽命與最低兩分位數的差距擴大了七年（由五年增至十二年），女性則擴大了約九年（從四年到十三年）。

即使是在菁英階層，最富有的也比一般富有的長壽，而且兩者間的差距還在不斷擴大之中。不論是男性還是女性，二十五歲，擁有學士以上學歷的人預期壽命與大學肄業的人，其差距要超過大學肄業的人與高中學歷的人。確實如此，在最高所得百分之一的人，不論男女，死亡率都顯著低於在最高所得百分之五的人，而在最高所得百分之五的人，其死亡率又低於最高所得百分之十的人。差距還在持續擴大，最高所得百分之一與最高所得百分之十間的差距，在一九八〇年代初期至二〇〇〇年代中期這期間成長一倍。

最後，有鑑於富人與一般大眾所住的地方不同，這樣的趨勢也形成了地域性的差異：在富有地方如康乃狄克州的預期壽命（出生時）與如密西西比州的貧窮地方的差距現今在六年左右，而且在富有地區預期壽命增加之際，窮地方的卻呈下降。例如肯塔基東部女性的預期壽命在二〇〇七到二〇一一年間減少逾一年。

要了解菁英階層的優勢到底有多大，美國與尼加拉瓜間的預期壽命差距大約四年，若是把所有癌症患者治癒，所增加的預期壽命也不過如此。

雖然上世紀中期海明威在與費茲傑羅的爭論中可能占得上風，但是菁英體制的不均卻證明了費茲傑羅的觀點。生活方式貫穿每個身在其中的人體內，互有不同，有如他們的身體。今天，富人與其他人的生活方式就大相逕庭。

差距之大，彷彿富人與一般大眾是分別住在完全不同的兩個國家。

第八章　不均擴大有如滾雪球

始於一九七〇年代，美國中產階級遭遇薪資停滯不前，所得用盡迫使他們開始借貸人生。儘管薪資中間值停滯不前，社會與經濟仍是堅持中產階級的消費必須持續增加。美國社會追求國家進步的觀念根深蒂固，從而衍生出每一代都必須比上一代過得要好的心理。因此，中產階級消費帶動的需求就成為消費經濟體賴以促進就業與成長的主力。在此同時，雷根革命悍然拒絕自富人到中產階級的財富重分配，並且降低稅制的累進程度。

一方面全力刺激中產階級消費，不惜超過他們停滯不前的薪資所能負擔的程度，一方面又將財富重分配拒之千里之外，兩相結合後，剩下的選擇已然不多。一個人在所得無法增加而消費卻持續上揚的情況下，其資金只能靠偷竊、乞討或是借貸。整個中產階級非盜即偷是不可能的事情，然而在個人儲蓄已達極限；稅率累進程度只低不高，以及堅持即使所得原地踏步也要推動消費增加的壓力下，只有靠擴張個人信貸一途了。在此同時，富人所得增加帶動其儲蓄大增，一個新的經濟菁英階層於是誕生，他們利用儲蓄剩餘大量提供借貸資金，而其中有些人則是反對財富重分配的死硬派。然而對於入不敷出，而又無法享有財富重分配之利的人，負債無可避免地接踵而至。隨著情勢發展，經濟不均的擴大帶動金融工程的需求大增，此一需求（再加上其他一些原因[1]）促進金融業的快速成長。

政府大小通吃，全面支持此一方程式的正反兩方。寬鬆的貨幣政策、忍受資產泡沫的興起，以及承諾在泡沫破滅時保護投資人，無一不是在鼓勵已在借貸人生的中產階級繼續消費。其他一些政策儘管背景不同，但是追求的也是同一個目的。例如柯林頓政府改變聯邦抵押貸款政策，以推動「由民間與公共部門資源與創意所創造的金融策略」來「排除住者有其屋的財務障礙。」該政府尤其鼓勵利用傳統貸款但「缺乏現金繳付頭期款」與「所得不足以繳付每月分期付款」的人來借貸。

這些政策大獲成功，而且往往是立竿見影。例如當低利率導致房價走高時，房價上漲的每一美元，有二十五美分到三十美分都是來自美國家庭的借貸。總體而言，這些政策改變了美國中產階級消費的基礎。在上世紀中期，美國中產階級是以其所得來維持其生活水準，但是自一九七〇年代開始，中產階級轉而以借貸來支撐消費。

目前整個情勢已十分清楚。在一九四〇到大約一九七五年間，在所得分配底部百分之九十的所得中間值都呈穩定成長（大致與消費同步），當時個人所得稅起徵點幾乎完全停止上揚，儘管消費持續平穩成長。反觀債務中間值，在一九四〇到一九七五年間，增加速度不及所得，但是自此之後，在所得停止成長幾年後，債務開始大幅上升（同樣的，大致與消費成長同步）。換句話說，中產階級的借貸在所得停止成長的同時開始向上攀升，而且借貸的規模持續擴大，填補了中產階級家庭因所得停滯而形成的所得差距。（請參考圖十，頁四三四）尤有甚者，借貸的規模已迫近將中產階級的所得拉抬至高所得的水準。

諾貝爾經濟獎得主約瑟夫·史蒂格利茲（Joseph Stiglitz）曾經表示，「實質所得停滯不前與所得不均擴大的衝擊大部分為金融創新所抵消……寬鬆的貨幣政策使得家庭以借貸來融資消費的能力大增……泡沫的形成主要是在於擴張性的貨幣政策與容許家庭無限制借貸導致資產價格不斷膨脹的金融部門創新。」如果說上世紀中期的美國生活水準是由所得支撐，歐洲中產階級的生活水準是由政府重分配政策支撐，美國中產階級現今則是越來越依賴借貸。以此來看，之前所提發薪日貸款已成美國家庭日常的說法絲毫不假。

金融是站在此波由借貸掀起的經濟不均大浪浪尖勃興而起，規模直逼美國總體經濟，而經過該部門進入經濟的新資金不只是涓涓細流，甚至不是潺潺流水，而是有如噴泉一般。自一九七〇年以來，金融服務對GDP貢獻的比率大約擴大一倍。今天美國的經濟產出大約有十分之一是金融產業所貢獻的，已開始和製造業的貢獻並駕齊驅。

這些發展使得美國經濟重心由商業大街轉向華爾街：如農業、躉售與零售，以及製造業等直接生產產品與服務的經濟活動重要性大減；如銀行、證券交易、投資管理與保險等創造與傳輸資金的金融活動則是日益趨重。甚至連傳統的工業巨擘如今也是依賴其金融部門。通用汽車在金融危機前的那幾年間，最大的獲利來源就是其金融子公司通用汽車金融服務公司（GMAC），以華爾街借貸為後盾的中產階級消費淹沒了商業大街的工業生產。

總體而言，金融部門成長強勁，其中有約四分之一是立即且直接來自經濟不均造成不斷擴大的家庭信貸，尤其是呈爆炸性成長的房貸——雖然消費者信貸，包括信用卡貸款，對金融部門也是貢獻良多。金融部門另一半成長則是來自經濟不均的另一面，即證券業不斷增加的產出。資產管理服務的成長帶動證券業的蓬勃發展——尤其是私募股權公司、創投企業與對沖基金的高速成長，這些在本質上都是提供財富管理的服務。在資產管理中成長最為強勁的是固定收益資產，這是典型的信貸證券化商品——在二〇〇〇到二〇〇八年間，[2]光是房貸證券化商品就占了該期間所發行所有資產擔保證券的二分之一左右，由此也凸顯家庭借貸持續增加的另一面。（反之，在上世紀中期傳統上為證券業創造利潤的業務——交易費與佣金、交易所得，以及證券承銷費用，在同期間對GDP的貢獻則告銳減。）

一位知名的評論家曾經表示，在二〇〇七至二〇〇八年的金融危機爆發時，美國金融市場「整座大廈」都是「立基於房市之上」。房市則是立基於債務之上，而債務則是立基於經濟不均之上。這樣的說法毫不誇張。

幾乎就在對金融部門需求呈爆炸性成長的同時，一批新出爐的超級技能勞動力也進入華爾街。他們改變了金融業的業務模式，並且引導創新增加他們菁英技能的優勢。

一九七〇年代末，第一批身懷超級技能的金融新生力量抵達華爾街，當時老一輩的人（仍是屬於上世紀中期的中級技能幹部）稱他們為「火箭科學家」。原因很簡單，因為他們本來就是。二次大戰與冷戰時間的軍事需求——雷達的發明、建造原子彈的曼哈頓計畫，以及軍備與太空競賽——使得上世紀中期的美國相信受過高等培訓的菁英，如物理學家與工程師對國家的繁榮與安全至關緊要。國防部與能源部因此大力贊助基礎研究，促使教學研究設施的質與量在一九五〇年代與一九六〇年代都大為精進。

但是之後美國贏得太空競賽，與蘇聯間的軍備競賽減緩，再加上不受支持的越戰引發公眾反對「科學為戰爭服務」。反對軍事用途主導科學研究的浪潮迫使政府刪減對科學研究的資助，研究經費因而枯竭。影響所及，新養成的一批物理與工程博士發現他們已失去在學術界的工作機會。這批身懷絕技的生力軍只有另謀出路。

起初，是由能源與通訊公司，包括最著名的艾克森與貝爾實驗室（Bell Labs）來吸收這批擁有超高技能的生力軍。但是到了一九八〇年，華爾街開始認清這些物理學家與工程師可以為其開發與部署獲利潛力豐富的金融新科技，於是招手呼喚。一位早期進入金融界，後來成為高盛執行董事的物理學家回想當年獵人頭公司提供給他一份研究團隊的工作，「薪資高達十五萬美元……那時候對賺不到五萬美元的前物理學家來說實在是一筆大數目。」

火箭科學家進入華爾街後，他們改變了金融業的營運方式。這批身懷超高技能的生力軍使得複雜的金融科技——基礎理論早已存在，但中級技能人員難以實現——突然得以付諸實踐。這些物理學家與工程師及迫切需要突破的金融業間的搭配實在天衣無縫：金融業界所需要的數學其實與物理應用上的十分相近；物理學家與工程師務實的工作態度讓他們願意踏入過去不曾接觸的領域，而且在遭遇問題時會設法以權宜之計立即解決以繼續前進。金融業找到一批全新型態的人力資本——「技術純熟的數學家、模組建構專家與電腦程式設計師，他們都擁有將自己的專業技能在新領域付諸實踐的能力」——幾乎完全符合該業界成長的需要。

這批生力軍也啟動了該業界長久以來沒有絲毫動靜的創新活動。現代金融科技所植基的理論基礎〔資本資產定價模型與應用於資產組合配置、為選擇權與其他金融衍生性商品定價的布萊克－舒爾斯（Black-Scholes）模型〕早在一九五〇年代、六〇年代與七〇年代初期就已出現，往往比金融業界的付諸實現要早四分之一個世紀。〔的確如此，有關評量、分類與整合風險模型的基本觀念，自柏斯卡（Pascal）與法國其他數學家發展出機率論後就一直存在——研發機率論的動機是來自一批貴族階級的賭徒尋求計算與操縱他們賭注的勝率。〕如今，在經過四分之一世紀（或是三個世紀）隱身於僅有理論上可行性的基本觀念之後，終於在一批金融生力軍與廣大社會對此類金融服務需求日趨殷切下得以實現。

實踐創新熱潮開始湧現，光是在一九七〇到一九八二年間就有四十項全新的金融商品與服務問世。創新者也變得富有起來。例如在一九八〇年代初期，德萊克索・伯納姆・蘭伯特（Drexel Burnham Lambert）的超高技能專家使得這家投資銀行成為高收益債券市場的開路先鋒；該公司一位成員回憶，「當時其他任何一家銀行都不懂該如何為垃圾債券定價。」這使得該銀行的垃圾債券業務大發利市。豐富的獲利自然造成來自其他身懷絕技的專家們的競爭，競爭又帶動創新，包括在二〇〇〇年代初期大賺其錢的房貸抵押證券與今天油水頗豐的高頻交易平台。

然而這些創新也將中級技能、中間階層的人員趕出金融業界，並由超高技能的菁英取代。證券化藉由集合與對沖信貸風險，大為降低傳統信貸員所做放貸決定的重要性，從而促使銀行下放傳統的信貸人員。（真是如此，過去三十年所有增加的房貸都沒有經過傳統的信貸人員，而是使用金融科技，將其證券化出售給影子銀行與其他投資人。二〇〇七年使用上世紀中期模型的家庭信貸總額與一九八〇年水準相當，儘管家庭信貸規模已大為增加。）

菁英教育與金融業形成完美搭配。該業界老態畢露、中級技能與中產階級的模型，讓位給快速成長、持續成長與超級菁英的人力（超高技能與超高所得）。轉型的力量強大，甚至改變了金融業界的文化與語言；老式自學成材的從業人員——例如圖表交易員與股票推銷員都被新一代經過正式培訓、具有大學學歷，並且擁有超高技能的股市分析師所取代。華爾街成為常春藤畢業生的最大雇主，而主要銀行的人員有許多都是擁有博士資格的物理學家、應用數學家與工程師。金融業已今非昔比。

金融業放棄了上世紀中期以僱用大批中級技能人員來促進成長的模式，儘管其占GDP的份額快速增長，但是占就業人口的比率卻開始下降。金融業轉而僱用高技能的人員，儘管人數較少，但是產出相對較多，該業界的薪資也因而開始提升，促使主導該業界的高技能菁英變得富有起來。今天，「才能是華爾街最寶貴的商品，也是（銀行）最大的賣點，他們自然需要高薪奉養。」如今一家典型的華爾街業者，薪資就占了營業純收入的一半左右。金融業從業人員今天的平均薪資約比其他業界人員平均水準高出百分之七十（金融部門的大學教育報酬率是其他部門的兩倍左右）。同時，金融業界人士已是美國真正富有階層的主力。事實上，今天金融業菁英龐大的所得是導致經濟不均惡化的主因之一，但是同時也帶動對金融服務需求的擴大。

上述的討論省略了許多複雜的細節，但是無礙其超越金融部門，掌握到整體經濟的現實核心。植基於超高技能的科技讓菁英獲得龐大所得，然而這些科技並非憑空而來——菁英體制之外。相反的，身懷超高技能的金融業菁英將創新導向對他們技能有利的方向，而菁英的增加又擴大了對這類創新的需求。

透過一連串的反饋作用，菁英體制形成的不均持續擴大，同時也製造出陷阱，並且不斷予以強化。菁英體制不均有兩大關鍵要素：富家子女在學校所受的強力培訓與他們超高技能工作所帶來的優渥所得。

超高技能所帶來的所得合理化了菁英對教育與培訓的狂熱迷戀。菁英階層，不論是父母還是子女，接受高壓式的教育是為了保有一份光鮮的工作，避免陷入晦暗的工作，同時能夠將其階級世代傳承。在此一作用下，工作重塑了家庭的形象。

另一方面，菁英階層所接受的高強度培訓也合理化了勞動市場對技能的痴迷。最明顯的就是菁英體制帶動創新。創新者需要培訓，很多的培訓，而研究的範圍與規模又增加了對受過菁英教育的創新者的需求——如進入華爾街的物理學家——從而創造了「研發部門」。另外重要性不減但是相對較不明顯的作用是菁英階層引導創新，不僅是在數量方面，同時也決定創新的方向。菁英體制將新科技的開發導向有利超高技能的一方，是因為身懷超高技能的菁英能夠以最具生產力與創造獲利的方式來運用這些新科技，這是過去貴族菁英所做不到的。（試想要伯蒂·伍斯特（Bertie Wooster，小說家虛構的紈褲子弟）來交易債務擔保債券。）菁英體制的教育創造了創新者，同時還給了他們創新的目標。在此一作用下，家庭也重塑了工作的形象。

當然，經濟不均，甚至菁英體制下的不均，都不應全部歸責於菁英教育與菁英工作間的回饋環。不過，此一回饋環確實是主導今日社會與經濟生活的重大機制。菁英體制的不均所顯現的並非自我糾正，甚至不是自我約束，相反地，一旦它找到立足點，原先的不均就會滋生新的不均，層層相疊。職場對技能的重視促使菁英父母為子女提供高強度的教育與培訓，超高技能的菁英又主導創新的方向強化職場對超高技能的需求。

在周而復始的循環下，菁英體制的不均有如滾雪球一般，隨著世代的傳承，不僅在規模與質量上，同時在其累積的能量，也一路擴大。

管理再創新

喜互惠連鎖超市（Safeway）的創辦人是一位浸信會牧師的兒子，他提倡付現自運（cash-and-carry）的雜貨店經營概念，因為他認為以信貸為本的雜貨店會提高價格，造成家庭負債並且使人依賴信貸購物。此一連鎖超市的創辦人史卡格斯（M. B. Skaggs）後來表示，「在一九一九年時我沒看過一家付現自運的雜貨店，但是這個主意確實有其道理。我的經營成果可以由我能否提供較優的服務、減少浪費、現金買賣、符合顧客需求，以及分享我儲蓄的好處等來衡量。」幾十年來——經過多次的擴張、縮編與重建——喜互惠在諸如「安全駕駛，安心購買（Drive the Safeway, Buy the Safeway）」與「安全有保障（Safeway Offer Security）」等座右銘下持續經營。

在這段期間，該公司完全是以上世紀中期的模式經營，此一模式正是財星雜誌一九四〇年一篇文章的論點，該篇附有安塞爾．亞當斯（Ansel Adams）所提供照片的文章指出，「一個簡單的成功方程式：其一切作為都是以生產商、員工與消費者的利益為依歸。」這個方程式絕非空洞的口號，例如該公司一九三九、一九四〇與一九四一年的年報中都驕傲地宣布，儘管喜互惠的營業據點每年都有所減少，但是沒有一位員工遭到裁撤。一九六八年，喜互惠伸手援助位於舊金山灣景——獵人角區（Bayview-Hunter Point）的一家食品合作社，這家業者原本是喜互惠的競爭對手。一九七二年，喜互惠在食品零售業「針對公共利益的社會回應與責任」排行榜上拔得頭籌。此外，在一九七〇年代初期，喜互惠將其一位董事與資深副總裁借調給全國商人聯盟（National Alliance of Bussinessmen），參與一項旨在為弱勢少數群體勞工提供五十萬份工作的計畫，在借調期間，喜互惠給予借調人員有薪假。

喜互惠在此一時期的高階經理都與其他員工維持良好的關係。該公司在一九六五年的年報中熱烈慶祝成立四十週年紀念，並且驕傲地指出喜互惠的總裁在該公司整整待了四十年，最初在公司於一九二六年成立時只是一位兼職的食品作業員，而自此一路做到領導公司的職位。喜互惠的政策是鼓勵這種從公司底層一步步攀升的升遷軌：「我們注重人員的發展，」該公司宣稱，「我們會先分析需要哪些受過培訓與經驗豐富的經理人才，然後進行篩選，提供培訓與培養經驗，讓他們符合今日複雜與嚴苛的環境，我們會為他們創造更上層樓的機會。」該公司確實提供了這樣的機會：一九三九年，喜互惠在其所有部門經理的職位中特別為自結帳櫃台出身的員工保留兩個空缺，其中一位最初是記帳員，另一位則是麵包烘焙助手。

當年喜互惠的薪資廣泛地分配給員工：一位部門經理的薪資，加上獎金，可能是執行長的一半。執行長的待遇相當優渥但並不過分：在一九五六到一九六四年間的每一年，喜互惠付給執行長羅伯・麥高文（Robert Magowan）的薪資是十三萬五千美元，相當於二〇一八年的一百二十萬美元左右——雖然很高，但是仍不及今天的執行長們。財星雜誌概括該公司的文化，表示「喜互惠的企業經營觀念健全，其所有的作為都是出自於公共關係的建立與維護。」

喜互惠的經營模式符合當時的社會環境。十九世紀的勞動力——識字率低、高中畢業的不多，根本就沒有大學畢業生——缺乏擔任經理或是從事管理的技能，因此十九世紀的公司（如格蘭特－多特馬車公司）也只好在沒有經理人才的情況下經營。但是到了二十世紀，高中教育普及化、戰後大學潮，以及有計畫的在職培訓，產生了一批具有基本管理技能的勞動力。與此同時，上世紀中期的菁英階層卻仍是過著養尊處優的日子，當年的大學絲毫不具競爭性，所培養出來的高級主管既不願意，也沒有能力來承擔管理的責任。喜互惠（與包括通用汽車在內的上世紀中期企業）當年透過內部升遷管道將管理技能分散的方式，完全掌握當時勞動力的變化。

在此一背景下，自一九七〇年代晚期開始一直至一九八〇年代——在金融、法律與管理等方面——出現了一連串的創新，而且創新腳步不斷加快，重塑美國企業，並且帶來了全新的管理模式——菁英體制取代民主體制，所得大量集中於頂層。

首先，企業改變了它們如何挹注資金的方式。上世紀中期的企業是將獲利的大部分再投入其業務之中，而不是分配給股東或是債權人。這樣的操作允許企業幾乎所有的商業投資都是來自內部本身的資源，不是依賴自資本市場上籌措新資金。但是隨著整體經濟日趨金融化，企業開始以借貸來等籌措營運資本。總而言之，今天的股票上市企業只保留小比率的獲利，而且只有不到四分之一的主要新支出是由過去的獲利來供應。

這樣的變化使得現今的企業是將獲利用來償還債權人，而且往往是固定排程。於是，債務融資（尤其是再加上股票回購）使得經理的責任變成創造需要用來償還債權人的營收，或是將獲利交給企業所有人或大股東，而非一般持股人。高階經理自此失去了對大規模穩定營收的掌控，轉而必須面對維持公司損益平衡底線的新壓力，包括擠壓在他們之下所有員工的薪資。上世紀中期的企業將自己與資本市場隔離，從而使得「所有權與控制權分離」成為那個時代的管理圭臬，然而現今企業的資本結構卻是使得管理必須向積極型投資人負責。

其次，新的法律科技創造出一個公司控制權市場，讓收購專家可以大顯身手——使得企業收購成為日常活動而非特個案——由此來管束無法將股東價值最大化的企業管理階層。這些管束來自許多機制，包括也許可能是重要的槓桿收購——利用目標公司自有資產作為擔保進行貸款以收購該公司股份的一種操作。自一九八〇年代開始，槓桿收購使得企業管理階層的壓力倍增。

與此同時，華奇泰爾（Wachtell, Lipton, Rosen & Katz）與世達（Skadden, Arps, Slate, Meagher & Flom）等法律事務所則是開發出可以進行大規模積極型投資的法律框架。德萊克索·伯納姆·蘭伯特等投資銀行與KKR等私募股權基金則是將企業併購從金融部門的邊緣地帶帶至魅力中心。美國以美元計的企業併購規模——這是一個可以衡量股東積極主義熱度的方式——在一九八二到一九八七年間（與景氣循環同期）成長了百分之兩百，接著在一九八八到一九九九年間更是躍增百分之五百。到了一九九〇年，財星五百大企業中有三分之一都曾是敵意收購的目標，有三分之二由於擔心遭到併購，因而採取反收購防衛措施。

第三，這些金融與法律創新同時也帶動管理上的創新，促使企業以現今的菁英集中管理技術來取代上世紀中期民主式的管理方式。此一轉變連帶也促成企業管理階層的責任與企業工作環境隨之改變。

公司控制權市場無法直接接觸企業高管之外的員工。投資人除了企業的核心業務之外對於監督或是控制其員工卻是鞭長莫及，確實如此，這樣的距離使得他們寧願做投資人而不是企業管理階層。但是在此同時，公司控制權市場卻為企業高階管理階層提供了高強度的激勵作用：投資人可以利用蘿蔔（以股票與選擇權為主的薪資方案）[3]與棍子（威脅逼其下台）[4]來監督高階管理階層，從而讓企業的領導階層將股東價值最大化。此一邏輯使得企業管理視非菁英員工為股東的負擔，同時又將管理的權力集中在企業菁英階層手中。因此，公司控制權市場所帶來的管理創新，完全就是在於以現今將管理大權集中在企業高管手中，同時企業階級日趨扁平化的模式，取代上世紀中期管理權力下放分散的模式。

這些創新交相作用，帶動美國企業的轉變，菁英體制取代了過去的民主體制。金融業改變了企業管理，將其對技能的迷戀轉移到其他業界。我們或許可以這麼說：企業管理被金融化了。

就如創新改變金融業一樣，帶動管理革命的創新也非自發性的。它們——每一項——全都是來自菁英體制內身懷超高技能的菁英生力軍，他們的目的是將創新收歸己用。美國的菁英學校與大學創造出新一代的斯達漢諾夫。

企業掠奪者用來進行併購的金融工具，和其他的金融創新一樣，需要擁有超高技能的金融菁英來進行架構、定價與交易等作業。（企業收購熱潮興起，也正是德萊克索．伯納姆．蘭伯特的交易員地位大幅提升之際，這兩種情況同時出現絕非巧合。）

同時，創造出公司控制權市場的法律新科技也需要高明的律師來發展與運用。主要帶動這些創新的法律事務所——華奇泰爾與世達——都是菁英主義的支持者。[5]在上世紀中期，他們自覺性地與貴族體制下老一代的法律菁英保持距離，拒絕對出身或宗教信仰的歧視。然而今天華奇泰爾所體現的則是法律界新一代的菁英主義，以非來自最頂尖學校的高材生不用聞名。該公司的競爭對手，也一樣都是崇尚菁英主義，為了吸收法律菁英激烈競爭。

最重要的是企業掠奪者無法增進目標企業的經濟成績或是幫助股價上揚，除非他能以專家取代現任管理階層。股東積極主義的實踐靠的是提供企業掠奪者旨在增加目標企業經濟利益的菁英管理能力。這需要大批斯達漢諾夫，即是擁有超高技能的管理菁英，他們不但願意，同時也能有效直接行使（不需依賴中間管理階層）管理與指揮的權力。

因此，在一九八〇年代企業收購熱潮方興未艾之際，同時也出現一波管理機制快速發展與重新定位的趨勢，絕非巧合。與此同時，企業財務長的重要性大增，他們為企業的經營帶入金融市場的觀點。此外，專門生產企管碩士（MBA）的商業院與管理顧問業者——主要是麥肯錫、貝恩策略顧問公司（Bain & Company）與波士頓顧問集團（BCG）——則是在企業階層扁平化的轉型成長過程中供應MBA，為企業高層提供技術支援。

管理顧問本身，也是全面轉型。一直到二戰期間，顧問業都還是「羽毛初長的雛鳥」，全力擁抱貴族菁英養尊處優的生活型態。即使是麥肯錫，也只是貴族菁英階層的附屬品，直到一九五三年才僱用首位哈佛MBA，並且其顧問一直都戴著淺頂軟呢帽，直到甘迺迪總統不再戴這種帽子為止。

不過隨著上世紀中期的經濟型態逐漸式微，顧問業開始大舉行動維護其菁英地位。在一九六五與一九六六年，麥肯錫「撤除」在紐約時報與時代雜誌的人事廣告，並且表明態度，這些廣告儘管吸引了數以千計的應徵者，可是可能全都不符要求；而且在整個七〇年代，該公司還在自己的業務上採取了以生產力為導向的分析方法。同期間，BCG的布魯斯·韓德森（Bruce Henderson），一位菁英主義的熱烈擁護者，在哈佛商學院的校刊大做廣告，宣稱BCG僱用的「不是泛泛之輩，而是學有專精的學者——羅德獎學金學者、馬歇爾獎學金學者與貝克學者（成績在班級前百分之五者）。」今天，頂尖商學院的畢業生，有百分之二十五都加入菁英級的顧問公司，而商學院的事業規劃研討會的主題都是「投資銀行與管理顧問」。

湧入管理顧問業的菁英瞄準中階經理發動殘酷無情的鬥爭。他們宣稱要推動「企業與社會的階層化」，所採取的方式並非「依據年資與經驗，而是在於所提出創意是否高明與提出者的才能，儘管這人可能只有二十八歲。」顧問業者利用各種令人眼花撩亂，甚至擁有專利權的分析方式來打擊中間管理階層。

麻省理工學院的史隆管理學院（Sloan School of Management）與電腦科學公司（Computer Science Corporation）的顧問部門合作，發展出所謂的企業「再造」（reengineering）技術，「將組織分解成各個零件，將其中部分重新組合，建造新機器。」至於剩下的部分，其組成大部分都是中階經理人。還有許多公司，包括GTE、蘋果與太平洋貝爾（Pacific Bell），都明確表示以企業再造來進行組織縮編的工作。麥肯錫則是強調其所謂的「管理費用價值分析（Overhead Value Analysis）」，表示這是針對上世紀中期企業中間管理階層過於龐大的因應之策。麥肯錫承認「轉型的過程並非毫無痛苦。由於管理費用有百分之七十到八十五都與人力有關，而節省最多的部分就是來自（非生產型人員）勞動力的減少，因此刪減管理費用需要做出若干痛苦的抉擇。」

管理顧問業堅定支持菁英主義，而將裁員合理化。引用一位歷史學家的話，顧問業界強調「我們同在一起，但是有些豬就是比別的豬聰明，因此賺得也比較多。」大勢所趨，菁英管理為「今日的資本主義注入狂野的氣息。」身懷超級技能的銀行家、律師與企管顧問帶動的管理技術創新完全對其自身有利。

最後，所有管理技術創新都是源自於美國企業主管本身所擁有的技能。菁英教育製造出一批具備超高技能的人才，他們能夠在無須仰賴中間管理階層的幫助下經營一家複雜的大型企業，同時他們也有別於視工作有辱身分的老一代菁英，願意全力投入工作。這些新一代菁英在金融、法律與管理上的創新，剝奪了一般員工的管理權力與所得，並將它們集中到企業高層手中。[6]

喜互惠就是此一發展趨勢下的例子。一九八六年，儘管股價勁揚、股利大增、盈餘創下新高，但是該公司依舊不敵槓桿收購的攻勢，其固有特色也因此全面變調。喜互惠現今高掛總部大廳的企業經營理念，已不再是如重然諾的老式格言，而是「短期投資目標報酬率」。

喜互惠發動部門改組、門市關閉（通常都是在最貧窮的社區）與人員裁撤。該公司關閉在達拉斯的整個部門時，有近九千名員工（平均年資在十七年）遭到裁員。該公司的中間管理階層被裁撤一空——許多表現「非常優秀」的員工都遭總部開除，而公司最終也付出數百萬美元來為不當解僱訴訟和解。

外來的菁英管理階層進駐喜互惠。喜互惠現任執行長是一位會計師，他之所以得到此一職位是因為他原是併購喜互惠的公司高階主管，而他的前任則是在運輸與能源業有二十年的資歷。與此同時，喜互惠的高階主管都變得非常有錢。喜互惠執行長的年薪在收購後的那一年就增加了百分之四十，他的紅利更是大增近三倍，由底薪的百分之四十增到百分之一百一十。此外，高階主管待遇的提升是持續性的。二〇一四年，喜互惠執行長的總收入是八百九十八萬二千四百二十九美元，是其在一九六〇年代前輩的十倍左右。

爲何今天的創新有利技能

新科技並不一直是有利技術性勞工。在菁英所得仍依賴資本的時代，創新基本上是不利於技術性勞工的。帶動工業革命的新科技是以工廠作業取代手工技藝，將原本複雜的工作簡化成各個步驟，而固定的工序讓不具技能的工人也能勝任。技術嫻熟的工人發現自己的工作遭到威脅，於是起而反抗。在十八世紀末，英格蘭城市里茲（Leeds）一批收入頗豐的紡織工人發現自動紡織機的大量使用，使得他們可能被少數一些不具技術的勞工所取代。這批紡織工人於是組織起來〔即是後來的盧德主義者（Luddites）〕，在當地報紙大聲疾呼，極力反對這種「亂七八糟的機器」。在他們的反對仍無法保住工作後，他們開始破壞紡織機，甚至掀起暴動。

在工業化的過程中，科技創新持續不利技能，「十九世紀的許多科技發展，都是以物質資本、原料與不具技能的勞工來取代技術嫻熟的工匠。」例如在槍械製造上，來自美國森林的廉價木材，加上車床，就足以讓槍械製造商改以預製零件來進行大量生產，並且取代以手工裝配的工匠。

槍械製造並非特例：「屠夫、麵包師、玻璃吹製工、鞋匠與鐵匠等原本需要手藝的職業都因工廠的生產系統、機具與機械化而產生劇變。」這種創新不利工匠的情形一直持續到二十世紀初期。例如裝配線的發展使得福特汽車公司的汽車製造不再使用過去主導生產作業的技術性機械師父。

到了二十世紀中期，工廠工人組織工會，開始進行他們這一代對資本的反抗與維護他們的中產階級地位，在這段時間，擁護經濟均等的力量對創新是抱持歡迎的態度。上世紀中期的思想家普遍認為科技創新有利中產階級勞工，可以將所得由資本導向勞動力。約瑟夫．斯賓格勒（Joseph Spengler）在一九五三年寫給美國社會學期刊（American Journal of Sociology）的短文中就指出，他們認為「資本所得比率減少，薪資所得比率增加，可以促進所得不均情勢的減少。」當經濟戰線是在資本與中級技能勞工間的鬥爭時，擁護經濟均等的力量擁抱創新，將其視為盟友。

金融與管理的現代史足以說明創新為何會倒戈相向，如今反而站在經濟均等的對立面。不論情況為何，在菁英體制下的教育與由其產生的超高技能菁英，都會引導創新倒向他們所擁有的技能。因此，當經濟戰線重畫，位於中級與超高技能間的鬥爭時，創新也會轉向，改為支持超高技能與經濟不均。

這樣的轉變是來自一套可以理解的內在邏輯。創新者並非與世隔絕，而是生活在具有人性與經濟利益的社會環境內。他們的思想與理論一路從發想、可能性的發現、發展到實際運用都一直受到所處社會背景的引導。有關生產方面的創新尤其如此，這類創新在本質上就並非為了知識的增長（如果真的有此可能的話），而是反映實際的考量與獲利的潛在機會。

具有利害關係的創新者會調整他們發明的科技，以配合當時的經濟背景情勢，包括他們社會所擁有的資源——也就是此一新科技可能可以運用的資產。這套創新邏輯自古以來，從發明農業之後就一直存在。例如在初始的農業經濟社會，乾旱的國家可能會發展出滴水灌溉的技術，具有眾多河流的國家則會發展出水稻耕作的技術。在古代世界，由於擁有充沛的奴役勞動力，或許可以解釋當時的先進文明為何沒有走向工業化的原因。（亞歷山卓港的希羅（Hero of Alexandria）甚至發明了以水蒸汽轉動球體的蒸汽機，但是沒有人將此一科技運用在引擎的製造上。）到了近代，地大人稀的社會（例如美國）所發展出的農業技術，絕對與地窄人稠的社會（例如日本）所發展出來的完全不同。

今天每一個社會所擁有的最重要資源之一是其勞動力的技能與勤奮——人力資本。在經過一千年由土地主導社會財富與經濟生產的時代；一個世紀由工業機器所主宰的時代之後，如今人力資本成為全球富有國家最重要的資源。向來會配合社會特質與物質資源進行調整的創新之路也因此轉向人力資源，尤其是社會勞動力擁有的技能。

工業革命的創新是站在技能的對立面——早期的工業技能大都是以工廠生產來取代工匠的手藝——而且效果是立竿見影。在十九世紀上半，英國就經歷了一場非技能型勞工史無前例的大規模移居潮，由鄉村（包括飽受飢荒肆虐的愛爾蘭）遷往城市。在一八一一到一九一一年間，大倫敦地區的居住人口從一百萬人左右增到七百萬人以上，大曼徹斯特從四十萬人增至二百五十萬人，大明罕從二十五萬人增至一百七十五萬人，大利物浦則從十五萬人增至一百四十萬人。

當時工業生產的創新都是瞄準、運用（同時也激發）這批新的勞動力資源。新型態的生產是以標準化的產出、可以相互交換使用的零件來將原本整合性質的工作分解成各個步驟。這樣，就可以讓不具任何技能的勞工在工業工程師的協調下重複進行經過簡化的工作來製造產品，取代了原本技術純熟工匠的整合型工作。如此一來，創新就淘汰了舊式工匠所採用的技藝手法。

由此也顯示，早期的工業科技站在技能的對立面，其實是回應其所接觸的人力資源型態——帶動工業化的英國在技能型勞動力與非技能型勞動力間的平衡——就像古代農業對水資源多寡的因應一樣。

現代的創新向技能型勞工一面倒，也是基於同樣的反應，只不過推動創新的力量是朝向相反的方向。一九六〇年代大學教育開始蓬勃發展，使得技能型人力資源大增，而頂尖學府的菁英教育（如今仍在繼續進行之中）又造就出具備超高技能的菁英人才，能夠從事遠較過去複雜的工作。與此同時，社會風氣的轉變，不再推崇過去養尊處優的生活型態，轉而尊重辛勤工作的態度，也促使這一批身懷超高技能的生力軍積極實踐他們之前所接受的培訓，全力投入工作。這批擁有超高技能的菁英人力日益擴大，帶動科技創新配合他們的人力發展，相輔相成。

這些趨勢為整合超高技能菁英人力資源與勤奮工作態度的創新開闢了一片新沃土。創新者面對這樣的新領域——以技能為導向的科技創新擁有雄厚的獲利潛力——積極回應。他們的創新開始聚焦，甚至痴迷於新一代菁英所擁有的技能。在此同時，他們對過去生產所依賴的一般技能不屑一顧。資本，自然成為這批菁英人力最想利用的資源，以此來資助創新活動。（矽谷有大批創投企業就是此一現象的最佳寫照。）

創新向技能傾斜的情況並非突然出現，也不是在於新科技的必要性，而是依循，甚至是追趕菁英教育所釋出的最新技能。以技能為導向的創新——不論是在金融、管理、零售、製造，還是整個經濟體系——都是將焦點重新定位於超高技能人力的生產上。這樣的趨勢使得中產階級的薪資大受壓制，菁英階層的卻是大幅提升。菁英體制下的不均接踵而至。

在工業革命尾聲時，史特林．邦內爾（Sterling Bunnell）諷刺性地寫道，「身懷絕技的人所需要的不過是自己的工具箱，」但是「無一技之長的人卻是裝備越昂貴越好。」然而創新最近的發展趨勢卻是將這句話完全掉了個頭。今天，不僅是金融業與管理業界，在整個經濟體系，高身價的菁英人力引導創新者發明的新科技，只會讓低身價的勞動者更顯低廉。

隨著二次戰後嬰兒潮與上世紀中期對大學教育大力投資的交相作用，造就大批大學畢業生，技術性人力的供應大約在一九七〇年開始加速成長。在接下來的十年間大學教育報酬率毫無意外地急速下降，這是因為大學畢業生供過於求。但是在進入一九八〇年代以後，大學教育報酬率意外上升，而且持續增速，直到現在為止幾乎毫無中斷。同時，在接下來的幾十年間，儘管大學畢業生的供應持續增加（成長率有所減緩），大學教育報酬率依然顯著揚升。由此顯示，在大學畢業生突然增加的十年後，對他們的需求開始快速增長。（一項獨立性的統計指出，一九八〇年代對大學畢業生的需求較之前四十年成長了一．五倍。）形成此一模式——對大學畢業生需求增長的滯後時間——的最佳解釋，應是在於大學畢業生的供應增加，引導創新朝向增進他們技能價值的一方發展，從而也提升了他們的大學教育報酬率。

這些模式與關係在所得分配的最頂層，擁有超高技能的學士或專業資格的菁英階層與其教育報酬率之間一再上演。高等學府的菁英主義改革與菁英階層由養尊處優轉而崇尚勤奮不懈的社會氛圍，使得超高技能人力資源的供應自一九七〇年代初期開始呈爆炸性成長。再一次地，供給增加壓迫到超高技能菁英階層的教育報酬率，不過所得分配最高百分之一階層所得比率觸底的時間不是在上世紀中期的中間，而是在該時代結束的時候，由一九六〇年代末期的百分之十二左右降至一九七六年的百分之十．四。但是之後最高所得階層的所得自一九七〇年代晚期又開始快速增長，並在一九八〇年代初期與中期進一步加速（到了一九八八年，所得分配最高百分之一階層的所得比率增加一半，達到近百分之十五的水準），而且持續擴增直至邁入新的千禧年。廣泛的超級菁英經濟模式將金融與管理業界的創新發展微觀史進一步延伸。同樣的，此一模式的最佳解釋就是菁英主義革命與菁英教育造就的大批超高技能人力資源引導創新走向有利他們的一方。

最後，由國際間的比較可以證明以技能為導向的創新向超高技能勞動力傾斜的事實。美國光鮮工作與晦暗工作間勞動力的差距與菁英教育的強度和優越性都遠大於其他富有國家。簡而言之，菁英體制在工作與學校中所形成的不均相互餵養，不斷滋生。

德國是全球第二富有的大國，僅次於美國，約有八千萬人口，人均GDP大約在五萬美元。美國與德國（根據一項統計）是全球唯二人口超過五千萬，人均GDP在五萬美元以上的國家。但是儘管他們是這個專屬俱樂部唯有的兩個會員，他們在教育與工作上的發展方向卻幾乎完全相反。我們可以由兩者間的區別一窺培訓與勞動力間，尤其是菁英教育與超高技能經濟報酬間的關係。

美國與德國的教育是以不同的方式瞄準不同的族群。美國將其教育投資集中於少數菁英階層，而且是以大學為主要提供教育的場所，從而取消了職場培訓。而德國則是針對廣大民眾實施教育普及化。同時，德國不論是否為菁英階層，一律教育平等。事實上，德國沒有私立的學校或大學，雖然德國的公立大學體系內也有菁英學院，但它們並不具特別的競爭性，學生群體也沒有明顯的偏向。德國並且為接受大學教育之外的民眾提供職業培訓。[7]此外，德國自人民幼童時期就開始實施平等教育，並且立法作為保證。如柏林市政府就立法規定所有市民都可以得到免費的日間照護，禁止父母（不論他們多麼富有）給予日間照護的附加費每月超過九十歐元，由此使得私人菁英日間照護變成違法的行為。

在另一方面，美國與德國雇主的投資與創新近幾十年來所瞄準的勞動市場也大不相同。美國企業是將其工廠與機械設備的投資不成比率地偏向高技能人力，德國企業則是把新資金投入主導生產的非技術性或中級技能的勞工身上。

當公司購買新設備，會讓使用該設備的勞工生產力獲得提升，從而也使他們的薪資增加。因此，是投資供中級技能勞工使用的設備，還是投資供超高技能員工使用的，相關決定會對這兩類人員的薪資待遇造成直接的影響，從而也影響到培訓與技能的薪資溢價。例如在一九七五到一九九一年間，美國在製造與零售部門的新投資——資本深化——使得技能的薪資溢價增加約百分之八。然而德國在這些部門的資本深化卻反而使得薪資差異縮小。整體而言，美國的資本支出造成薪資差異擴大，並且提升了技術性勞工的薪資溢價，但是德國卻是對薪資形成壓抑，並且使得技術性勞工的薪資溢價下降。的確，即使是銀行業也會出現這樣的效應。美國的銀行以高薪追逐菁英人才，其中有一些是全球最為經濟不均的工作場所。但是在德國，銀行業的新投資是針對中級技能人員，從而將該業界的薪資差距縮減了整整三分之一。

若是加上其他國家，更能顯示學校與工作間不均的關係，同時也能更加證明美國高強度的菁英教育與高薪之間相互滋養的關係。在所有的已開發經濟體，大學教育報酬率向來是與菁英和中產階級間的教育投資差距同進退。（請參考圖十一，頁四三五）若是教育偏重技能培訓，企業投資又集中於超高技能的人力上，技能溢價就會上漲；反之，平等教育與培訓，加上企業投資著重於中級技能的員工身上，技能溢價就會縮減。一言以蔽之，校園內的菁英主義與工作上的菁英主義攜手並進。

具有超高技能的菁英，為了維護其地位，會尋求刺激外界對其技能的需求。今天勞動市場對技能的痴迷其實是菁英教育下促進菁英主義發展的產物。菁英會將他們的所得大量投資於子女的教育上，子女因此擁有的技能又會進一步促進以技能為導向的創新。此一循環周而復始。一位知名的評論家甚至推測——暗示意味甚於其字面的意義——「越戰的兵役法與嬰兒潮超高的大學註冊率……促成電腦的發展。」簡單說，為了因應超高技能菁英的興起，於是創造了可供他們從事的光鮮工作。

菁英體制的不均具有自生的能力。

人力資源的詛咒

如果社會是梯子，有兩方面的不公會影響攀上頂端的機會。

首先，一個人要攀高一級階梯，要看他是從哪一層階梯開始。在菁英教育聚焦於富有人家的子女，學校的學生群體也向財富傾斜之下，攀高的機會均等性遭到破壞。富家子弟將中產階級子弟排除在菁英學校之外，具有超高技能的菁英則是把中產階級勞工貶低成冗員。菁英擁有的機會成為中產階級更上樓的阻礙，而且菁英阻攔中產階級並非背叛，而是實踐菁英主義的理念。

其次，任何一級階梯的價值在於它與這具社經梯子其他階梯間的距離——也就是社會階層間所得與地位上的差距。一個人受限於出生時的階層，與在此一階層中的其他人過著相類似的生活是一回事，但是如果是在一個廣大多元的社會中，即使是相鄰的兩個階層所經歷的物質與社會生活卻有如兩個世界就說不過去了。在菁英體制將工作兩極化，以晦暗與光鮮的工作取代中產階級的情況下，也增加了階梯間的距離。不僅是個人，整個階級間的差距都擴大。此一發展對機會均等性的破壞更甚前者。

菁英體制的不均將這兩項破壞機會均等的力量相連，形成回饋環。菁英體制將此一社經梯子整個拉長，並擴大了階梯間的距離，同時也使得一個人向上攀升的機會要依賴他是從何處開始。（光鮮與晦暗工作間的差距讓菁英階層大量投資於子女的教育，以讓他們能夠獲得光鮮的工作。）菁英體制也將階梯間的距離擴大。（菁英階層引導創新偏向對他們所得與所擁有技能有利的一方。）

這兩股力量匯集合一，對絕對社會流動性——一個人所得高於父母的機率——造成毀滅性的衝擊。在菁英體制所造成的各項負擔下，絕對社會流動性下降最多就是在中產階級。

在一九四〇年出生的整個世代，是在戰後中產階級的全盛期長大成人，他們都較父母富有。就此而言，當時的美國都是聖克萊爾湖畔小鎮。嬰兒潮世代的人，若是出生在最富有的十分之一家庭，他比父母有錢的機率會降至十分之九以下，若是出生在最富有的百分之一家庭，他比父母有錢的機率不到一半。

然而一九八〇年出生的人前景最為嚴峻。只有窮人家的子女在成年後才有可能比父母有錢。

同時，在此一世代，絕對流動性下降最大的是出生在父母所得在所得分配百分位中位居第二十百分位至大約第九十五百分位間家庭的子女——也就是廣大的中產階級。此一群體在上世紀中期因開放與均等的教育而擁有眾多的機會，同時也是經濟成長的最大獲利者。（請參考圖十二，頁四三六）然而今天他們卻是因為被排除在經濟成長之外而抱怨連連，紛擾不安。

這些發展使得菁英體制不均所產生的階級秩序成為焦點。菁英特權與排斥中產階級所針對的並非僅是個人，而是集體性的行動。我們之前是以靜態語言來說明全面性的差距，但是其中也有激盪活躍的一面。在菁英階層引導創新走向有利他們一方的同時，無異也封閉了他們的階層。專屬的教育與對技能的痴迷都有利菁英階層，因此在菁英體制的運作下，這兩股力量的回饋環也是有利菁英階層。

社會與經濟深層的力量推動回饋環持續運轉。批評社會不公與經濟不均的人士指責菁英階層在變得富有之後，就將身後的機會之梯移走。這樣的指責並不完全正確，至少沒有掌握到菁英制不均的核心目標。

批評人士指責菁英以權謀私，並不比其他人高貴多少，固然是沒錯。但是菁英體制有如滾雪球般一路擴大的不均其實也牽涉到個人無辜的選擇——例如子女的教育、工作勤奮，以及研究創新——相互累積形成自生，同時也造成集體性的傷害。這些批評顯然著重個人的行為，不顧這些行為內部的深層結構。他們強調的是個人道德，卻忽略群體的意志。

如今有一個更為深刻的觀點指出，菁英體制的不均是在重演一種廣為人知的經濟矛盾，只不過背景更為眩目。

經濟學家長期以來就一直在思索為什麼天然資源——如石油、黃金或鑽石——豐富的國家往往不如其他天然資源相對較少的國家富有。一部分原因是這些天然資源對該國的經濟造成扭曲。這些國家都是著重於採掘產業的生產，即是對天然資源的探勘、挖掘與開採等等。然而這些產業都是聚焦於土地所蘊藏的財富或礦坑主人，而且需要大批的勞動力來從事艱難與危險的挖掘工作。

在這樣的情況下，天然資源豐富的國家往往忽視對教育的投資，甚至壓抑商業與專業的發展，因此他們也不可能創造出具有生產力而且活力充沛的中產階級。他們反而可能發展出非菁英，甚至是貪汙腐化的社會與政治結構，其目的只是為了保護少數權貴菁英，而犧牲公眾利益。因此，天然資源豐富國家的成長往往不如資源稀少的國家——並非全都如此，不過已足以讓經濟學家將之稱為資源詛咒。

形成菁英體制不均的回饋環就是資源詛咒的翻版。在今天的美國，遭到詛咒的資源並非石油、黃金或是鑽石，或是任何一種實體財富，而是人力資本。菁英階級身懷的超高技能反而對他們所依賴的經濟造成扭曲。對人力資本的重視促使創新聚焦於利用超高技能人力資源的產業與工作——金融業與菁英管理。這些產業都是著重於一小批菁英階層的財富與權勢上，他們從事的都是光鮮的工作，並且指揮大批次等階層的人去做一些晦暗的工作。他們相當於採掘產業，只不過他們的財富並非靠天然資源的開採，而是來自超高技能菁英的人力資本。

菁英主義國家著重於菁英階層的教育與商務，從而造成其階層的封閉性，就像所有特權階層一樣。串連專屬教育與技能導向創新的回饋環不斷強化菁英的特權，同時也不斷打壓中產階級，使其邊緣化。長期以來危害資源豐富國家的病痛——社會與經濟的分層化、不民主的政治、貪汙腐化，與成長低迷——勢將接踵而至。

菁英體制的不均帶來了人力資源的詛咒。

第九章　菁英主義的迷思

「菁英體制」這一名詞出現的時間其實較其真正實施的時間早不了多久。它是由英國社會學家麥可．楊格（Michael Young）在其一九五八年的反諷著作《菁英體制的興起》（*The Rise of the Meritocracy*）中創造出來的。

楊格以尖酸刻薄的筆調對菁英體制極盡諷刺。《菁英體制的興起》是大聲疾呼的警告，不是歌功頌德的讚美詩。楊格本身則是把這本書視為反烏托邦的奇幻小說，與喬治．歐威爾（George Orwell）的《一九八四》、阿道斯．赫胥黎（Aldous Huxley）的《美麗新世界》（*Brave New World*）屬於同類型。

楊格設想菁英體制會殘酷無情地測試人們的天生智力，然後予以分類，分配至不同的學校、大學，甚至工作。這樣的分類會產生一個廣大、穩定以及以能力為標準的社會階層。

楊格認為，這個看似最完美與最公平的方式——相同智力的人們接受相同水準的教育、所得與地位——在社經優勢的分配上會造成嚴重不均。他警告，最終，這些不均會越來越嚴重，甚至連菁英體制的意識形態力量都難以承受，革命與一些無理性的暴動也將隨之爆發。

楊格的憂慮有理，儘管結果顯示他擔憂的事情錯了。他相信天生的智力而不是後天的培養，表示他認為菁英是天生的，而不是後天造就的。這樣的想法使得他的奇幻小說誤會了造成菁英體制不均的社會技術。事實上，現今菁英體制的運作並不是「對人們天賦的測試，而且越早越好，」而是在於「培養人們的能力，而且是越久越好。」

此外，楊格也低估了菁英體制對社會轉變的影響力。他設想菁英體制或許會改變社會分配社經優勢的方式，但是不致影響優勢賴以分配的社會價值——道德觀與政治理想。他同時也沒有預見菁英體制會引導向創新偏向其所擁有的技能，從而使得菁英教育與菁英工作合理化，並且相輔相成。楊格低估了菁英體制的魅力，還有其所形成的不均對經濟、社會與道德生活帶來的陰影。

楊格的諷刺箭頭失之千里。他所發明的名詞非但沒有成為各方譴責的對象，反而引來社會的爭相擁抱。面對這樣的情況，即使進入新的千禧年，楊格也是唏噓不已。

新現實，新規範

劃時代的變革總是無法用舊時代的規範來限制。菁英體制徹底改造社會，使得家庭與工作，不但在現實生活中，同時也在幻想之中，相互串連產生劇變，楊格心中的平等根本已超過他所想像的世界範圍。

今日有公平正義、權利，甚至是功績，都是菁英體制的子孫，帶有它的基因。菁英體制已創造了一個世界，使其所有面向——包括菁英體制的不均——都成為這個世界實際，甚至道德上不可缺的一部分。這種無可取代的專制也使得大家難以擺脫菁英體制的陷阱。

菁英體制所創造的新現實——包括其特有的不均——需要根據菁英主義世界所架構與設計的新規範。然而面對新規範，也必須有一個全新的想像空間框架——能夠體認菁英體制的魅力所在——來闡明與澄清對於菁英體制不滿的怨言，從而最終逃出菁英體制的陷阱。

楊格幫助建立了此一新框架，雖說他反對菁英體制的論點並不完全令人信服。他是被迫發明菁英體制此一名詞的，因為最為自然且眾所皆知用來代表「最高德性」階層統治的名詞——貴族體制——已經普遍使用，而且（在經過多個世紀的政治行動主義與思想工作下）還具有貶低的涵義。楊格於是以拉丁語的字根「好處（earn）」來取代希臘文「最具德性（most virtuous）」的字根，創造出此一名詞。

楊格的概念與此一名詞的創造是有歷史軌跡可循的。蕭伯納（George Bernard Shaw）（楊格的偶像）曾經寫過「貴族民主」與「民主貴族」的詞句，他的意思是英明的政府需要階層化，不過是根據才幹而非出生。在此之前不久，法國社會學家埃米爾．布特米（E'mile Boutmy）創立了巴黎政治學院（Grande Ecole Science Po）（法國過去七位總統有六位曾在此就讀），旗幟鮮明地擁護菁英政治，以對抗逐漸式微的貴族特權——他表示，「上層要（能）保有其政治霸權……必須展現出其才幹過人的能力。」甚至在更早的時候，湯瑪斯・傑佛遜（在楊格的費邊主義思想中，他可能比蕭伯納更具父親的形象，同時也不若布特米那麼憤世嫉俗地冷酷）就已支持所謂「天生貴族」的概念，即是貴族並非來自「財富與出生」，而是在於「德性與才能」。楊格的文字遊戲並不像其前輩那麼具有革命性，反而更是像為現有的一種氛圍命名——即是設法替換已被現代民主資本主義貶低的貴族階層，甚至荒唐到以另一種階層體制取而代之。

雖然一般的看法是認為菁英體制與貴族體制是站在對立面，但是由菁英體制此字的出處便足以顯示（楊格本人也是如此認為）這兩套社會秩序其實是系出同門。這樣的背景無疑為反對菁英體制的力量提供了遠超過楊格當初表達不滿時的火力。將菁英體制與貴族體制相提並論的比喻把所有對菁英體制不均的爭議擰成一股繩，形成強力反對與批評菁英體制的世界觀。

菁英體制，就像貴族體制，將菁英階層全面與社會其他階層隔離，藉此將其享有的特權世代傳承。菁英教育是富家子女的特權，光鮮的工作是受過高等教育人士的特權。教育與工作間的反饋環會確保這兩種特權的相輔相成。這兩大力量——在個別家庭與菁英階層間的運作——是了解菁英體制哪裡出錯的關鍵。

舊時代的封建王朝是植基於世襲的土地所有權，只要土地是寶貴的經濟資產，財富就會隨之而來，並且傳之後代。[1]但是羅斯科・龐德（Roscoe Pound，內布拉斯加出生的哈佛法學院長）

在一九二二年指出，「財富，在商業時代是由許多承諾組成的，」尤其包括具有僱傭勞動合約的承諾。人力資本是勞動合約的價值所在，必須由每個新世代努力重建。

古代封建王朝的法律制度——包括長子繼承權（確保地產維持在一人手中）與限定繼承地產權（確保地產所有權是在家族手中）——在新時代已不合時宜。另外一些情況的出現——遺產稅與戰爭（會造成實質財富的沒收與毀損）——使得舊體制的變革加劇，從而也加速貴族體制的沒落。土地失去價值，貴族菁英又欠缺適應新環境的技能與彈性，其所有的遺緒最終都被資產階級國家侵蝕殆盡。

然而，現代的菁英體制卻又在新世界恢復了世襲王朝的血脈。菁英教育將人力資本世代傳承，菁英培訓能夠確保下一代不致頹廢墮落，並且繼續維護其階級地位。事實上，菁英學府與企業建立了一套菁英體制版本的「德倍禮貴族與從男爵（Debrett's Peerage and Baronetage，英國貴族年鑑）」。與此同時，法律也支持世襲傳承。現今的法律將父母的債務與子女分離，以此確保父母不會把下一代的人力資本當做債務抵押品，這無異於菁英體制版的限定繼承地產權，即是將財產維持在家族手中。遺產稅與贈與稅則是讓父母藉由投資子女的教育，幫助他們建立人力資本，以避免大批財產轉移至未成年子女身上。菁英體制下的繼承其實就是貴族體制下的出身。

菁英體制所重建的世襲特權可能不如貴族體制的安全（有鑑於歷史的視線留駐在貴族時代的時間相對較長，因此也予人現代生活經驗所沒有的穩定印象）。對現代的菁英階層而言，這些特權的代價都很昂貴。菁英的每一個新世代都必須透過辛苦工作來重新獲得這些特權。因此，菁英所得依賴的是自我剝削，而不是利用別人。

雖然由此可以解釋為何菁英也加入了對菁英體制不滿的行列，但是不能就此認為菁英體制的不均較沒有社會階層化，或是菁英體制本身向世襲傳承傾斜相對輕微。因此，從貴族體制轉變成菁英體制，與其說是反映拒絕社會階層化，不如說是由於貴族體制在現今的社會與經濟變遷下難以生存，為了保存其階級制度而進行的友善修正。

揭穿功績神話

如果有人問舊時代的貴族，他憑什麼擁有財富、地位與權勢，他可能會（根據亞里士多德的思想）回答因為他具有最高的德性。同時，他可能還是理直氣壯地回答——而且就他那個時代而言，這樣的回答正確無誤。

貴族與財富，尤其是土地之間具有不可分割的關係。在農業經濟社會，靜止不動的固定資產並不支持經濟成長，同時還會貶低商業的地位（幾近零和關係）。同時，這樣的經濟體制需要對土地進行長期管理，而不是只顧利用眼前的收獲。土地的世襲地位（包括其所蘊涵的法律架構）確保每一代貴族會以長遠的眼光，「為了後代子孫與家族的利益」來照看其土地。

根據此一公式，貴族階層會適當地在對家族與國家的忠誠之間取得平衡（至少理論上是如此）。一個不斷擴大的社會——從地方性，幾乎完全是基於宗族的社會組織擴大到一個國家，甚至是多民族的帝國——需要一套連接機制將原本地方性的社會結構擴大成範圍廣闊的社會組織。家族與國家的貴族相互調和就扮演了此一機制的角色。（此一機制即使是在今天仍有其一定的影響力，例如以「domestic」來代表家庭與國家內部的事務。）

最後，貴族體制的禮儀規範也有助引導此一由個人轉變成非人格化治理的變革。隨著社會組織的擴大，治理機制也需要脫離個別領袖的個人魅力，逐漸轉向非個人權威化的官僚體系。在此一轉變過程中，朝廷禮儀扮演中間管理的角色——將治理權力由沒有經過培訓與專業認證的個人手中轉移到官僚體系。

當然，貴族體制以德性來治理的概念在今天看來實在難以想像。部分原因在於機會均等的觀念興起，對於以出身背景來繼承階級地位的做法嚴加譴責。更重要的是階級革命與商業經濟的興起將貴族階層講究的德性貶低為荒謬，甚至是低劣的思想。對於土地冥頑不靈的想法阻礙了以交易、創新與技術性勞工為本的經濟成長腳步。對於家譜的迷戀成為追逐私利的工具，而在一個強調嚴格培訓、高超技能、勤奮努力與專家治理的社會，貴族體制的禮儀反而被視為業餘，甚至無能的表現。

貴族體制過去被視為其權勢由來的特質，如今反而成為嘲笑與蔑視的目標。在十七世紀初，塞凡提斯（Cervantes）諷刺騎士精神可笑至極，而在該世紀接近尾聲之際，拉羅希福可（La Rochefoucauld）也抨擊貴族階層愛慕虛榮且貪婪成性。在十八世紀與十九世紀的革命期間，貴族階層的日子更是難受。到了二十世紀，整個社會與經濟生活瀰漫了鄙視貴族階層的氛圍，將貴族體制所謂的德性視為虛偽與腐化的代名詞。企業掠奪者甚至嘲笑目標企業是由「第三代的耶魯人」管理。常春籐盟校的招生幹部也開始拒絕來自貴族預備學校的富二代，所謂「快樂的四分之一墊底者」入學。布魯斯特指出，即使是特權階級後來也寧願以成績而不是出身背景來取得入學資格，顯示常春籐盟校的教改備受肯定。

菁英體制取代了貴族體制，而菁英體制的魅力足以解釋貴族所謂德性的概念為何在今日顯得如此格格不入。嚴格培訓與官僚理性取代了出身背景與禮儀規範，民主問責制則是取代了封建獨裁，而最重要的是，人力資本取代了土地。菁英主義的魅力四射，尤其是對菁英階層，因為其所反映的正是強調人類優秀卓越的信念——此一信念根深蒂固，就像當年主導貴族階層的生活一樣。

然而魅力之所在往往要看其所處的環境，有一些例子可以說明其中道理。例如棒球投手的運動技能：明顯是一種只適用於棒球競技的技能，並不適合其他的運動競技項目，而且如果其所屬的競技項目規則大幅變更或是該項目完全消失，該項技能就毫無價值可言。貴族體制的德性就是如此，在社會與經濟架構改變下失去價值（或是價值降低）。

所謂風水輪流轉，如今菁英體制也面臨同樣的命運。的確，今天的菁英就像是棒球投手。今天讓擁有超高技能的菁英人士能夠在現代世界發揮生產力的培訓與能力，若是在狩獵採集的社會，或是在農業社會、早期現代模型的工匠生產社會，甚至是在瓦特發明蒸汽機到二十世紀中葉之間主導富有國家的工業生產模式，都不具有任何價值。

同時，即使是在眼前，也可以看出菁英體制的價值不是存在於一般的環境，而是在於特有的環境。現今創造菁英超高技能的教育與促使這些技能在現代勞動市場如此具有價值的生產型態，都只存在於一個長週期回饋環的尾端，在這回饋環中，菁英的培訓與對技能的崇拜相輔相成。菁英的技能與隨之而來的所得都是依附在經濟不均之上。因此，菁英體制的魅力，乃是經濟不均下的人為產物，就像投球是棒球運動下特有的產物。

這樣的論點藉由改變功績在字面上的意思而全面重新界定菁英體制不均的意義。最直接的影響就是顛覆了將菁英體制不均合理化的論調：菁英體制形成的不均，儘管不幸，或許也確實應該受譴責，但是由於菁英的所得乃是配合其生產收益，因此也應該容忍這樣的不均。然而顛覆後的論調是——即使接受菁英的所得是反映其功績表現，不是靠收取租金或是招搖撞騙而來——身懷超高技能的菁英之所以具有這麼高的生產力，是因為他是處於一個教育遭到扭曲，將培訓與工作都集中於菁英技能的不平等環境內。同時，就算生產力強大，也不應就此將其所衍生與依賴的不平等環境合理化。據此而言，當初尋求將菁英體制不均合理化的論點在繞了一圈之後，什麼都沒有證明。

再說，即使菁英由於曾經過辛苦的培訓而確實有資格擁有超高技能，但是他們事實上是處於一個預謀偏向這些技能的不公平環境中，因此他們並沒有資格獨享這些技能所產生的經濟價值，此一認知使得支持菁英體制不均最具政治強度的論點——曼昆有關酬勞來自辛勤工作的原則——也顯得蒼白無力。

同時，還有一項意義更為深刻的重點，讓菁英享受高所得的強大生產力其實本身就是來自人為造成的經濟不均，此一認知為技能或是功績的真締帶來質疑的陰影。這樣的質疑或許可以由兩方面反映出來：一個是抽象的論點，一個則是透過一則比喻。

一般對於某位特定勞工生產收益的觀念——他對產出的貢獻——是在大家都從事相同勞動的同時，他參與勞動與沒有參與之間產出的差異。這種量化的差異代表的是以傳統方式來評量他的功績。市場即是以這樣的生產力模式來決定薪資，從而也讓擁有超高技能的菁英享有相對較高的薪資。此一模式也解釋了為什麼薪資所形成的不均普遍是來自菁英階層。

不過，有一個更好——不但比較公平，也更為準確——的評量方式來看單一勞工的產出。此一方式雖然也是看他參與勞動與不參與之間產出的差異，不過現在是允許其他所有人在他缺席的情況下重新調整生產模式。以這樣的方式所評算的勞工生產收益較小（因為有一部分會為其他勞工重新調整生產模式所產生的收益抵消）。這兩種評量方式的差異，會因這位勞工的存在與否改變了包括其他所有勞工的整個生產模式，而特別明顯。當這位勞工能夠防止其他勞工在其缺席的情況下重組生產模式，第二種評量方式的結果尤其具有信服力。

在這樣的情況下，根據一般的評量方式，勞工可能會有強大的生產力，但是若依據第二種方式，這位勞工可能根本沒有生產力——甚至是負值。在其他所有人工作固定的情況下，這位特定勞工的直接生產收益，若是因為他防止其他人在他缺席的情況下增加生產力（即使沒有他的存在，大家也能提高生產力），而低於他因此造成的間接生產損失，就會出現生產力為負值的情況。

今天，菁英人士，並非某些特定人物，而是以一個整體階層而言，就是處於這樣的位置。在當前科技發達的環境下，擁有超高技能的菁英人士對生產貢獻良多，同時也導致勞動市場痴迷於菁英階層的技能。由此也意味菁英階層的產出，遠高於技能水準相對較低的勞工嘗試在沒有菁英階層的情況下的產出。例如一般的信貸員如今若是沒有身懷超高技能的人員為其建構與交易房貸抵押證券，根本就無法從事房貸金融業務。同時，這些管理證券化業務的超高技能菁英，會期待他們的所得能與其證券化工作的收益相配，因為他們把這些收益視為是因他們的生產而來的。同樣的，生產線勞工的管理權限因為公司精簡而遭到剝奪，如今必須經過高階經理的協調才能進行生產作業。這些高階主管因為壟斷了管理機制而在生產上具有強大的權勢，他們自然也希望他們的所得能與這樣的權勢相配。所有身懷超高技能的菁英都會堅稱他們所得產生的差異就是反映屬於他們的功績。

但是當今科技日益走向極端技能的趨勢並非自然現象，也不是不可避免的。相反的，它是受到相關教育與培訓益趨集中於一小批菁英階層所引導形成的——即菁英教育與偏向超高技能的創新相互滋養的回饋環。在此一趨勢下，擁有超高技能的菁英階層會防止其他任何人以別的方式——替代性技能——在沒有他們的情況下繼續進行生產。於是，房貸證券化迫使中級技能的信貸員離開職場，高階經理人也淘汰了中間管理階層。

有鑑於此，菁英階層的生產收益——菁英體制不均誘導創新偏向高技能的生產——應該扣除這些創新施加在非菁英階層身上以致減少的生產力。當然，收益與損失之間的完美平衡點仍是一個未知數。但是確實有證據顯示菁英的實質生產收益可能接近於零。例如儘管有諸多創新，但是現代金融看來並無法降低金融中介交易成本，也不能減輕一般家庭所承擔的基本經濟風險。現代管理看來也沒有改善美國企業界的整體表現（雖然可能增加了投資人的報酬）。更廣泛地來說，菁英體制的不均不斷擴大，卻沒有帶來經濟加速成長或是生產力提高。[2]

此外，有一項比喻儘管粗淺，卻可能可以更生動地來闡明此一爭議。設想有一個社會是由老實可靠的農民與孔武有力的戰士所組成。幾十年來，此一社會的農民辛勤耕作，戰士捍衛和平，與鄰居相安無事，和諧相處。然而有一天，一些戰士在邊界滋事，接著是一連串的挑釁，導致雙方敵意漸深，終致破壞和諧，引發全面性的戰爭。

一旦此一社會採取戰爭模式，農民的生產力地位就一落千丈，保家衛國的戰士的地位扶搖直上。如此一來，戰士的地位、財富與權勢都高得不成比率，因為他們對大眾福祉的貢獻已超過比例，因此也必須享有相對超過比例的優勢。然而農民可能會說，若非戰士發動戰爭，他們也不值這麼多的生產力。因此，戰士的實質生產力必須扣除戰爭成本，尤其是對農業造成的損失。

導致菁英體制不均有如滾雪球般擴大的機制是把中產階級置於農民的角色，身懷超級技能的菁英則是扮演戰士的角色。只有在富有人家將子女的教育聚焦於超高技能之上，生產才會強調菁英的技能。菁英階層希望以他們所貢獻的功績來促成其超高所得的合理化，就像是此一比喻中的戰士，若非嚴格培訓子弟的戰技，並且發動戰爭，他們也不可能具有如此強大的生產力。因此，和戰士一樣，菁英的實質生產力應該扣除菁英體制不均造成的損失，尤其是對中級技能與中產階級生產（藉由引導創新偏向超高技能）的壓制。

由此也產生了現代菁英體制與舊時代貴族體制間的終極與最具決定性的比喻。要忘記貴族體制在其當時的社會與道德框架下，的確名副其實，是一件很容易的事情——該體制將其階級與德性或卓越相連，而貴族菁英則是幾乎獨占德性的優勢。貴族體制最終受到質疑，並非因為其世襲制度所造成與生俱來的權利違反了機會均等的原則，而是在於階級革命揭穿了貴族體制有關德性與卓越的概念不過是一場可笑的騙局。

同樣的，我們也很容易就接受現代菁英體制的核心價值功績是反映社會貢獻與成就的概念。

但是著重於超高技能的培訓與對超高技能痴迷之間的反饋環，使得菁英體制的不均有如滾雪球般擴大，同時也等於揭開了此一虛假的面具。今天菁英體制內備受推崇的功績或成就，其實就和舊時代貴族體制宣揚的德性一樣，就是一場騙局。

經濟不均的問題並不像是革新派人士普遍認為的那樣：菁英階層利用其權勢、做假，或是其他形式的惡意行為來哄抬其所得超過他們的功績所值。另如革新派所說的，問題也不在於菁英階層並非靠著自己的努力得到（來自父母、學校與大學）光鮮工作所需的超高技能。的確，任何一種偏離菁英體制真諦的想法都無法掌握經濟不均持續擴大的核心問題。

菁英體制的不均其實就是來自該體制本身的錯誤——在經過充分了解之後——功績的概念就是錯誤的根源。功績的傳統觀念實際上就是一種虛榮的意識形態，用來掩飾與洗白其優勢分配的不公。菁英體制不過只是寡頭鐵律的最新說法。它根本就是貴族體制的商業與共和版，在經過更新後，塑造了一個名聲、財富與權勢不是來自土地，而是來自技能——自由工作者的人力資本——的世界。

巨大的廢墟

辯論經濟不均爭議的方向因為這些論點發生改變。他們迴避有關個人報償的難題，也避開了針對個人惡習的道德化問題，此一爭議誘使傳統革新派批評菁英體制不均的論點失焦。相對於攻擊菁英體制本身，現今的批評人士是直接針對功績的概念。此一新起點為相關爭議開闢了一條新路徑，從而也產生了全新且迥然不同的結論。

菁英體制——包括其所蘊涵的超高技能，努力學習與菁英階層勤奮的態度——益趨明白顯示對任何人都沒有好處。它使得一度是經濟生活中心的勞動與中產階級變成經濟需求多餘的一群。它造成大批人力變成冗員，被下貶至無產階級。在此同時，該體制也讓菁英階層變成自身人力資本與異化勞動的食利者，並且針對富家子弟施以嚴格、無情的工具性菁英教育。菁英體制把社會分割成無用與用盡一空兩大部分。

這些模式總合起來，建立了一套有效但成本昂貴的階級傳承機制：有效是因為它否定了一般大眾加入菁英階層的機會，成本昂貴則是它將菁英階層陷入一個持續不斷、殫精竭慮尋求維護自身階級地位的惡性循環之中。在此同時，菁英體制的不均也破壞了社會團結，腐化了民主自治政府。久而久之，菁英體制甚至無法推動經濟成長。這些成本的增加，並非因為個人惡習，甚至不是因為無法實現菁英主義理想的集體性失敗，而是直接且特別來自菁英體制的結構性承諾。

菁英體制堅稱其所有的成本——此一來自該體制的現實是不容否認的——必須是在功績的道德基礎之上：菁英階層的所得應該能夠反映其技能與生產所值；根據產出與功績的報償才是正義，而相對於生產力較高且辛勤工作的富人，社會反而偏向低生產力，工作相對輕鬆的中產階級，完全是錯誤的。社會必須接受，甚至應該頌揚菁英體制的不均，儘管它造成了這麼多的苦難。

但是菁英體制龐大的規模使得將其不均——與其核心的功績概念——合理化的工作備感壓力。一度被視為騙局的功績概念，根本無力承擔如此沉重的壓力。

菁英體制不均的整座高塔——有如奧西曼德斯（Ozymandias），建在砂土之上——轟然倒塌。

結論　我們該怎麼辦？

當菁英體制改變了不平等的型態，政治也隨之改變。支持平等的人士對於這樣的轉變後知後覺，而且是一知半解。如此一來，出現了一個新的政治空間，充滿了機會主義分子，他們本能地感覺到這樣的轉變，積極找尋能夠利用對菁英體制不滿的機會。

一群擅於煽動民心的政治人物透過指責政府機構的腐敗與攻擊脆弱的外來者，點燃中產階級的怒火。他們承諾，藉由這些攻擊行為，恢復有如神話般的黃金時代。川普總統（已於二〇二一年一月下台）宣稱只要放棄法治與將數以百萬計的非法勞工與家庭趕出國境，就可以「使美國再次偉大」。奈傑・法拉吉（Nigel Farage，英國脫歐黨黨魁）表示只要封閉與歐盟間的邊界，英國就可以重拾獨立與自尊。德國民粹主義分子則是尋求「恢復德國輝煌的千年歷史」，並且指責安格拉・梅克爾（Angela Merkel）准許難民進入是背叛國家的行為。

在此同時，有一批江湖術士開出一些廉價的藥方，妄想解治疲累不堪的菁英所患的重症。投資銀行與其他一些菁英雇主承諾要恢復工作／生活間的平衡，於是在辦公室內興建健身房與午休室，或是幫助在商務旅行的母親員工將母乳寄回家中，而支付相關所有的費用，或是出錢讓員工冷凍卵子來延長他們的生育能力。大學則是宣布要整頓學風，[1]對於申請入學的學生要考慮他們的道德與合作成果，例如人道關懷與社區參與等。人生教練則是教導學員活在當下，或是提倡減少工作時間而不是減少飲酒的新年新希望方案。

這些承諾，即使有人一度支持，最終也不會有人相信。富人與其他人在潛意識裡都會懷疑他們所提出的這些方案是否真的有用，或者只是自欺欺人而已。

聖克萊爾湖畔小鎮一位支持川普的商人表示不相信川普的承諾，並對他強力推銷的主張不屑一顧。同時調查顯示，有近半投票給川普的選民在他當選之後，並不期待他們社區的生活會有所改善或因此變糟。同樣的，貝恩策略顧問公司曾經調查千位以上的菁英工作人士，詢問他們如果要贏得升遷機會該怎麼做，絕大部分的人都對工作／生活間的平衡嗤之以鼻，而回答「要有長時間持續工作的決心。」

不過儘管如此，這些假先知依然站得住腳，這是因為心懷不滿與怨恨的人關切——而且往往是頭一個開始關切與最為關心的一群——他們的心聲是否能被聽見與他們能否獲得幫助。面對暴風雨，他們只能攀附在觸目所及唯一的一艘船上。

民粹主義人士或許無法恢復中產階級昔日輝煌，但是他們了解已失去這樣的生活型態。他們將這樣的損失視為道德淪喪，並以此作為他們政治策略的中心。追求工作／生活平衡的行動可能永遠不會成功，但是他們知道菁英工作者已產生勞動異化的現象。他們了解再多的收入都無法回報一個人的心力交瘁。

然而革新派卻無法解決這些問題，因為他們本身就是在菁英體制的支配之下。他們是被俘者，但是就像斯德哥爾摩症候群一樣，卻擁抱俘虜他們的人。影響所及，革新派甚至在不自知的情況下反而使得問題更加惡化。

革新派把焦點放在身分認同政治與扶助貧困上，而視中產階級的怨懟為一種詭辯。對於革新派而言，中產階級希望尋求恢復聖克萊爾湖畔小鎮在上世紀中期所提供的富裕與安全——一種不容挑戰的富足感——不過是對某種不復存在的生活型態，甚至是對某些喪失的（白人、男性）特權的懷舊心理而已。實際上，這無異是表明中產階級是在痴心妄想。

革新派也強調去除菁英體制內的偏見，擴大其多元化與融合性——藉此來凸顯菁英的不滿僅是人在福中不知福的抱怨。對於這些革新派來說，高度競爭的入學淘汰制度與斯達漢諾夫式的長時間工作，只有在歧視少數族群與在職母親，或是掩飾內部作業與文化資本的情況下，才算是錯誤，並非因為這些做法是單純且直接的無人性操作。事實上，這樣的思維說明了菁英階層為什麼要拼了老命工作以維持其特權。

這兩種對菁英體制不均的回應使其最具侮辱性與異化的要素倍增。受此影響，革新派反而將中產階級推向煽動家的懷抱，同時也促使菁英採取一些無關痛癢的花招來自我安慰。當仁慈的力量無法看到眼前絕望的表情時，政治也開始變得黑暗。

傳統上在如何解決經濟不均的議題上，都是與政治問題相連。

傳統政策是把經濟重分配基本上視為一種競爭性事務：所謂劫富濟貧，富人的損失總會超過窮人獲得的利益。亞瑟．奧肯（Arthur Okun，曾擔任林登．詹森總統的經濟顧問委員會主席）曾經針對「向貧窮宣戰」政策寫道，重分配機制有如「將富人的錢財裝在漏水的水桶中交給窮人，」其中一些錢財「會在交付的過程中消失不見，因此窮人所獲得的錢財絕對少於自富人手中取走的。」

這樣的思維也意味今天要幫助中產階級就需要傷害菁英階層——而且對後者的傷害必須超過對前者的幫助。同時，由於富人相對較少，因此傷害也一定會較為集中。不過採取的做法若僅是要求廣大的富裕階層平均分攤，降低個人的損失，儘管是使用漏水的桶子，確實可望消除貧窮。然而高度的不均，就其本質而言，卻是無法靠這樣的做法解決，除非要求富人每人做出較大的犧牲。對抗不均是一場新戰爭，然而一般的見識是除非攻擊菁英階層，否則無法重振中產階級。由此來看，要解決菁英體制不均的問題，就要對帕羅奧圖進行報復。

但是傳統的思維既不能凝聚政治意志，也無法制定消除菁英體制不均的政策。革新派點燃中產階級的怒火，激起菁英階層的反抗。與此同時，一批擅於煽動人心的政客與江湖郎中則是尋求壟斷與利用社會對菁英體制不滿的情緒。因此，菁英體制的不均不僅是挑起深刻的不滿，同時也引發大眾瀕臨絕望的悲觀情緒。

最近有一部書採訪十位知名的經濟學家（包括四位諾貝爾獎得主），請他們預測未來一個世紀的生活，沒有人期待經濟不均會消失無影；其中幾位甚且懷疑「大規模重分配所得」的社會能力，「因為那些富人會組織起保護他們擁有的財產，包括只為一己之利而犧牲大眾利益的方法。」一位政治學家在檢視人類經驗所有的不均情勢之後，發現只有一個案例顯示其社會與今日美國所得與財富集中的情況相似，而且也是在沒有戰爭落敗或是引發革命的情況之下。一位著名的歷史學家在一項相同的調查中也指出：「恐怕只有全面性的核子大戰才能推翻現存的資源分配型態。」

不過儘管如此，希望之光並未熄滅。那個自高度不均有序復原的「案例」其實就是一九二〇年代到三〇年代的美國，以最終建立上世紀中期中產階級的「新政」來回應大蕭條的衝擊。不過，人類經驗並不足以支撐鐵律的延續（人類歷史不過上下五千年）。歷史未見的大變革仍有出現可能。因此，如果現在的情勢是例外，也就無須借鏡過去的歷史。

最重要的是，無論是在政治還是政策上，正統思維框架都錯了。革新派其實大可理直氣壯地直接與菁英體制的不滿對話。菁英體制陷阱所顯露出中產階級的絕望與菁英階層的異化，都遠較煽動家與人生教練所描述的強而有力。

菁英體制陷阱顯示該體制不僅造成不均的變化，同時也對重分配帶來影響，因此它已不再是一項競爭性事務。振興中產階級其實並不需要榨乾菁英階層，更不需要使用漏水的桶子。對菁英體制的不滿使得富人與一般大眾對於消除不均同仇敵愾。中產階級渴望恢復喪失的所得與地位，菁英則是希望能夠恢復真正的自由，以和諧取代激烈的競爭。中產階級與菁英階層儘管所受到的苦難不同，但是折磨都是來自同一個壓迫者。

富人與一般大眾無法分頭逃脫菁英體制的陷阱，只有攜手共進。要這麼做，他們必須解構菁英體制的等級制度與重建民主平等——一視同仁的社會與經濟秩序，大家的地位都是平起平坐，因此更顯珍貴。

通往改革的兩條道路

進步主義的革新派在此之前也曾為此理想進行鬥爭。在古代，帝王與王親貴族鄙視他們的子民。在蓄奴時期，吉姆．克勞法，即使在今天的某些方面，白人仍歧視有色人種。革新派深知在一個民主公民社會，人人平等。他們也理解，正如廢奴主義人士與民權人士一再強調的，這樣的平等代表人性的提高。現在革新派必須把這樣的智慧運用在經濟生活上，拆除導致富人與一般大眾分別陷入其中的菁英體制陷阱，建立一個大家能夠攜手共榮的經濟。

消除菁英體制的不均是「一項推動文明進步的工作」。它需要全面性的調整——包括政府、私人機構、文化習慣與個人意識——改革之大，與菁英體制當初造成不均時的規模不相上下。菁英體制的陷阱是經過好幾代的累積才形成的，因此將其解除也需要好幾代的努力。不過儘管如此，觀察菁英體制的陷阱可以看出改革之路。改革者必須瞄準造成菁英體制不均的兩個機制。這兩個機制就是通往改革的兩條途徑。

首先，教育——現今集中於富家子女奢侈鋪張的培訓——必須開放與融合性。入學申請的競爭性要降低，學習也不須令人耗盡心力，即使是在最頂尖的學校與大學也是如此。

其次，工作——現今被分成光鮮與晦暗的工作——必須讓中產階級勞動力重回經濟中心。現今由超高技能菁英階層把持的產業必須對廣大的中產階級開放。

當然，這兩個方向並不代表能夠立刻治癒菁英體制的不均。就像每一項世代相承的計畫一樣，此一建立民主平等的計畫也難以事先規劃。它需要的是長期抗戰的決心與在多方面彈性和見機行事的行動，這是一項持續發展的運動。如果想在行動前進行全面性的規劃——如政策狂的記事清單，甚或是政治人物的行動表——其實是一件愚不可及的事情。這兩條道路之所以重要，並非因為點明改革的方向，而是在於告訴改革者從何處著手，同時也是因為——透過直接針對菁英體制不均的病根——它們確實具有改革成功的可能性。

教育改革者應該利用菁英體制毫無公平可言的現狀作為他們政治與實際的優勢，與菁英體制的不均正面對決。

菁英繼承目前是完全豁免於一般對遺贈所課徵的遺產稅：富有人家在他們子女教育上的大手筆投資其實並不包括在他們的資產之內。同時，私立學校與大學都是以慈善機構的名義課稅，因為它們是為公共利益做出貢獻：校友的捐款可以減稅，學校與大學來自捐贈基金的所得也不必繳稅。

這樣的操作使得菁英教育實際上變成一個只有菁英階層可以利用的避稅天堂。在菁英體制下，父母的所得與教育決定了他們子女學業的成就，甚至連進入菁英大學就讀的富家子弟的父母本身也擁有菁英資格。（儘管他們就讀的學校可能與子女的有所不同。）

儘管菁英學府是以公益慈善機構的地位課稅，但是菁英體制的不均卻使其成為專屬俱樂部。他們在稅賦上所享有的優惠就有如貴族體制下發給王親貴族的津貼。然而菁英教育的學費卻是由中產階級家庭來承擔，而且他們自己的子女永遠無法獲得這樣的教育。

避稅天堂的規模龐大。在這一方面的菁英繼承等於是給予每位富家子弟約一千萬美元的財產。在最近一年，普林斯頓大學的免稅額相當於給予每位學生十萬五千美元的補貼，反觀紐澤西州立羅根斯大學（State University of New Jersey at Rutgers）對每位學生的公共教育支出是一萬兩千三百美元，紐華克的埃塞克郡學院（Essex County College）則是二千四百美元。（差距之大，使得一些憤世嫉俗的人士指責哈佛、耶魯與普林斯頓是『大學對沖基金』。）

避稅天堂還在繼續擴大之中。全美前十大大學捐贈基金現今的規模總和逾一千八百億美元以上，而且最近幾十年來每年約成長百分之七，成長率是美國家庭財富淨值的兩倍。許多大學挾其雄厚的財力展開長程規劃：耶魯大學去年就蓋了兩所住宿學院，並且表明這些都是永久性建築物。但是如果未來還是如此成長，在菁英體制邁入其第二個世紀之際，美國前十大最富有的大學——即使他們的學生都是來自富有，受過高等教育的家庭——也將擁有整個國家。

有的時候，必須付出一些東西。

這些事實提供了政府善加利用菁英學校與大學，尤其是最有錢的私立大學的機會。（普林斯頓最近幾年的收益有五分之四是來自其免稅的捐贈基金所得與可以減稅的校友捐贈。全美前二十大所大學平均有三分之一的收益都是出自這些來源。）改革應該利用這些力量來打破此一專屬俱樂部，堅持如果學校與大學要以公益慈善機構的地位繳稅，其機能就應表現得是一個這樣的機構——也就是將其教育對廣大的公眾開放。

要這麼做有許多方式，但是最直接的就是最好的。

首先，私立學校與大學必須有三分之一的學生是來自所得分配在底部三分之二的家庭，否則就應撤消其豁免稅賦的地位。其次，應該鼓勵學校（包括公共補貼）擴大招生以符合這樣的條件。

這樣，改革就可改變菁英體制下高度專屬性、範圍狹隘且豪奢鋪張的菁英教育，以範圍寬廣、具有強大融合性且仍不失良好教育品質的機制所取代。這樣的改革能夠將現今菁英繼承集中於菁英教育的財富分散給廣大公眾，同時也能減少對菁英階層外教育資源的需求壓力，從而促成教育品質的全面改善。如此一來，富人與一般大眾間的教育差距也將大幅縮小。

此一改革雙管齊下，第二項提供了實現第一項的路徑圖。菁英教育的花費驚人，學校因此得以負擔得起成長所需，[2]而最需要擴大投資的也就是那些最有錢的學校（因為他們的學生群體也最向財富傾斜）。常春籐盟校可以將招生規模擴大一倍（從菁英階層之外招收學生），以符合保留其非營利地位的條件，同時也能將其對每位學生的支出維持在二〇〇〇年的水準。一般而言，大專院校可以將他們的招生規模擴大一半，而仍能將他們平均對每位學生的支出維持在一九七〇年的水準。此外，私立學校也可以在把招生規模擴大一倍的同時，仍能較公立學校維持較優的學生／老師比率。用來補貼學生增加的公共基金也有助支持學校的成長。當然，今天尋求推動菁英教育更具融合性的改變，其規模並不比一九六〇年代菁英大學擁抱菁英主義，最終引發菁英體制不均的教育改革更為恢宏。不過，體制的改革可以不只一次。

民粹主義人士已經瞄準私立學校教育，尤其是菁英大學，發動攻擊（他們的攻擊是自由主義與「政治正確」意識形態的溫床），而且已開始邁向成功。經過多次遭到國會委員會的否決之後，針對最富有的私立大學所得課徵營業稅的法案，在最近一項稅改中終於成為法律。民粹主義人士指責大專院校危害美國，或許是出於狹隘的政治動機，但是他們也確實看到菁英體制不均的核心問題。

至於菁英，也應該支持此一教育改革。儘管擁有大量的經濟補貼，但是現行的體制使得菁英階層飽受打擊、傷痕累累，而且脆弱不堪。極端激烈的競爭，使得富學生人力成本加重，再加上艱難且無人性的入學考試，更使得他們難以承受。激烈的競爭意味沒有一個孩子——不論他的父母是多優秀的菁英——能免於遭到淘汰的命運。

改革行動要增進教育融合性，不必替換現行的菁英學生群體，而是將其規模擴大，甚至可以（無可避免但同時也是經過事先規劃）溫和提高進入競爭性學校就讀的富學生人數。（在這一方面，改革者是將女性帶入菁英大學，並且因此擴大班級規模，因為增加女學生並不需要拒絕男學生的入學。）即使只是小幅增加富學生可以就讀的地方，就可以大幅減輕這些富學生申請入學的競爭壓力。同時，對於菁英而言，增加真正的自由與呼吸空間，即使損失若干所得與地位也是值得的。在這樣的改革之下，帕羅奧圖會因融合教育而產生變化，不過這樣的變化是良性的——當地居民會因此感到放鬆與幸福。上世紀中期的聖克萊爾湖畔小鎮為今天的帕羅奧圖帶來雙重的教訓：穩定與真實的美好勝過短暫而虛偽的偉大。

最後，菁英學校即使面對最輕微的干預都會一躍而起奮力捍衛其豁免稅賦的地位，這樣的做法其實是錯誤的。融合教育會重新打開學校與大學提供社會流動性的管道，並且重新照亮即使是最具排外性的貴族學校一度在公眾前所散發的光彩。因此，改革可以促進學校與大學的核心使命。在必須有所付出之下——美國前十大大學絕不可能擁有整個美國——相較於民粹主義人士提出的方案，這樣的改革絕對更能得到教育者的共鳴。

在教改同時，針對工作的改革也應展開行動——重新調整生產的中心，由超高技能的菁英階層轉向中產階級。要提升中產階級勞動力最直接的方式就是推行適合中級技能勞工的產品與服務生產方式。現今的經濟政策完全忽略此一可行性，然而它應該才是當務之急。

政府都會尋求對產品與服務生產的影響力，從而確保能夠滿足公眾的基本需求或是產品的安全。例如保健政策，是為確保能夠提供醫藥與治療；法律規定則是為了確保正義；公司治理的規定則是為了保護投資人，金融法規則是保護消費者遭到剝削，或是防備金融體系發生危機。

但是這些所有的法規同時也會影響各產業的工作與其工作人員的薪資待遇。此一往往遭到忽略的事實影響重大。例如健康產業約占了ＧＤＰ的六分之一；金融業占了近十分之一。此外，全國最高所得百分之一的人中可能有一半都是管理、金融、醫藥與法律等產業的員工。因此，推動中級技能生產的改革確實能夠重建全面的平等。

其實現在已有推廣中級技能工作的模型。在醫界，舊金山提出一項全民醫療衛生計畫，強調專科護理師的重要性更甚於醫生。奧勒岡與威斯康辛的診所則在進行一項實驗性的計畫，讓牙醫來檢查原是由醫生診斷的一般性健康問題。在法律界，華盛頓州則是實驗性質地僱用中級技能的法律技術員，而不是擁有超高技能的法律博士，來提供一般的法律服務。在金融界，一些限制旁門左道金融工程，對商業大街而非華爾街銀行有利的法規，也有助將金融工作轉向中級技能的人員。在管理界，針對企業控制權市場的管制制度則是推廣長期僱用來取代外包合約、下放管理權能，將其歸還給中階經理。

有關這些改革的討論傳統上都是著重在改革對產品與服務的數量、品質與價格上的影響。這些考量固然合理，但是這些改革也會影響到生產是否會造成光鮮與晦暗工作的區別或是集中在中級技能身上。保健工作可以由少數幾位使用高科技設備的專科醫生與若干位低階技術員來承擔，也可以由多位全科醫生與專科護理師來負責。哪種方式對病患最好固然重要，但是當健康面臨緊急關頭，占經濟六分之一的醫療產業是否屈服於菁英體制的不均之下，或是以中級技能推廣民主平等，也是十分重要。的確，真的是關係重大。

政策制定者因此應該時時留意其決策對菁英與中產階級工作間的平衡造成的影響。強制性的全面檢視——例如現行要求所有聯邦新法規必須進行成本／利益分析的規定——有助於推廣與協調這些零散的改革行動。此舉甚至有助於促進監管程序本身的平等，因為有越來越多證據顯示一些精心規劃的行政程序反而增加了富人對法規施行效應的影響力。

另外，改革也應運用稅賦來鼓勵雇主創造中級技能工作。現行的稅制——令人難以置信地——透過鼓勵雇主替換中級技能員工，改聘超高技能的人員，無異於變相促進菁英體制的不均。其實只需進行薪資稅改革就可以改變這樣的情況，轉為有利中級技能的中產階級。薪資稅的改革也能夠提高稅收，這新增的稅收有部分可用來鼓勵創造中產階級新的工作機會。

聯邦薪資稅——尤其是用來資助社會安全保險，對個人所賺得的第一筆十三萬兩千九百美元薪資（社會安全基準薪資上限）課以百分之十二．四的稅賦——由於其對課稅的個人所得設有上限，因此呈明顯的遞減效應。過去半個世紀的大部分時間，薪資稅的遞減效應都超過了所得稅的遞增效應，從而使得聯邦薪資稅對中下階級勞工造成的負擔與百萬富豪所承擔的邊際稅率相當，同時也導致中上階級勞工所負擔的邊際稅率大為提高。此一效應不但持久而且強大。在菁英體制不均幾十年來不斷擴大下，一對兩人薪資所得（以二〇一八年美元計算）都在十萬美元的夫婦，很容易就會被課以最高的綜合邊際聯邦稅率[3]，反觀超高技能菁英的資本所得與薪資所得的邊際稅率往往只有前者的一半。整體而言，現行的稅制使得中產階級勞動人口成為總體經濟生產中稅負最高的因子。

用一個簡單的例子就可說明薪資稅對中產階級造成的壓力有多重。如果一家銀行使用上世紀中期的金融技術來發行房貸，因而僱用二十名中級技能的信貸員，每人年薪為十萬美元，這樣的安排，銀行與這些員工的薪資稅是三十萬六千美元。相反地，如果銀行改以現今的生產模式，以單一一名年薪達二百萬美元的華爾街交易商來取代中級技能的信貸員，該銀行與這名交易商所承擔的薪資稅總共只有九萬美元左右。儘管兩種生產技術在經濟效益上是相等的，但是一種需要二十名中級技能的員工，另一種只需要一位超高技能的人員，而使用中級技能的方式所面對的薪資稅率要比使用菁英方式的高出十個百分點，由此也造成前者的薪資稅負擔遞增至後者的三倍。

換句話說，薪資稅對中級技能人員的就業與薪資造成壓迫，同時也對超級技能的菁英帶來就業與薪資上的支持。（的確，如果擁有超高技能的菁英還能藉由創辦人股票或附帶權益收益等途徑享有資本利得，薪資稅率的差距可能會進一步擴大到二十個百分點。）再一次地，中產階級勞工等於是變相補貼他們根本無法得到的超級技能工作。

撤消社會安全保險薪資稅的所得差距，有助推動中產階級的就業。新的稅制可以取消現行稅制中對超高技能生產的補貼。這樣一來，以超高技能菁英為中心的組織生產模式吸引力立刻大減，而以中級技能勞工為主的組織生產模式吸引力則會增加。

消除此一上限也有助提高稅收。有鑑於改革會對勞動市場與經濟造成影響，因此目前並無法確定會增加多少稅收。沒有任何一種動態模型能夠將所有的影響因子包含在內，不過國會預算辦公室建立了幾個半動態模型。這些模型預測取消薪資稅所得上限可以立即增加一千五百億美元到兩千億美元的稅收，長期而言，薪資稅收可以為ＧＤＰ多貢獻百分之一・一。

這是一筆很大的數目。例如這筆金額大約是美國勞工部轄下就業與培訓司近年來預算總額的六十倍（是二〇一八年預算的九倍），而且也等於是美國所有大專院校（包括公立與私立）預算總額的三分之一。

政府可以利用這些新增的稅收來進一步促進中產階級的就業。如何找出最佳的途徑仍需要研究與實驗。但是推想可以把一半的金額用來創造中級技能工作，對僱用中級技能、中產階級員工的雇主提供補貼，另一半則是用來資助私立學校與大學擴大學生的組成，要求他們的教育更具開放性與融合性。同時，薪資補貼輔以提高最低薪資，也有助於預防雇主侵吞這些補貼。

薪資補貼已獲得一些政治上的助力。一些重要的政治人物與企業家，包括若干位傳統上被視為保守派的人士都支持對中產階級薪資補貼。在左派方面，參議員馬克·華納（Mark Warner）發起支持中產階級工作與薪資的立法行動，美國進步中心（Center for American Progress）最近也提出「給美國的馬歇爾計畫（Marshall Plan for America）」，提議以每年大約一千五百億美元的經費來創造四百四十萬個公共部門工作。在右派方面，商業大亨彼得·喬治斯庫（Peter Georgescu）與家德寶的億萬富豪肯尼斯·蘭格尼（Ken Langone）則是呼籲企業界投資員工與對中產階級勞動力有利的工作。喬治斯庫甚表態支持聯邦薪資補貼。

最後，此一改革的兩大支柱都是直接來自菁英體制不均的病源，而且相互配合。它們直入菁英體制不均的核心，相輔相成，力量之大遠超過它們個別的作用。它們相互加持，攜手並進，目的是將現行造成菁英體制不均的機制收歸我用，完全扭轉其方向與作用。

開放與融合教育可以創造一個更為廣泛普遍，而且不是那麼奢侈鋪張的菁英群體。擴大開放可以立即為菁英階層注入社會流動性，從而恢復傳統上將美國菁英與中產階級合為一體的機會。高等教育勞動力的供給增加，也將立即降低菁英的所得與工作時間，而且此一作用可以一路直達所得最高層。

與此同時，薪資稅的改革與薪資補貼可以扭轉現行稅制有利超高技能菁英的情勢，將其轉為對中產階級勞動力有利的局面。高等教育勞動力的供給增加，也會帶動新一波的需求，尤其是在技能分布的中間階層（這也是在現行稅制下所受壓力最為沉重的一群）。

這兩大改革的間接作用也十分驚人。它們能夠引導創新者的焦點不再偏向有利超高技能菁英的科技，而轉向對中產階級有利的科技。這樣，創新就可減少華而不實新科技的回報，同時增加扎實技能的回報。同時，如此一來也可以降低鋪張複雜培訓的吸引力，增進教育的開放性與融合性。最終，一個促進平等的良性循環就會取代來自菁英體制有如滾雪球的不均。

教育與工作的改革雙管齊下，久而久之，就能重建中產階級在經濟與社會生活的中心地位。聖克萊爾湖畔小鎮在上世紀中期擁有安定美好的日子已是明日黃花。但是扭轉菁英體制不均的政策可望創造一個二十一世紀版本的安定美好生活——而且人人都可享受得到。

開創民主平等的新局

在一九六八年——全球最近一次經歷尋求推翻現狀的全面性暴動與騷亂——倫敦政經學院（London School of Economics）的激進派學生製作了一幅海報，上面顯示一位叨著雪茄的資本家與一名學生在車內爭搶方向盤，兩個車燈上印有美元與英鎊的標幟，車牌上印著「罷工法、房租上漲、壓迫學生」。該幅海報的標語則是「相同的老闆，相同的鬥爭。」

此一海報的標語根本就是一則謊言，最起碼也不過是一則童話，就算是童話的作者也有一半不會相信。一九六八年的菁英革命時期，貴族體制仍居於上風的地位，意味富學生與窮勞工並不會有相同的老闆，因此他們的鬥爭也不相同。富學生仍希望能夠加入貴族體制的休閒階層，成為食利人或至少是組織人，享受優渥的所得，反觀窮勞工則是持續受到資本之手的壓迫。

至於中產階級，已學會如何面對資本，同時在戰後經濟繁榮期益趨興旺，無法體會菁英學生的焦慮，因而對於他們的抗爭，時而困惑，時而反感。富學生透過抗爭，不無可能是在表達一種尚未意識而又模糊不清的直覺：這場方興未艾的菁英革命反而會使他們承受不必要的壓力——菁英體制或許並不適合菁英階層。

此一海報最大的反諷就是其標語，在推出時只是一個虛假的口號，但是透過這些隱形的力量最終反而成真。一路走來，菁英體制也徹底改變了經濟均等的政治局勢。此一轉變開創了政治新局，為海報所宣揚的大結盟提供了更新的可能性。

今天，菁英體制的不均對誰都沒好處：不僅是對眾多因菁英體制而遭到閒置，以致被排除在所得與地位之外的人，甚至對少數因此陷入毀滅性競爭，以壓迫性的變異勞動來利用他們人力資本的菁英階層也是如此。

菁英體制的不均提供了新的政治空間，如今遭到煽動家、江湖術士與一批假先知的利用，我們有必要對此一新局的需求做出回應。要解決菁英體制的不均，就須戳破功績的騙局，直攻其意識形態的核心，此一意識形態正是造成菁英無所不用其極地想保有特權與引發中產階級憎恨無辜局外人的根由。一個人為保護實質的優勢條件而壓抑自己的人性是一回事，然而為了滿足虛無的幻想而這麼做，就另當別論了。

深入檢視菁英體制，可以看出其所有的不滿，儘管表面上毫無關係，但是事實上都是來自同一個來源——一個持續縮小的菁英階層過度使用人力資本與永不鬆懈的態度，將富人帶入斯達漢諾夫式拚命工作的深淵，並且造成其他人閒置。一個更為平等的經濟與社會秩序對所有人——不論是富人還是其一般大眾——都大有助益。

同時，民主平等是治癒菁英體制不均唯一的方式。在菁英體制不均下，菁英階層希望魚與熊掌兼得——期望在不必犧牲所得與地位的情況下，重拾過去的休閒與自由時光——然而這根本是自欺欺人。他們無視菁英生產中碾磨人性的邏輯——使他們陷入危難之中。在人力資本主宰所得，勤奮代表榮譽之際，沒有人能夠在不迷失真正自我的情況下，又能像今日超高技能菁英高高在上，支配與壓迫別人。只有靠著極度剝削自我與貧乏自己的內在生活，才有可能讓富人擺脫對人力資本的迷戀。正如社會公民相互真誠以對，才能達成他們自我的公民自尊，勞動者必須分享所得與勤奮才能解放自我。然而菁英體制要達成支配統治的地位，除了靠毀滅自我沒有他途。

一個更公平的社會對大家都有利。菁英階層可以藉由所得、地位的減少來換取自由與休閒，而所得與地位的降低都是他們能夠輕鬆負擔的。帕羅奧圖雖然可能因此變得沒以前富有，但是壓力得以減輕，而且當地仍然相當富有的居民也因此重獲自由。與此同時，中產階級也可以免除被迫閒置的威脅，恢復自己的所得與地位，從而也使他們能夠放下永遠無法自其中得到滿足的怨恨。聖克萊爾湖畔小鎮將可因此恢復財富，重拾尊嚴，回復美國經濟生活的中心地位。

對於今日再分配的比喻不應是奧肯漏水的桶子——互傷互損——而是互惠互利。相對於菁英體制造成普遍不滿，民主平等則是可以帶來雙贏的局面——一個需要富人與其他一般大眾通力合作的新局，只有攜手並進才能擺脫菁英體制的陷阱。

雙方只要接受這筆交易就能互惠共榮，革新派可以以此作為支持其訴求的最新政治宣傳依據。任何一場勝利都是長期抗戰，得來不易。戰鬥與勝利不能閉門造車，必須靠著鼓動與組織，而不是依賴書本。不過書本有助教育公民了解他們真正的利益所在與所應參與的政治運動。菁英體制的耀眼光芒，使人頭眩目暗，看不清楚吞噬他們的意識形態陷阱——在富人間製造虛榮；在其他人間又製造虛幻的仇恨，以及掩飾菁英體制不均對雙方造成的傷害。我們必須深刻反思，揭露傷害，促進所有公民間的平等，從而跨越菁英體制造成的鴻溝。我們也應了解，除了攜手合作，富人與其他一般大眾無法逃離菁英體制的陷阱——雖然一些淺薄的利益會帶來矛盾，但是大家唯有通力合作才能達成真正的利益。

最後，容我更新一句老口號：全世界的勞動者——現在是中產階級與超高技能階層——應該團結一致。他們沒有什麼好損失的，除了身上的枷鎖，因此大可放手一搏，贏得全世界。

致謝

《菁英體制的陷阱》一書著作完成耗時二十年，其間我欠下無數的人情債。我無法一一致謝也無以為報。我只有盡力而為。

我是在研究所研讀哲學，受教於伯納・威廉（Bernard Williams）、德瑞克・帕菲特（Derek Parfit）、羅納德・德沃金（Ronald Dworkin）與G・A・柯漢（Cohen）時，開始對經濟不均——尤其是有關人力資本形成不均的問題上——感到興趣。他們對於分配正義都有透徹與獨到的見解。也許更重要的是，他們教導我要深入了解此一議題與將其思維體現在現實生活之中有多麼困難。後來不久，我出版了一些初步有關不均的論述，在與伊莉莎白・安德森（Elizabeth Anderson）交換意見後，我同意我的論點並未反映實際生活，我因此走上探尋之路，這條道路引領我寫下這本書。

這條路蜿蜒曲折，我曾與耶魯及其他地方的同事和朋友進行無數次的交談，我自其中獲益良多，他們有許多都對我的初稿給予寶貴的意見。他們包括孟尼爾・艾阿邁（Muneer Ahmad）、安妮・奧斯托（Anne Alstott）、易恩・艾瑞斯（Ian Ayres）、莫妮卡・貝爾（Monica Bell）、尤嘉・班克勒（Yochai Benkler）、菲利普・鮑庇特（Phillip Bobbitt）、丹尼・包斯曼（Dani Botsman）、齊亞拉・布里奇斯（Khiara Bridges）、史蒂夫・布瑞爾（Steve Brill）、雷克・布克斯（Rick Brooks）、約翰・布瑞塔（John Buretta）、吉多・卡拉布希（Guido Calabresi）、潔西卡・卡蒂萊諾（Jessica Cattelino）、鮑伯・艾利克森（Bob Ellickson）、唐・埃斯蒂（Don Esty）、庫斯泰爾・費米斯特（Crustal Feimster）、歐文・費斯（Owen Fiss）、詹姆斯・弗曼（James Forman）、羅伯・法蘭克（Robert Frank）、布萊恩・卡斯坦（Bryan Garsten）、大衛・奎華爾（David Grewal）、歐納・海瑟威（Oona Hathaway）、金芙維・海勒英格（Genevieve Helleringer）、羅伯・赫凱特（Robert Hockett）、麥可・凱迪斯（Michael Kades）、保羅・肯恩（Paul Kahn）、艾米・卡普琴斯基（Amy Kapczynski）、艾爾・卡維雷克（Al Klveorick）、伊薩・卡勒－郝斯曼（Issa Kohler-Hausmann）、洛伊・奎特納（Roy Kreitner）、道格・凱沙（Doug Kysar）、約翰・蘭賓恩（John Langbein）、馬可・李普史第奇（Marc Lipstich）、查克・李斯考（Zach Liscow）、亞爾・李斯多金（Yair Listokin）、伊恩・馬爾庫姆（Ian Malcolm）、班傑明・馬爾科維茨（Benjamin Markovits）、英嘉・馬爾科維茨（Inga Markovits）、朱莉亞・馬爾科維茨（Julia Markovits）、麗貝卡・馬爾科維茨（Rebecca Markovits）、理查・馬爾科維茨（Richard Markovits）、史黛芬妮・馬爾科維茨（Stefanie Markovits）、諾・麥辛（Noah Messing）、山姆・

莫恩（Sam Moyn）、大衛・歐文斯（David Owens）、普爾澤梅克・帕卡（Przemek Palka）、班・波拉克（Ben Polak）、羅伯・布斯特（Robert Post）、艾許・普萊斯（Asher Price）、克萊爾・普斯特（Claire Priest）、傑第・布地（Jed Purdy）、阿濟茲・雷納（Aziz Rana）、羅卜・雷奇（Rob Reich）、朱帝斯・雷斯尼克（Judith Resnik）、蘇珊・羅斯-艾克曼（Susan Rose-Ackerman）、史考特・夏皮羅（Scott Shaprio）、丹・夏弗斯坦（Dan Sharfstein）、彼德・舒克（Peter Schuck）、維姬・舒茲（Vicki Schultz）、列娃・席格（Reva Siegel）、蒂姆・史耐德（Tim Snyder）、凱文・史泰克（Kevin Stack）、湯姆・泰勒（Tom Tyler）、羅里・范・路（Rory Van Loo）、夏夏倫・弗克豪森（Sharon Volckhausen）、菲利浦・威爾斯（Philippe Wells）、雷夫・威納（Leif Wenar）、派垂・渥夫克（Patrick Wolff）、諾亞・札茲（Noah Zatz）、張泰蘇（Taisu Zhang）。此外，艾米・蔡（Amy Chua）與傑德・魯賓費爾德（Jed Rubenfeld）也給予許多幫忙，若是沒有他們，本書根本不可能存在。

我也在許多重大場合提出本書的論點，這些場合的質疑使我的論述，甚至爭議本身都大為改進。這些場合與地方包括美國憲法學會的法律學術研討會、布蘭福德（Branford）金錢、權力暨政治系列講座、日本央行、梨花女子大學、新加坡大學法學院、赫茲利亞（Herzliya）跨學科研究中心、特拉維夫大學法學院、海德堡大學美國研究中心、龐培法布拉（Pompeu Fabra）大學、波隆納大學、阿姆斯特丹大學歐洲契約法研究中心、柏林洪堡大學、極圈沙龍（Salon

Polarkreis）、柏林國際大學跨學科市場座談會、法律概念研討會、智利耶魯俱樂部、智利大學法學院、耶魯大學貨幣座談會、哈佛大學資本主義研究計畫、亞歷桑納大學詹姆斯・羅傑斯（James E. Rogers）法學院、亞歷桑納大學法學暨哲學中心、耶魯大學所得稅輔導計畫、杜林國際大學、耶魯大學社會與政策研究所暨華盛頓平等增長中心之不均、政治與利益研討會、耶魯法學院教師講習班、耶魯法學院畢業典禮、多倫多大學法學院、德州大學法學院、美國憲法學會法律暨不均研討會、耶魯法學院校友會、喬治城大學法律中心、切格拉中心（Celga Center）、洛杉磯加利福尼亞大學法學院、德州大學不均與人權會議、達特茅斯學院、康乃爾法學院、耶魯大學校友會、拉丁美洲憲法研討會、科梅紐斯（Comenius）計畫、卡里帕雷（Cariplo）基金會、紐約人文科學研究所、紐約大學法學院、范德比大學法學院、法國國務委員會、布宜若斯艾利斯大學法學院、聯邦黨人協會、北卡羅萊納大學法學院、法律暨政治經濟計畫、蘇黎世聯邦理學院暨土魯斯高等研究所、洪堡大學社會科學研究所、水牛城大學波爾蒂（Baldy）中心、西北大學普利茲克（Pritzker）法學院、布魯克林法學院、耶魯法學院第一代專業人士、義大利法律暨經濟學會。

有多位參與研討會的人士為本書倒數第二稿提出寶貴的評論與建言，助我順利完成本書。他們包括柏林自由大學的賈科默・寇內歐（Giacomo Corneo）、費利克斯・寇屈（Felix Koch）、伯特倫・羅費爾德（Bertram Lomfeld）、克里斯多福・穆勒（Christoph Mollers）、弗勞克・彼德（Frauke Peter）、弗里德伯格·魯布（Friedbert Rueb）和尤爾根·舒普（Jurgen Schupp）；倫敦大學學院的歐瑞納·班岱拉（Oriana Bandiera）、露西·柏奈斯（Lucy Barnes）、索森·貝爾（Thorsten Bell）、理查·布隆岱爾（Richard Blundell，本書書名是他建議的）、傑夫·金恩（Jeff King）、朱利安·雷格蘭（Julian LeGrand）、喬治·雷薩斯（George Letsas）、菲利帕·梅格倫（Philippa Malmgren）、克萊爾·麥克斯威爾（Claire Maxell）、艾維拉·帕斯特納克（Avia Pasternak）、普林斯·沙卜萊（Prince Saprai）與保羅·西格爾（Paul Segal）；耶魯法學院的布魯斯·艾克曼（Bruce Ackerman）、大衛·布魯克斯（David Brooks）、麥克爾·葛瑞茲（Michael Graetz）、安東尼·柯羅曼（Anthony Kronman）、瑞克·雷文（Rick Levin）、馬瑞拉·列文森（Meira Levinson）、艾利克·麥克吉爾利斯（Alec MacGillis）、珍妮佛·奈德斯基（Jennifer Nedelsky）、艾倫·史華茲（Alan Schwartz）、約翰·威特（John Witt）、波蒂亞·吳（Portia Wu）、吉迪恩·亞菲（Gideon Yaffee）；以及紐海芬（New Haven）讀書俱樂部的艾蜜莉·貝茲倫（Emily Bazelon）、尼可拉斯·大衛朵夫（Nicholas Dawidoff）、雅各·海克（Jacob Hacker）、安妮·莫菲·保羅（Annie Murphy Paul）。

耶魯法律圖書館優秀無比的職員——尤其是朱利安·艾肯（Julian Aiken）與蜜雪兒·赫德遜（Michelle Hudson）——為我的研究提供大量支持。同時，還有一批傑出的研究助理為我收集與爬梳有如山高的數據與相關資料。他們是尤瑟夫·艾爾傑瑞尼（Yusef Al-Jarani）、馬修・安培曼（Matthew Ampleman）、莫利・安德森（Molly Anderson）、柯西・安易法（Kossi Anyinefa）、潔西卡・貝克（Jessica Baker）、艾隆・巴泰爾斯－史文戴爾斯（Aaron Bartels-Swindells）、莎拉・簡・貝弗－克里敦（Sarah Jane Bever-Chritton）、托利・拜爾羅史托克基（Taly Bialostocki）、山謬・布利爾（Samuel M. Brill）、約翰・卡爾亨（John C. Calhoun）、麥可・柯尼恩（Michael Coenen）、英格納西奧・柯芬尼（Ignacio Cofone）、簡・古柏（Jane Copper）、林賽・康特斯（Lindsey Counts）、馬庫・迪威特（Marcu DeWitt）、亞歷山卓・艾農（Alexandra Eynon）、瑞亞・斐南迪斯（Rhea Fernandes）、艾瑞克・費許（Eric Fish）、艾德華・弗克斯（Edward Fox）、米蓋・法蘭西斯柯・德・費奎瑞多（Miguel Francisco de Figueiredo）、魯文・蓋瑞特（Rueven Garrett）、威廉・蓋布克（William Gaybrick）、艾德里安・龔薩雷斯（Adrian Gonzalez）、納坦・哥瑞尼克（Nathan Goralnik）、羅希特・高亞爾（Rohit Goyal）、凱西・葛瑞（Casey Graetz）、艾普爾・胡（April Hu）、萊奧拉・凱爾曼（Leora Kelman）、傑若米・凱斯勒（Jeremy Kessler）、大衛・金（David Kim）、丹尼爾・努森（Daniel Knudsen）、大連・柯赫夫（Dylan Kolhoff）、克雷格・柯諾斯（Craig Konnoth）、切爾西・蘭－米勒（Chelsea Lane-Miller）、亞瑟・劉（Arthur Lau）、傑夫・林格維爾（Jeff Lingwall）、丹尼爾・李斯華（Daniel Listwa）、凱瑟琳・洛格（Catherine Logue）、路卡斯・馬可－克魯爾（Lucas Mac-Clure）、馬麗安娜・毛（Marianna Mao）、維琴尼亞・麥可

卡蒙特（Virginia McCalmont）、凱瑟玲・麥卡錫（Catherine McCarthy）、艾利克斯・麥克尼可（Alex Mechanick）、瑪麗安・梅辛（Marian Messing）、史特拉托斯・派奚斯（Stratos Pahis）、傑若米・皮拉（Jeremy Pilaar）、瓦利達・普倫帝斯（Valida Prentice）、達文・瑞斯（Devin Race）、拉維・瑞馬納森（Ravi Ramasnathan）、柯諾・德懷爾・雷諾（Conor Dwyer Reynolds）、艾娃・瑞加蒙提（Eva Rigamonti）、瑞吉爾・羅尼克（Rachel Rolnick）、克萊爾・珊特－阿默（Claire Saint-Amour）、傑克森・薩維拉（Jackson Salovaara）、強納森・薩諾夫（Jonathan Sarnoff）、喬治・沈（George Shen）、艾瑞克・史本格米勒（Erik Stegemiller）、艾蜜莉・史托森柏格（Emily Stolzenberg）、利利安・提默曼（Lilian Timmermann）、陳紅（Hong Tran）、潔西卡・沃弗柏格（Jessica Vosburgh）、王婷（Ting Wang）、梅根・懷特（Megan Wright）、傑弗瑞・張（Jeffery Zhang）、凱瑟琳・張（Katherine Zhang）、卡琳・祖布爾茨基（Carleen Zubrzycki）。在此一出眾的小組中，有兩位對本書的貢獻尤大：在本書寫作初期與中期，傑弗瑞・張提供許多支援，凱瑟玲・麥卡錫則是在寫作後部時大力給予支持。

感謝耶魯法學院與歷任多位法學院長安東尼・克朗曼（Anthony Kronman）、高洪株（Harold Koh）、羅伯特・波斯特（Robert Post）與希瑟・格肯（Heather Gerken）對我的容忍；感謝柏林高等研究院（Wissenschaftskolleg zu Berlin）給予我一年的支持，還有英國圖書館提供給我適於寫作與思考的地方。此外，感謝佩蒂・米拉爾多（Patty Milardo）對我的照顧，將我的職業生涯打理得井井有條。

我的經紀人蒂娜·班尼特（Tina Bennett）、崔西·費許（Tracy Fisher）、伊莉莎白·申克曼（Elizabeth Sheinkman）、菲奧娜·貝爾德（Fiona Baird）與斯維特拉娜·凱茲（Svetlana Katz）優雅而聰慧。尤其是蒂娜，將一次演講轉變成出書的提案，然後幫忙整理雜亂無章的文稿直到出書。我無法想像還會有比她更出色的經紀人。

感謝企鵝出版集團紐約編輯部的安·哥多夫（Ann Godoff）、威爾·海華德（Will Heyward）與倫敦編輯部的史都華·派費特（Stuart Proffitt）、班·辛約爾（Ben Sinyor），他們在本書的編輯上費盡心血，展現了高度的專業、智慧與判斷。他們花了許多時間與我討論文稿與其中的思維和爭議。他們的努力使我的著作更加豐富。感謝廣瀨友紀（Yuki Hirose）以同理心與關懷的態度來審查本書文稿。還要感謝凱西·丹尼斯（Casey Denis）、蓋爾·布賽爾（Gail Brussel）、布魯斯·吉弗德（Bruce Giffords）與所有的企鵝出版同仁，本書看來美觀大方，其概念拜版面設計與視覺語言之賜而大為強化。

最後，我要感謝我的妻子莎拉·比爾斯通（Sara Bilston），她審閱與幫忙改寫我永無止盡的文稿，她體貼、誠實，不吝給予嚴厲的批評。她的聲音響徹本書。同時，在多次緊要時刻，我的三個孩子（扭轉自然與事物的正常順序）將他們的事務擱在一邊，幫我完成寫作。

對於你們所有人的幫助，我銘感五內。

註釋

導論

1. 本文的中產階級是既非窮人，也非菁英階層的人口，因此也涵蓋了勞工階級在內。本書的中產階級沒有嚴格定義，而是在於反映本書的論點，也就是說本書的中產階級是視其在菁英體制不均下的地位而定。
2. 作者一路走來獲得的一長串學位包括一九九一年耶魯大學數學學士、一九九二年倫敦政經學院計量經濟學與數理經濟學理學碩士，一九九四年與一九九九年分別獲得牛津大學哲學學士與博士學位、二〇〇〇年耶魯法學院法律博士。他有兩年是哈佛拜訪研究生學者，不過並未註冊申請學位。
3. 舊瓶裝新酒：根據新修訂標準版聖經，福音指出如果新酒裝在舊皮袋裡，就會脹破皮袋，不但酒漏掉，皮袋也壞了。（馬太福音 9:14-17、馬可福音 2:21-22、路加福音 5:33-39）同樣的，菁英體制也會脹破其所填充的社會結構，本身也將因此流失。它會破壞既有的社會秩序，從而也對自己造成損傷。
4. 機會均等：儘管有眾多政治觀察人士都把菁英主義與機會均等混為一談，不過哲學界早已在談論這兩種意識形態分離的抽象可能性。
5. 在問到「不論你打算選誰，你認為川普的演說是否反映了你個人今天對美國的感受？」的問題時，在沒有學士學位的白人受訪者中有百分之六十表示該演說反映了他們的感受，有百分之三十四表示沒有。在擁有學士學位的白人受訪者中，表示有與沒有的比率分別是百分之三十九與百分之五十三。

6. 富人的美國與窮人的美國：此一以「兩個美國」來強調經濟不均的理念是改革派政治人物約翰．愛德華茲（John Edwards）在二〇〇四年尋求成為民主黨總統候選人與接受副總統提名演說時的主要論調。

第一章　菁英革命

1. 高等工作的一般薪資：例如在二〇一〇年時，史蒂芬．卡普蘭（Steven Kaplan）與約書亞．勞（Joshua Rauh）指出，華爾街執行董事一般的年薪至少是五十萬美元，美國十大法律事務所的合夥人平均年薪是一百萬美元。此外，羅伯特．庫札米（Robert S. Khuzami）在二〇一三到二〇一八年間在專精企業法的凱易律師事務所（Kirkland & Ellis）擔任合夥人時的年薪是五百萬美元。
2. 法學院入學測試：耶魯法學院二〇二〇年班的GPA成績的中間分數是三．九一，LSAT的中間分數是一七三。在二〇一六年六月到二〇一七年二月接受LSAT的學生中有百分之九十九．二的分數都在一七三以下。
3. 二〇一〇年，在所得分配最高百分之一的家庭中，有百分之六十二都有成員每週工作五十小時以上（高於一九八三年時的百分之四十六）。反觀在所得分配底部五分之一的家庭中，只有百分之四有成員週工作五十小時以上。
4. 「前十大……」與「前五大……」：大約有十四所與六所大學幾乎每年都會出現在美國新聞與世界報導的大學前五大或前十大排行榜中。這些大學分別是耶魯、哈佛、史丹福、芝加哥、哥倫比亞、紐約大學（前五大）與賓夕凡尼亞、密西根、維琴尼亞、杜克、西北、柏克萊、康乃爾與喬治城（前十大）。

   律師事務所的獲利通常是以三種方式計算：總獲利、每位律師的獲利，以及每位合夥人的獲利，其中以第三種最常使用，因為合夥人往往是律師事務所最高薪的職員。在二〇一五年，美國獲利最豐的五大律師事務所是華奇泰爾、昆鷹（Quinn Emanuel Urquhart & Sullivan）、保羅維斯（Paul Weiss）、蘇利文暨克倫威爾（Sullivan & Cromwell）與凱易。在二〇一八年，華奇泰爾的合夥人有百分之八十來自前五大法學院，百分之九十六來自前十大。同年昆鷹的合夥人有百分之三十六來自前五大，百分之五十三來自前十大；保羅維斯的合夥人有六十三來自前五大，百分之七十九來自前十大；蘇利文暨克倫威爾的合夥人有百分之五十七來自前五大，百分之七十二來自前十大；凱易的合夥人有百分之三十來自五大，百分之五十七來自前十大。

5. 目前越來越多的改革人士認為經濟不均惡化與技能的培育或科技的關係相對較小，主要是因為強勢的右翼（新自由主義人士）政治勢力打壓工會與解除經濟限制，從而將所得由勞工與中產階級轉入菁英手中。

6. 根據二〇一五年的稅務資料顯示：所得分配最高百分之一層平均每位成員有百分之五十六．四的所得是來自他們的勞動。

7. 所得分配最高百分之一家庭：根據一項統計，在二〇一五年，所得分配最高百分之一家庭的所得約占了美國總所得的百分之二十二．三。在這最高百分之一層級中最高的十分之一當年約占了全美所得的百分之一〇．九。

8. 在一九五〇到一九七〇年間，美國所得分配最高百分之一層級的所得約占全國總所得的百分之一〇．六，不及現在的一半。在這百分之一層級中最高的十分之一同期所得約占總所得的百分之三．五，還不及現今的三分之一。

9. 根據世界銀行的吉尼係數資料，美國是四十一．五（二〇一六年）、印度是三十五．一（二〇一一年）、摩洛哥是三十九．二（二〇〇六年）、印尼是三十九．五（二〇一三年）、伊朗是三十八．八（二〇一四年）、烏克蘭是二十五（二〇一六年）、越南是三十四．八（二〇一四年）。

10. 泰國曼谷：根據美國普查局的美國社區調查顯示美國費爾菲德郡二〇一一年的吉尼係數是五十三．五二。聯合國的報告則顯示該年曼谷的吉尼係數是四十。

11. 一九六五年時，美國一家典型大企業執行長的所得是生產勞工平均所得的二十倍左右，二〇一四年則達到三百倍。

12. 根據美國勞工部勞工統計局資料顯示，私人護理護士一九六五年日薪是十四到二十七．五美元。診所或院護士一九六四年月薪是三百五十到三百九十七美元。由地方政府僱用的公共保健護士一九六四年年薪是五千三百一十三美元。目前缺少有關專科醫師在一九六〇年代中期所得資料，不過一九六五年受聯邦政府僱用的醫學院畢業生年薪在一萬零四百二十美元到一萬二千零七十五美元之間，是政府僱用護士的四倍。一九六三年私人開業的醫師平均淨所得是一萬九千美元左右。

13. 根據美國勞工部勞工統計局的資料，一九六三到一九六四年美國祕書平均週薪是九十九·五美元，或一年五千美元。二〇一八年祕書或行政助理的年薪是三萬七千八百七十美元。

第二章　菁英體制的傷害

1. 一九四〇年於中產階級家庭出生的小孩較父母富有的機會是百分之九十三，但在一九八〇年時降到百分之四十五。

2. 根據美國普查局資料，二〇一二年到二〇一六年聖克萊爾湖畔小鎮家庭年所得中間值是六萬九千八百七十八美元，全國水準是六萬七千八百七十一美元。該鎮每戶家庭人口在二到三人。美國二〇一六年平均三口之家的貧窮門檻是一萬九千一百零五美元，不到該鎮家庭所得中間值的三分之一。

3. 美國普查局資料顯示，二〇一二到二〇一六年間美國所有人口的貧窮率是百分之十五·一，所有家庭的貧窮率是百分之十一，聖克萊爾湖畔小鎮同期全部人口的貧窮率是百分之九·一，家庭是百分之六·四。

4. 美國普查局資料顯示，根據二〇一六年的調查，聖克萊爾湖畔小鎮二十五歲以上居民擁有學士學位比率是百分二十四·四，低於全國的百分之三十。該鎮擁有研究所或專業學位的人口比率是百分之八·三，也低於全國的百分之十一·五。

5. 根據美國普查局資料，一九三〇年聖克萊爾湖畔小鎮人口是六千七百四十五人，在二十世紀中期快速成長，在一九七〇年達到頂峰，有八萬八千零九十三人，但是之後人口緩慢持續下降，二〇一〇年時為五萬九千七百一十五人。

6. 美國普查局資料顯示，一九七五年美國家庭所得中間值是四萬七千八百七十九美元（以二〇一六年美元價值計算），而到二〇一六年，為五萬九千零三十九美元，成長百分之二十三．三。二〇〇〇年時，美國家庭所得中間值是五萬八千五百四十四美元。由此顯示在二〇〇〇年到二〇一六年間家庭所得中間值增加不到百分之一。一九七五年所得分配最高百分之一家庭的平均所得（包括資本利得）是三十四萬五千五百六十五美元（以二〇一四年美元價值計算），而二〇一四年該階層的平均所得是一百二十八萬三千七百七十五美元，成長了百分之二七一．五。

7. 根據教育統計文摘（Digest of Education Statistics）資料顯示，二〇一六年時，私立學校的學生／老師比是七比一，公立學校是十六比一。

8. 在一九四〇到一九六〇年代出生的孩子，黑人與白人間學業成績的差距要大於富人與窮人間的差距。不過在最近二十年出生的孩子，最富有與最貧窮的孩子在進入幼稚園後的成績差距，是黑人與白人間的二到三倍。

9. 一九九九年，非西班牙裔中年白人死亡率由降轉升，儘管老年人與其他人種死亡率仍在繼續下降。經濟學家安妮．凱斯（Anne Case）與安格斯．迪頓（Angus Deaton）指出，「絕望之死」——因自殺、用藥過量與酗酒而死亡——是導致死亡率上升的主因。他們的研究顯示，在十萬名非西班牙裔五十到五十四歲的白人男性與女性之中，根據教育程度不同而因自殺、用藥過量與酗酒而死亡的人數，高中以下男性在一九九八到二〇一五年間增加百分之一百三十，學士以上男性則是增加百分之四十四；高中程度以下女性同期增加百分之三八一，學士程度以上增加百分之七十。

10. 一項針對來自中上階層社區十所頂尖公立與私立學校的四千三百一十七位學生所做調查顯示，他們平均每天晚上要花三．一個小時在家庭作業上，其中一所學校的學生每晚平均要花三．五九個小時在家庭作業上。

11. 根據每小時收費動輒數百美元的幼兒園申請顧問指出，今日曼哈頓頂尖幼兒園的錄取率在百分之四或百分之五，反觀二〇二一年哈佛、耶魯與西點軍校的錄取率分別是百分之五．二、六．九與九．五。

12. 一九九一年哥倫比亞大學、麻省理工學院與加州理工學院的錄取率分別是百分之三十二、三十一與三十，然而到二〇一六年，這三所大學的錄取率分別是百分之六、百分之八與百分之八。一九九一年美國前十大大學的平均錄取率是百分之二十七，但是到二〇一六年時只有百分之八。這些頂尖大學包括加州理工學院、哥倫比亞、達特茅斯、杜克、哈佛、麻省理工學院、普林斯頓、史丹福、賓州、芝加哥與耶魯。這十一所大學是美國新聞與世界報導大學排行榜前十名的常客。

13. 人力資本一詞與菁英主義的關係密不可分。人力資本原本不受重視，不過在一九六〇年代進入主流，主要是拜經濟大師葛瑞·貝克（Gary Becker）所賜，他在一九六四年出版一本以人力資本為題的著作：《人力資本：理論與經驗的分析》（*Human Capital: A Theoretical and Empirical Analysis*）。

14. 帕羅奧圖家庭所得中間值大約是全國水準的三倍，房價中間值約是全國的十倍。根據美國普查局二〇一二到二〇一六年的社區五年調查報告顯示，帕羅奧圖家庭所得中間值是十七萬六千美元，全國是六萬八千美元。同期間帕羅奧圖房價中間值是一百七十萬兩千一百美元，聖克萊湖畔小鎮是十萬兩千四百美元。根據美國房地產市場網站Zillow指出，帕羅奧圖二〇一八年七月十八日出售房價中間值是兩百三十九萬美元，約是全國房價中間值的七到十倍。

15. 有關大學生心理健康方面的系統性資料直到最近才受到重視，因此無法和千禧年前的情況做一比較。不過有一些個別的大學自一九九〇年代中期以來就開始注意學生的心理健康。例如哥倫比亞大學在二〇〇二年指出，該校學生使用心理健康服務的比率較一九九四-一九九五學年增加百分之四十。麻省理工學院在二〇〇一年十一月指出，該校學生使用心理健康服務比率在一九九五到二〇〇〇年間增加了百分之五十。紐約州立大學帕切斯分校（SUNY at Purchase）在二〇〇二年指出，該校學生過去三年使用心理健康服務的比率增加百分之四十八。

16. 在最近一項針對企業高階主管的調查顯示，幾乎每一位都曾診斷有身心俱疲症候群，其中有三分之一表示他們是極度的身心俱疲。

第三章　階級戰爭風雨欲來

1. 根據美國普查局資料，在一九六〇年，聖克萊爾湖畔小鎮的家庭所得中間值僅比帕羅奧圖低了七分之一，房價中間值也僅是低了三分之一到一半。

2. 費茲傑羅一九二四年在其短篇小說「富家子（The Rich Boy）」中寫道：「讓我對你說說什麼叫真正的有錢人，他們與你我不一樣，他們擁有得早，享受得早，這對他們造成一些影響，使得他們在我們堅強之處柔弱，在我們深信之處多疑。其言行處事，除非天生富有，否則是很難理解。他們在內心深處自認比我們優越，因為我們必須自己來尋求生命中的報償與庇護。即使他們深陷我們的世界或沉淪於我們之下，他們仍然自認優於我們。他們是不同的。」十二年後，海明威在君子雜誌刊出他的短篇小說「雪山盟（The Snows of Kilimanjaro）」。他寫道：「有錢人枯燥乏味，而且酗酒，整天玩雙陸棋。他們的生活沉悶又不斷重複。他想起可憐的史考特．費茲傑羅與他對有錢人那種羅曼蒂克的情懷與敬畏之感，以及他了一則故事，開頭就是『真正的有錢人與你我不一樣。』有人曾經對史考特說，是啊，他們比較有錢。但是史考特並不認為這句話有什麼幽默。他認為他們是一種富有魅力的特殊族群，而當他發現他們並非如此時，他崩潰了。」

3. 一項長期調查顯示，在一九七九到一九九六年間，在僅有高中學歷的年輕人中只有百分之十九．二會遷到別州尋求發展。擁有大學學歷或大學以上學歷的年輕人則分別有百分之三十六．六與百分之四十五會到別州發展。

4. 根據美國普查局的資料，在一九六〇年，非裔美人只有百分之三十四．五擁有自己的房子，而現今低所得家庭也只有百分之三十四．九擁有自己的房子。一九七〇年，非裔美人失業率是百分之九．二，現今美國低所得階層的失業率是百分之十三。

5. 根據馬丁．吉倫斯（Martin Gilens）所著《富有及其影響：美國經濟不均與政治勢力》（*Affluence and Influence: Economic Inequality and Political Power in America*，普林斯頓大學出版社，二〇一二年），美國選舉政治獻金有一半以上都是由最富有的百分之一階層所貢獻的，光是在這百分之一中最富有的四分之一就貢獻了三分之一。在一九九〇年，美國選舉政治獻金有四分之三是由最富有的四分之一階層所供應的，最貧窮的五分之一階層只貢獻了五十分之一。

6. 例如英國、美國與挪威的菁英公職人員在本世紀初的薪資分別是全國平均薪資的十七・八倍、七・八倍與五・三倍。在上世紀中期則分別是八・九倍、四・一倍與二・一倍。

7. 一九六九年，國會職員年薪是一萬美元，國會議員是四萬二千五百美元，全職政台說客則是一萬五千美元。

8. 一九六九年，地區法官年薪三萬美元，頂尖百分之十三的律師年薪則是五萬美元。

9. 一九六四年，美國政府行政部門首長年薪是三萬五千美元。一九八〇年，政府監管機構首長的薪資是他們所監管企業領導人的十分之一，到了二〇〇五年，此一比率降至六十分之一。

10. 二〇一七年，美國最高法院首席大法官年薪是二十六萬三千三百美元，同年華奇泰爾律師事務所合夥人的平均年薪是五百七十萬美元。

11. 二〇一八年，美國財政部長與其他在行政等級第一級的首長年薪是二十一萬七百美元。而在二〇一七年，高盛、摩根大通與摩根士丹利等華爾街巨擘執行長的平均年薪是兩千六百八十萬美元。

12. 希拉蕊後來表示她後悔曾指川普的支持者有一半都是一籮筐可悲的人。

13. 在二〇〇九年，歐巴馬的內閣與司法部提名人有近一半都擁有來自常春藤盟校的學位，而他們所有的學位有三分之一都是來常春藤盟校。能源部長朱棣文在一九九七年曾獲諾貝爾物理獎。還有多位曾是羅德或馬歇爾獎學金得主。

14. 川普在其就職演說中說道：「（我們）扶助了其他國家的軍隊，但讓我們的軍隊資源匱乏可悲。我們保護了其他國家的國界但不肯保護我們自己的國界……我們讓其他國家繁榮起來，但我們國家的財富、實力和信心正在消失天邊。」「我們中產階級家庭的財富被剝奪，被重新分配到世界各地。」「在我國各內城區居住的母親和孩子一貧如洗；衰敗荒涼的廠區猶如一座座墓碑散布在我國大地；教育體系耗資巨大，但我們風華正茂的學生被剝奪了學習全部知識的機會。此外，犯罪活動、幫派和毒品奪走了多少人的生命，使我們的國家失去了多少尚未開發的潛力。」

第四章　工作中的富人

1. 該口號是胡佛一九二八年競選總統時的主要訴求，但是他本人卻是未曾使用此一口號。此一口號的第一位使用者是十六世紀的法國國王亨利四世，共和黨在一九二八年大選年以此作為競選口號，不過民主黨後來對此大加揶揄，因為換來的是美國經濟大蕭條。一九六〇年，甘迺迪在田納西州布里斯托發表演說，再以此一口號取笑共和黨。他說：「我發現上一回有總統候選人在大選年來拜訪此一社區的是一九二八年的胡佛。胡佛總統當時高喊『每家鍋裡有兩隻雞』，也難怪自此之後就再也沒有總統候選人敢來這個社區。」
2. 現代的貧窮統計並沒有大蕭條時期的資料，但是根據最可靠的估計，一九一四年貧窮率是百分之六十六，一九三二年是百分之七十八。
3. 根據美國律師協會一九六五年的調查，當年律師事務所的律師一年的收費時數通常是在一千四百小時到一千六百小時，合夥人則是在一千二百到一千四百小時。
4. 企業重組與管理階層工作壓力加重有密不可分的關係。例如一九九〇年代中期針對電信業的調查顯示，有百分之九十三的中階經理人都表示企業重組使得他們的工作負擔加重。
5. 根據美國律師協會的研究，在一九八四年時，有百分之四的律師一個月工作兩百四十小時以上，有百分之三十一是在兩百到兩百三十九小時之間。到了一九九〇年，有百分之十三的律師每月工作在兩百四十小時以上，有百分之三十七是在兩百到兩百三十九小時之間。
6. 本書所謂的休閒指的是直接的消遣活動與如睡覺、飲食與個人照顧等壓力相對較低，對生活品質有間接貢獻的活動。所謂的非市場工作指的是沒有酬勞的非消遣活動，家事與照顧孩子是最典型的非市場工作。

7. 根據消費者金融調查顯示，在一九八三到二〇一〇年期間，所得分配最高百分之一家庭的平均每週工作時數增加了九．五個小時。在這段期間，該階層有成員每週工作超過五十小時的家庭比率提高了十六個百分點，由百分之四十六升至百分之六十二。在此同時，其他所得分配階層每週工作在五十小時以上的比率都告下降，在所得分配最底層五分之一家庭中只有百分之四有成員每週工作小時固定在五十小時以上。

8. 根據美國金融業監管局的調查，二〇一七年美國共有六十三萬零一百三十二名有註冊的金融代表。美國勞工統計局在二〇一八年的資料則顯示，該年在「證券、商品契約與其他金融投資暨相關活動」產業中共有二十五萬人從事監管相關的工作。

9. 根據富比世雜誌二〇一八年八月二十六日出刊的美國富豪排行榜，前十大是比爾．蓋茲、華倫．巴菲特、馬克．祖柏格、拉瑞．艾利森、查理．科克、大衛．科克、麥可．彭博、拉瑞．佩吉與塞吉．布林。在這十人當中，除科氏兄弟外，其他都是白手起家。同時，在美國前五十大富豪中，有三十三位的財富主要都是來自創辦人股票、合夥人股票、附帶權益與執行長待遇，換句話說，他們都是靠自己的勞力致富。

10. 最近幾年，在所得分配最高百分之一階層的所得中，退休金收益與房租約占了百分之十二，在最高百分之〇．一階層則占了百分之六，高於一九六〇年代的百分之六與百分之三。

11. 根據耶魯大學健康工作委員會二〇一六年調查顯示，耶魯學生平均平日睡眠時間是六．七小時，有百分之十以上的學生平均平日睡眠時間不到五小時。二〇一四年哈佛保健服務調查顯示，在接受調查的兩千位大學生中，有百分之十的學生平日晚上睡眠時間不到六小時，有三分之二在六到七小時。

12. 有許多原因使然，不過其中一項重大原因是轉移支付計畫縮減，政府對貧窮的關注大不如前。調查顯示，一九七九年時，美國所得分配最底部五分之一家庭所獲得的轉移支付約占美國聯邦總轉移支付的百分之五十四，然而到二〇〇七年此一比率降至百分之三十六。

13. 聯合國的人類發展指數（ＨＤＩ）是以三個面向來評估人類發展：健康、教育與生活水準。一九八〇年美國該指數是〇．八二六，二〇一四年升至〇．九一五。

14. 二〇一四年時，所得分配在五分位數中最底層的家庭平均所得是一萬三千一百三十二美元，全國所得中間值是四萬三千九百五十五美元，所得最高百分之一階層的平均所得是一百零一萬二千五百四十九美元。在一九六四年時，這三項數字分別是九百九十美元、四千一百八十五美元、五萬四千五百三十美元。

第五章　菁英繼承

1. 普林斯頓與耶魯是在一九六九年准許女性入學。哈佛何時開始准許女性入學，難以確定，因為該校在一八七九年成立一所專收女性的附校拉德克利夫學院（Radcliffe College）。一九七七年兩校合併招生，一九九九年，拉德克利夫學院正式併入哈佛大學，成立拉德克利夫高級研究所（Radcliffe Institute for Advanced Study）。在此之前，這些大學的畢業生根本沒有女性。不過時至今日，哈佛、耶魯與普林斯頓的大學生中，男性與女性的比率分別是百分之五十。而在美國前十所大學的大學生中，男性與女性的比率分別是百分之五十四與百分之四十六（西點軍校除外）。專業學院的情況也大致如此。在一九五一到一九六五年間，哈佛法學院的女性學生僅占百分之三，不過現今前十大法學院的男性與女性學生比率分別是百分之五十；在前十大商學院，男性占百分之五十八，女性占百分之四十二；在前十大醫學院，男性占百分之四十九，女性占百分之五十一。

2. 根據人口普查資料顯示，美國擁有大學學歷的女生只有約百分之十會在婚前產子，大學以上程度的女性只有約百分之五。

3. 根據全國婚姻調查顯示，僅有高中學歷或大學肄業的女性平均生下第一胎的年齡是二十四歲，第一次結婚的平均年齡是二十六歲。反觀擁有大學學歷的女性，生下第一胎的年齡是三十歲，第一次結婚的年齡是二十八歲。

4. 根據調查，美國在一九九〇到一九九四年結婚的女性中，沒有高中學歷的在結婚十年內離婚的比率是百分之四十六．三，擁有高中文憑的是百分之三十七．九，大學肄業的是百分之三十六，大學畢業的是百分之十六．五，碩士以上的是百分之十四．四。

5. 根據哈特暨雷斯利（Hart and Risley）的「早期災難（The Early Catastrophe）」調查，在三歲孩童平均擁有的字彙上，專業家庭中的孩子是一千一百一十六字，勞工階層的家庭是七百四十九字，請領社會福利的是五百二十五字。另一項調查也顯示，一歲半的孩子擁有的字彙，低社經地位家庭的平均為一百一十四字，較高社經地位的是一百七十四字。在兩歲的孩子擁有的字彙上，低社經地位與較高社經地位的分別是兩百八十八字與四百四十二字。

6. 根據常識媒體組織（Common Sense Media）二〇一三年的研究報告，在零到八歲的孩童中，富家子女平均每週花在看電視與電子遊戲上的時間要比窮人家子女減少二．五個小時，比中產階級子女減少一．五個小時。在零到八歲的孩童中，若是父母所得低於三萬美元，他們平均每天在電視機前面的時間是一小時七分鐘；父母所得在三萬美元至七萬五千美元的家庭中，他們平均每天在電視機前的時間是五十八分鐘；所得在七萬五千美元的家庭中，零到八歲孩童平均一日在電視機前的時間是四十六分鐘。這樣的差距隨著年齡增長而擴大。在八到十二歲的孩童中，來自富人家的平均每週使用電子螢幕的時間要比窮人家減少十二．五個小時，比中產階級減少七小時。在十三歲到十八歲期間，富人家與窮人家、中產階級家庭間在此一方面的差距分別是十七個小時與十一個小時。這樣的差距持續到成人期，富人平均每週花在看電視的時間要比窮人減少四小時。

7. 不到八千美元：根據美國普查局二〇一四年資料，康乃狄克州平均花在每位學生上的經費是一萬八千五百一十二美元，密西西比州則是七千九百二十八美元。美國普查局二〇一一年到二〇一五年美國社區調查報告則顯示，美國最富有的五個州（康乃狄克、馬里蘭、麻州、紐澤西與新漢普夏）平均一年花在每位學生身上的經費是一萬五千八百一十五美元；中級六州（內布拉斯加、堪薩斯、奧勒岡、緬因、德州與俄亥俄州）是一萬零七百一十六美元；最窮五州

（新墨西哥、西維琴尼亞、愛達華、阿肯色與密西西比）只有九千零九十九美元。

8. 根據皮尤研究中心（Pew Research Center）調查，美國高所得家庭子女有百分之八十四都會參與運動或體育活動，中等所得家庭是百分之六十九，低所得家庭是百分之五十九。同樣的，富家子女有百分之六十四會參自願性活動，中等所得家庭是百分之四十九，低所得家庭是百分之三十七。

9. 菲爾德斯頓二〇一三年一百五十位畢業生中有四十位進入常春藤盟校，有一百零四人進入排名前二十五所大學。

10. 根據哈佛資料顯示，在二〇一七年班的學生中有百分之五十三的父母年所得是在十二萬五千美元以上（最高所得五分之一階層的門檻），來自年所得為二十五萬美元（所得分配在最高百分之五的階層）以上家庭的比率是百分之二十九，來自年所得不到四萬美元（在所得分配五分位數中最低的兩個分位數）家庭的比率只有百分之十五。耶魯的資料則顯示，來自所得分配五分位數中最頂層（十二萬五千美元）家庭的學生比率是百分之五十六，來自五分位數中最低兩個分位數（四萬美元）家庭的學生比率只有百分之四十，來自所得分配在最高百分之五階層（二十五萬美元）家庭的學生比率是百分之三十五。

11. 根據美國教育部教育統計中心的資料，美國平均一年在公立大學上的教育支出是三千三百六十億美元，在公立K–12學校的支出是六千六百八十億美元。一九九六到一九九七年美國在高等教育上的支出比率是百分之三十九·八，二〇〇八年是百分之三十九·七，二〇一二年是百分之四十三·七五。

12. 耶魯二〇一八年會計年度總預算是三十七億六千五百萬美元，而一八四〇年美國在教育上的總投資是九百二十萬美元（相當於二〇一五年的兩億五千萬美元）。

13. 美國第一所獨立的法學院是建於一七八四年的康乃狄克州利奇費爾德。美國第一所大學法學院有不同說法，有人認為是哈佛法學院，有人認為是威廉瑪麗法學院，不過都是在十九世紀交替之初成立的。第一所大學醫學院是建於一七六五年的賓州大學。華頓商學院是美國第一所商學院，建於一八八一年。

第六章　晦暗與光鮮的工作

1. 一九六五年美國聯邦最低工資是時薪一．二五美元，每週工作四十小時，一年工作五十二週來計算，年薪為兩千六百美元。一九九三到一九九五年美國聯邦最低薪資是時薪四．二五美元，若以每週工作四十小時，一年工作五十二週來計算，年薪為八千八百四十美元。

2. 根據經濟學家托馬斯．菲利普蓬（Thomas Philippon）與阿瑞爾．雷雪夫（Ariell Reshef）所著《美國金融業薪資與人力資本：一九〇九到二〇〇六》（*Wages and Human Capital in the US Financial Industry: 1909-2006*）指出，直到一九八〇年，美國金融業擁有大學學歷的從業人員數目可能只比其他民間產業多出百分之二．五，不過到了二〇〇五年，此一差距擴大到百分之十七．五。從一九六〇年到一九八〇年，金融業從業人員的所得與製造業從業人員差不多，比保健業多出百分之二十五到百分之五十，但是比法律業低百分之二十。到了二〇〇〇年至二〇一〇年期間，金融業從業人員所得比製造業高出百分之六十，是保健業的兩倍，與法律業則差不多。

3. 根據菲利普蓬與雷雪夫的研究，在一九四七到一九七七年間，美國金融業占GDP比率由百分之二．三二升至百分之四．五五，就業人口比率則是由百分之二．二五升至百分之四．一二。自一九八〇年開始，金融業占GDP比率快速擴大，在二〇〇五年達到百分之七．六九，但是與此同時，該業界就業人口比率則是持穩，在一九八七年達到百分之四．六四的頂峰之後即告下降，在二〇〇五年降至百分之四．三二。

4. 根據美國普查局，二〇一七年美國四口之家的貧窮線是兩萬四千三百三十九美元。

5. 貝深科技公司：該公司研究交通、財富、線上瀏覽以及其他多項與消費者行為有關的因素，並在商店內設置感應器，以監測顧客流量、員工活動以及他們之間的互動情況，由此來衡量員工真正的生產力與購物者收益。該公司利用大數據來評量員工在何種環境與條件下能夠發揮最大的生產力以提高銷售效率。該公司聲稱可以把銷售效率提高百分之三十。

6. 根據美國勞工部的資料，在新千禧年的頭十年，美國共喪失一百一十萬個祕書工作，同時電話接線生、打字員與文字處理員、旅行代辦人、記帳員的工作也分別減少百分之六十四、六十三、四十六與二十六。自二〇〇七年以來美國已喪失兩百萬個文書工作。

7. 機械人生產趨勢方興未艾：據金融時報指出，美國二〇一四到二〇一五年間對機械人的投資成長一倍。全球生產型機械人市場以百分之十七的複合年率成長，過去十年來與機械人相關的專利申請件數成長三倍。

8. 根據美國勞工統計局的資料，美國製造業人口在一九七〇年代末期達到頂峰，為一千九百五十萬人，但是到了一九九二年，美國國內製造業就業人口降至一千六百五十萬人，在二〇一二年更是一度跌破一千二百萬人。

9. 根據OECD的研究，歐洲國家除葡萄牙外都出現中級技能工作空洞化的情況。OECD另一項調查則顯示，自一九九八到二〇〇九年期間，在根據平均技能分數的四分位數中，最高與最低的四分位數的就業人口分別成長百分之二十五與百分之二，在中間的兩個四分位數就業人口則告下降，次高的四分位數減少百分之一，次低的減少百分之十五。

10. 根據OECD的調查，美國大學畢業生所得比僅有高中學歷的勞工高出百分之六十八，相較於英國的百分之四十八、法國的百分之四十一與瑞典的百分之二十三。

11. 根據布魯金斯研究所二〇一三年的「大家都應該上大學嗎？」的研究報告指出，頂尖私立與公立大學的學費報酬率是在百分之十一到百分之十三之間，非競爭性公私立大學的學費報酬率則是在百分之六到百分之九。

12. 布萊克-康納利法案（Black-Connery Bill）差一點就使得每週工作三十小時成為美國的法律。該法案一九三二年由參議員雨果．布萊克（Hugo Black）提出，受到工會與新上台的羅斯福政府的支持，並在參院獲得通過。但是後來法案遭到產業界的極力反對，工會方面也改變心意，迫使羅斯福在其新政中不再支持該法案，最終以公平勞動法取代。

13. 根據美國亞特蘭大聯邦準備銀行二〇一四年的研究報告指出，美國壯年男性的勞動力大幅下降，自一九七〇年的百分之九十六降至今日的百分之八十八，是所有先進工業國家中次低的，僅高於義大利。反觀壯年女性的勞動力參與率自一九七〇到二〇〇〇年間則是持續平穩上升（儘管其比較基準較低）。與此同時，長期失業人口（連續六個月以上無法找到工作）在失業人口中的比率持續增加，由一九七九年的百分之八．六擴大到今日的百分之二十六．一。綜合以上情況顯示美國自一九六五年以來已有逾一千萬個中級技能工作消失。此外，美國勞工統計局預測，到了二〇五〇年，美國男性的勞動力參與率會比一九五〇年頂峰時減少二十個百分點，女性的勞動力參與率也會比二〇一〇年頂峰時減少六個百分點。

第七章　全面分裂

1. 根據經濟學人雜誌二〇一五年五月二十八日出刊期指出，在一九七〇年，美國受過高等教育的白人有百之七十三；勞工階層白人有百分之六十七表示婚姻生活非常美滿。現今受過高等教育的專業人士表示婚姻美滿的比率與一九七〇年差不多，但是勞工階層的比率降到百分之五十左右。
2. 調查顯示，美國富人比較支持對社會福利金的發放給予時間限制，也比較支持削減最高邊際稅率、資本利得稅與房產稅。他們也比較不支持全民健保計畫。
3. 根據調查，美國中產階級家庭所得減少兩萬美元以上的機率在一九九〇到二〇〇三間增加四分之一，而所得損失百分之五十以上的機率在一九七〇到二〇〇〇年間增加一倍。
4. 財經專家萊絲麗．阿布雷希特（Leslie Albrecht）指出，美國銀行家典型手表是勞力士地通拿（Rolex Daytona），零售價在一萬二千五百美元左右，不過較高層的銀行家例如執行董事，可能比較更偏愛售價在四萬美元以上的百達翡麗手表。
5. 根據紐約時報指出，非傳統的特約豪華醫療保健服務市場快速擴張。最近一項調查顯示特約醫生人數在一年間成長百分之三十。另一項調查顯示，每十五位傳統醫生就有一位計畫在未來三年內改做特約醫師。
6. 根據皮尤研究中心的調查，在二〇〇〇到二〇一四年間，美國兩百二十九個大都會區中有兩百零三個的中產階級家庭比率都告減少，同期一百七十二座城市中有一百六十座城市的低所得與高所得家庭比率都告增加。

第八章　不均擴大有如滾雪球

1. 根據金融評論（Review of Finance）指出，上世紀中期的企業有百分之九十的商業投資都是來自內部資源，然而現今公開上市企業只保留百分之十二的獲利，百分之六十的新支出是來自內部資金，而且僅有百分之二十七的主要支出是來自過去的獲利。
2. 二〇〇〇年到二〇〇八年，由於房貸證券化獲利頗豐，華爾街銀行紛紛收購信貸業者，以確保能獲得新的房貸資源供應來進行證券化與交易。
3. 股票與股票選擇權相關的薪酬方案：企業執行的薪酬方案已由固定薪資轉向與股票表現相關的報酬。在一九九〇到二〇一五年間，標普一千五百家企業執行長薪酬方案中非股票部分僅小幅增加，由平均一百二十美元增到一百五十萬美元，但是與股票相關部分則是成長三倍，由平均八十萬美元到兩百五十萬美元。
4. 根據管理顧問公司博斯艾倫漢密爾頓（Booz Allen Hamilton）「風口浪尖（The Crest of the Wave）」的研究報告指出，在二十一世紀交替之際，股市分析師將某支股票的投資建議降級的行動，例如將買進降為持有，或將持有降為賣出，會導致該公司執行長在六個月內遭到開除的機會增加一半。在一九九五到二〇〇五年間，全球兩千五百大企業因為股票表現不佳而下台的執行長增加四倍。
5. 在上世紀中期主導企業法律事務的新教諮詢業者視企業破產或企業收購為律師無法勝任職責而被迫採取的行動。這些新教諮詢業者大都排拒猶太人，然而華奇泰爾與世達則是僱用猶太人（這兩家律師事務所的創辦人都是猶太裔）從事新教諮詢業者所不願碰觸的業務。華奇泰爾的成功見證了菁英主義在法律業界的興起與成為主導的力量。
6. 根據美國經濟政策研究所（Economic Policy Institute）指出，美國企業執行長現今所得是全國所得中間值的三百倍。

在二〇一〇年，美國所得分配最高百分之一的所得約占了所有所得的百分之二十，所擁有的上市股票約占美國家庭所擁有全部的百分之三十五，而在所得分配底部百分之九十的階層則僅擁有百分之十九．二的股票。

7. 德國企業在政府支持下擁抱職業教育計畫，有百分之七十以上的德國年輕勞工都受過正式的工作場所培訓。根據OECD調查，德國有百分之七十一．五的年輕勞工都曾接受正式培訓，美國勞工在其工作頭七年內接受正式培訓的比率只有百分之十．二，日本與法國此一比率分別是百分之六十七．一與百分之二十三．六。

第九章　菁英主義的迷思

1. 土地是歐洲古代財富的最大來源，此一情況一直持續新大陸的發現與美國建國初期。在美國革命戰爭期間，土地（包南方的奴隸）約占了美國財富的三分之二到五分之四。在美國南北戰爭爆發之初，土地約占美國財富的三分之二。

2. 根據宏觀經濟手冊（Handbook of Macroeconomics），美國上世紀中期的人均GDP成長率甚至超過近幾十年來經濟不均日益擴大時期的水準。在一九五〇到一九七三年間，美國人均GDP平均每年成長百分之二．五，然而在一九七三到二〇〇七年間，每年僅成長百分之一．九三。勞動生產力也是如此。根據美國勞工統計局的資料，在一九五〇到一九六九年間，美國勞動生產力平均一年成長百分之二．四，一九八〇到二〇〇九年間，勞動生產力平均一年只成長百分之二。事實上，美國勞動生產力成長率在一九六〇年代達到頂峰，為百分之三十，自此之後再也沒有達到此一水準，七〇年代是百分之十九、八〇年代是百分之十六、九〇年代是百分之二十，二〇〇〇年代是百分之二十五。更值得注意的是總要素生產力——不包括資本與勞動力等傳統要素的生產力——在近幾十年經濟不均擴大時期的成長率還不如上世紀中期。在一九八〇到二〇〇九年間，總要素生產力平均一年成長百分之〇．九，低於一九五〇到一九六〇年間的百分之一。這些資料在在顯示菁英技能儘管為超高技能階層帶來高所得，但是在社會生產淨值上卻沒有什麼貢獻，而且也無助於帶動上世紀中期的產出增加。諾貝爾經濟獎得主羅伯特．索洛（Robert Solow）就曾表示，「令人感到羞愧的是，在眾人都感受到科技革命為我們的生產帶來改變的同時，生產力成長率卻是不增反減。」

結論　我們該怎麼辦？

1. 有近百位大學校長最近簽署了一份文件，反對大學排行榜的製作，同時承諾減輕學生申請入學的壓力。二〇〇八年美國大學參加美國新聞與世界報導大學排行榜的比率由二〇〇二年的百分之六十七降至百分之四十六。
2. 有些大學已找到大幅降低高品質教育成本的方法，如亞歷桑納州立大學與星巴克合作，將學費補貼列入公司員工福利之中。
3. 邊際聯邦稅率：自一九八二年以來，最高邊際聯邦稅率就未曾超過百分之五十。與此同時，社會福利薪資稅率則是自一九八二年的百分之十・八升至一九九〇年的百分之十二・四，此後即維持穩定。這兩項稅率對中產與中上層階級造成沉重負擔。例如在一九九〇年，一對夫婦每人年所得是十萬美元，會面臨百分之四十五・四的邊際聯邦稅率，然而某人若是年所得在一百萬美元，其邊際聯邦稅率卻是百分之二十八。二〇〇〇年，中上層階級夫婦的邊際稅率是百分之四十二・九，一位百萬富豪的邊際稅率卻是百分之三十九・一。在二〇一〇年，中上階層夫婦的邊際稅率是百分之四十・四，百萬富豪卻是百分之三十五。邊際稅率夫婦的影響大於個人是因薪資稅是以個人，而不是夫婦的薪資為計算依據，不會像所得稅那樣因配偶沒有所得而減少。

此外，許多擁有超高技能的菁英的酬勞是所謂的附帶權益（如對沖基金經理人），也有許多創業家的酬勞是公司股票，他們都能輕易避開漸進式的所得稅，並且透過操作改為課以稅率相對較低的資本利得稅。資本所得的邊際稅率要比薪資稅低得多，而且資本利得稅往往可以延後繳納。川普的稅改雖然有些後退，不過確實有助減輕中產階級勞動所得的稅賦壓力。

圖表

圖一：各所得階層平均每週工時
（十年移動平均線）

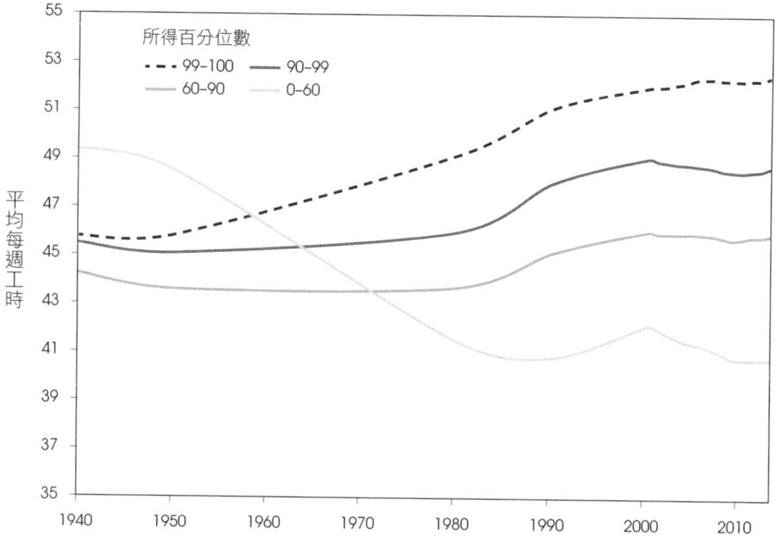

圖一顯示所得與勤奮間關係在過去四分之三世紀的演變。今天在所得分配底部百分之六十的勞動者每週工時要比一九四〇年時減少近十小時，相當於減少百分之二十左右。所得分配在他們之上百分之三十的勞動者（所得分配在第六十到第九十百分位數者）的工作時數在同期間大致維持平穩。但是在所得分配最高十分之一的工作時數，則是隨著這批菁英階層所得提高而增加。尤其是所得分配最高百分之一階層的每週工作時數增加近七小時，比其他任何所得階層都要高。更特別的是這百分之一階層的工作時數即使在進入二〇〇〇年代之後依然繼續增加。此一趨勢力量強大。在上世紀中期，所得分配最高百分之一階層每週工作時數要比在底部百分之六十階層的減少三到四小時，然而今天前者每週工作時數卻比後者多出十二小時左右。兩者相加（所得分配最高百分之一者今天平均每週工作時數增加的十二小時與過去減少的四小時），大約是十六個工作時數，相當於每週多出兩個正常的工作天。最後，這些數字 —— 由於只是調查全職非自僱型壯年男子的資料 —— 因此可能還低估了趨勢的強度。最重要的是此一統計並未包含失業與勞動力參與相關趨勢，這些趨勢都在在顯示由中產階級轉向菁英階層的變化。

圖二：所得貧困、消費貧困，所得分配最高百分之一者的所得占比（五年移動平均線）

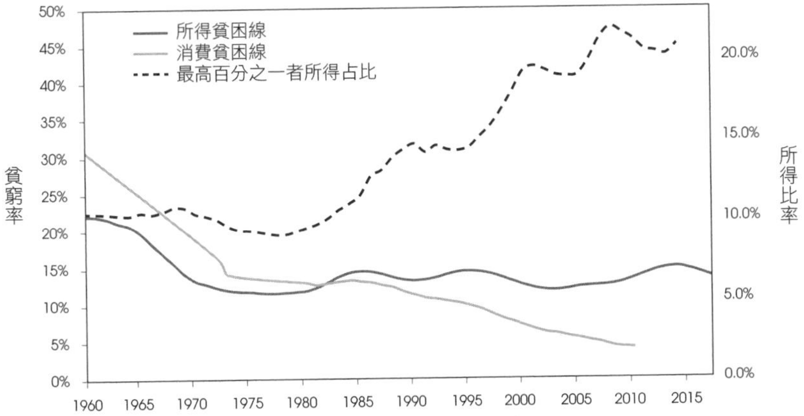

圖二顯示所得貧困、消費貧困（左座標）與最高所得百分之一者所得占比（右座標）間自一九六〇年，即是自大壓縮時代的中心直至邁入新千禧年這段期間的關係變化。兩條代表貧困的灰線都呈明顯下降。雖然精確的趨勢取決於如何計算，不過貧困程度已降至一九六〇年水準的二分之一到六分之一之間。所得貧困率由百分之二十二．五降至約百分之十二。消費貧困率也由百分之三十一取到百分之五以下。反觀代表財富的黑色虛線則是向上傾斜：所得分配最高百分之一階層所占有的經濟優勢比率自一九六〇年以來已擴大一倍 —— 所得分配最高百分之一階層所得占比由百分之十增到百分之二十的水準。

圖三：高、中、低所得間的長期比率
（五年移動平均線）

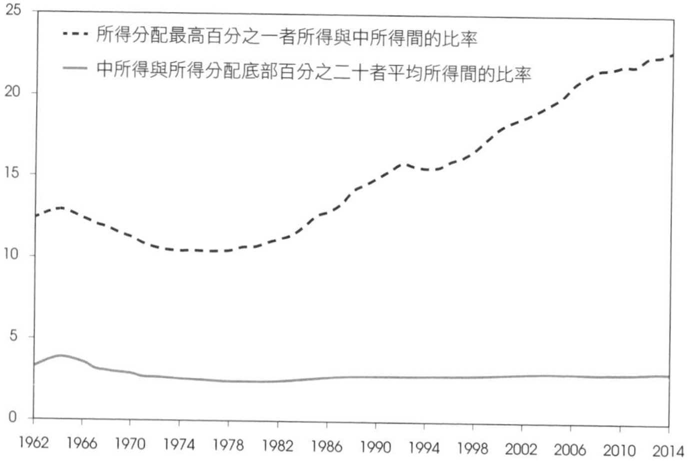

圖三顯示所得分配中主要階層間稅後所得的關係。向上傾斜的黑色虛線代表最高所得百分之一者平均所得與中產階級（所得分配在第五十百分位者）所得間的比率向揚。這表示相對於中產階級，富人越來越富有 —— 令中產階級望塵莫及 —— 今天最高所得百分之一階層的平均所得是中所得的二十倍以上，而且也是一九六〇年代與七〇年代同一階層平均所得的兩倍。淺色線是中所得與所得分配中最貧窮的百分之二十階層間的比率。淺色線走低顯示相較於低所得者，中所得者今天所得增加還不如上世紀中期 —— 形成貧窮階級與中產階級重疊。

圖四：美國所得分配最頂端、底部，以及吉尼係數（五年移動平均線）

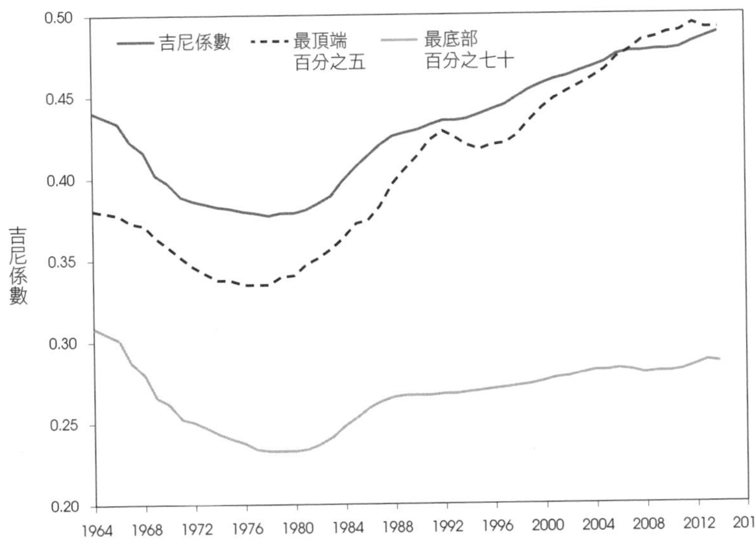

圖四是以三種方式來計算美國的吉尼係數。向上傾斜的深灰色曲線顯示的是美國整體經濟的吉尼係數。它向上揚升意味美國經濟不均情勢快速惡化，一九六四年時的情勢還與挪威相當，然而現今已是印度的水準。淺灰色曲線較不常見，它顯示的是美國所得分配底部百分之七十的吉尼係數，此一資訊並非來自所得的重分配，而是扣除所得分配在上部百分之三十的家庭所得。該數字顯示在所得分配底部的吉尼係數自上世紀中期以來即告下降（降幅在百分之十左右），因此也意味美國所得分配底部十分之七的不均情勢有所趨緩。最後，明顯上升的黑色虛線是代表美國所得分配最高百分之五的吉尼係數，其資訊取得是來自扣除所得分配在其之下的百分之九十五的家庭所得。該曲線意味富人間的不均情勢快速加劇。同時，廣大底部間與富人間不均情勢的差距 — 黑色虛線與淺灰色曲線間的差距 — 在一九六四到一九八四年間還維持平穩，但是自一九八四年開始明顯擴大。經濟不均的重心已移往所得分配的上部。黑色虛線與深灰色曲線最近交會：富人間的不均情勢現今已超過美國整體經濟，這樣的情況在上世紀中期根本難以想像，當時經濟不均的重心是在窮人與中產階級之間。

圖五：依據所得與教育水平的教育支出比率
（五年移動平均線）

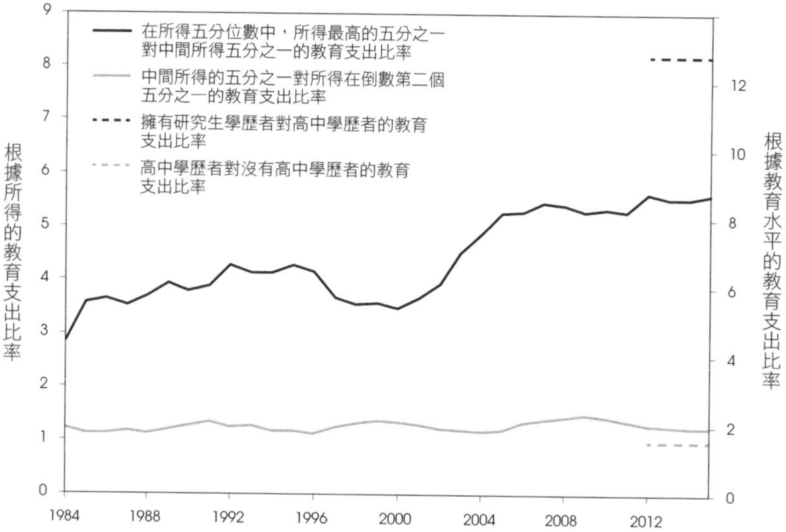

圖五顯示富人與中產階級家庭之間，中產階級與貧窮家庭間的教育支出比較關係。該圖顯示相較於中產階級對子女的教育投資，富有家庭對子女的教育投資大幅增加。在此同時，相較於貧窮家庭，中產階級家庭對子女的教育投資則是持平。其次，兩條明顯較短的曲線——分別代表超高學歷家庭對一般學歷家庭的教育支出比率；一般學歷家庭對低學歷家庭的教育支出比率——證實了第一個趨勢所言。在學歷方面對菁英階層的取樣範圍明顯較所得方面的狹窄，不過由此所顯示菁英階層相較於中產階級在教育投資上大幅增加的情況反而更加明顯。

請注意顯示教育支出比率的本圖與顯示所得比率的圖三間的關係密切。這兩圖都顯示在上世紀中期間維持穩定，而當時的不均主要是聚焦在中產階級與貧窮階級之間，但是後來重心移轉（自一九八〇年代某一時間開始），在新秩序下，高階層逐漸與中階層分離，而中階層則是與底部階層逐漸融合。

圖六：90/50 與 50/10 所得百分數的閱讀與數學成績差距

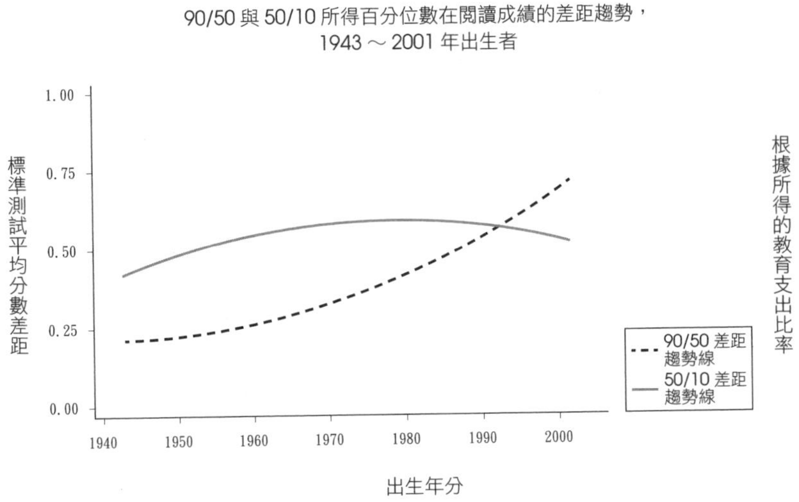

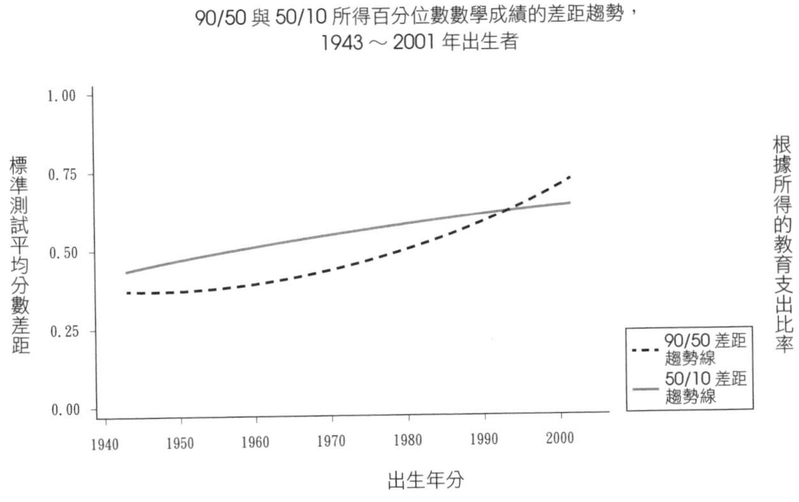

圖六（上圖與下圖）是由社會學家西恩．理爾頓（Sean Reardon）製作的，顯示所得分配第九十百分位與第五十百分位，與第五十百分位數和第十百分位間在閱讀與數學上的學業成績差距。由此可以發現 90/50 間的差距自上世紀中期逐漸擴大，而且自一九七〇年代初期開始加速擴大。反之，50/10 間的差距擴大速度緩慢，甚至開始縮減（閱讀方面）。綜合來看這兩項趨勢，發現上世紀中期 50/10 間在閱讀上的差距大約是 90/50 間的一倍，前者在數學上的差距也比後者高出三分之一，但是到了一九九〇年代中期，90/50 的差距開始趕上前者。同時，90/50 間的差距開始持續擴大，然而 50/10 間的差距的差距卻開始減緩，甚至縮小。今天，富人與中產階級子女間在閱讀與數學這兩方面的學業成績差距，分別要比中產階級與貧窮階級間差距高出四分之一與三分之一。

請再次注意顯示學業差距的本圖與顯示所得比率的圖三間關係密切。這兩圖都顯示在上世紀中期間維持穩定，而當時的不均主要是聚焦在中產階級與貧窮階級之間，但是後來重心移轉（自一九八〇年代某一時間開始），在新秩序下，高階層逐漸與中階層分離，而中階層則是與底部階層逐漸融合。

圖七：金融部門 GDP 占比、就業人口占比，以及相關所得比率與教育差距，一九四七年至二〇〇五年（五年移動平均線）

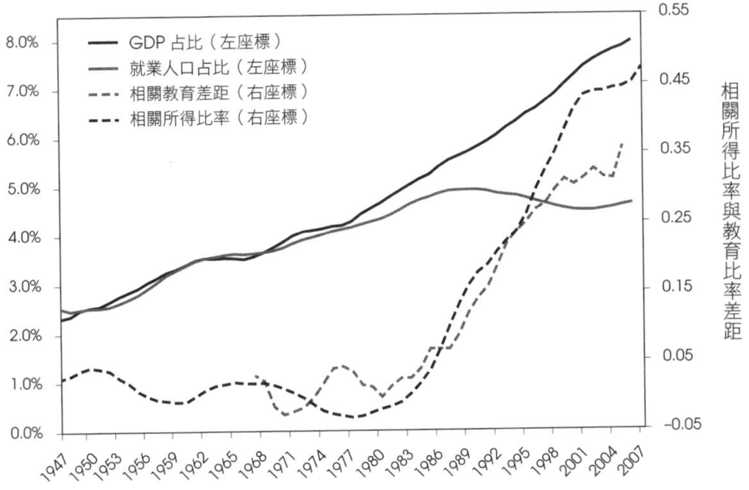

圖七顯示兩對趨勢——左座標是金融部門過去七年期間的產出與就業人口，右座標是相關所得與教育。自二戰結束一直到一九七〇代末期，金融業都是以中級技能為主的產業，靠著僱用更多的人員來推動成長。在這段期間，金融部門占 GDP 與總就業人口比率相偕成長。同時，和其平均生產力一樣，金融業的教育水平與薪資待遇與其他產業也大致相當。不過自一九八〇年代開始，金融業占 GDP 比率快速成長，儘管其就業人口維持平穩，甚至有所減少。同時，金融業員工相對上揚的生產力（由於人員相對減少，生產力因而相對提高），也伴隨著他們教育與所得水準同步走揚。請注意，儘管本圖並未包含數字，不過在這兩個時期，金融業所得占總所得比率都是與其產出占 GDP 比率同步走升。換句話說，金融業人員所得增加並非因為擴大其自生產收取的部分，他們不斷增加的高薪待遇主是集中在相對少部分持續擴大的菁英人員，自一不斷成長的部門穩定收割其中利益。

圖八：常規工作與非常規工作技能就業人口比率變化

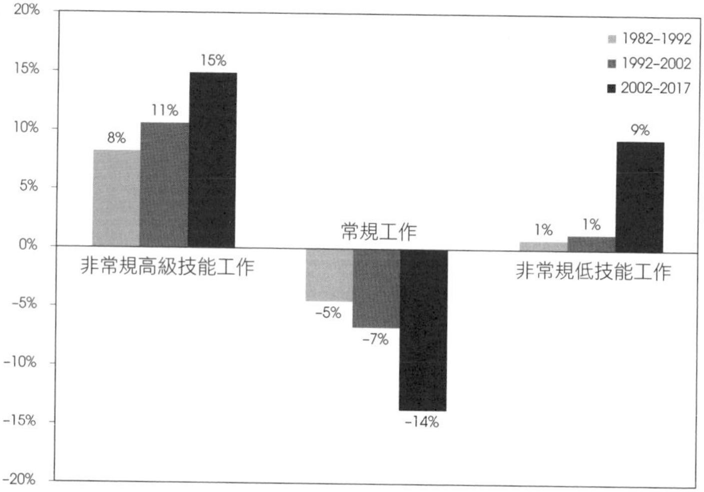

圖八是由經濟學家尼爾・傑莫維奇（Nir Jaimovich）與亨利・蕭（Henry Siu）製作的，顯示在過去三十年間中級技能常規型工作的流失、低技能非常規工作溫和成長，以及高技能非常規工作大幅成長的情況。總體而言，自一九八〇年以來，美國經濟中有近四分之一的中級技能工作都告消失，而高技能工作比率則是增加近三分之一。

圖九：根據教育水準的所得區塊（平滑曲線）

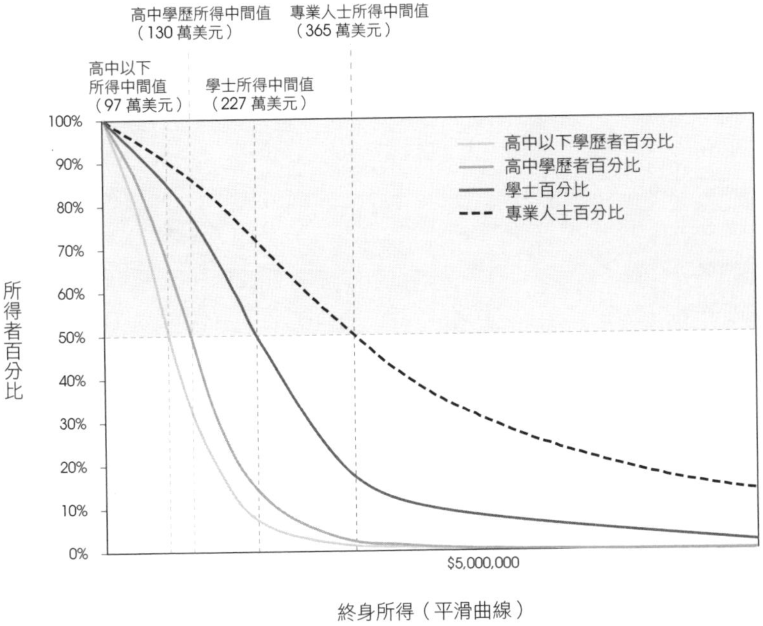

圖九是根據教育水準形成的所得區塊。此圖所得區塊顯示的資訊完整而且驚人。只有百分之七．三的高中以下學歷勞工與百分之十四．三的高中學歷勞工才能賺得大學學歷者的所得中間值。只有百分之一．三的高中以下學歷者與百分之二．四的高中學歷者與十七．二的學士才能賺得專業研究所學歷者的所得中間值。這些數字顯示低教育水準與高教育水準的勞動者簡直就是住在兩個幾乎永不交會的兩個世界。低教育水準的人在求職時需要面對經常性去道德化的壓力，然而與此同時（相反於與外界所傳大學畢業生仍住在父母房子地下室的故事）高等教育學歷者則擁有充分就業的優勢。此外，找到工作後，在教育水準底部二分之一的勞工，每五十人只有一人才能賺得教育水準最高百分之二十者的所得中間值。

圖十：所得分配底部百分之九十之平均所得、人均消費與債務（十年移動平均線）

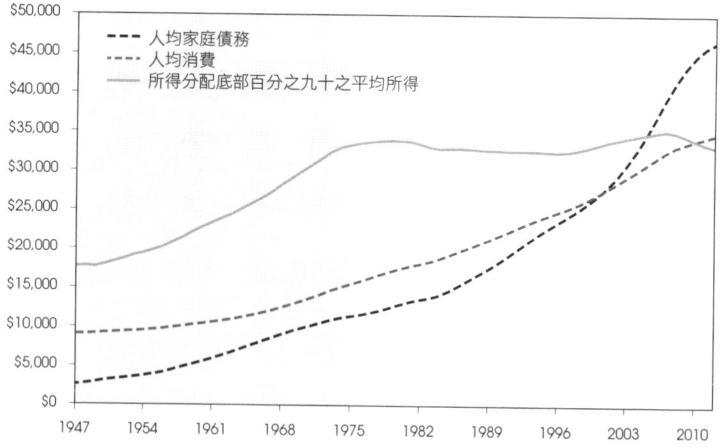

圖十顯示自一九四七年到二〇一〇年美國所得分配在底部百分之九十的人均消費、家庭債務與平均所得。在這七十年間，消費穩定增加。反之，所得與負債的趨勢則都顯得有些扭曲，而且形成相互對照的現象。美國所得分配底部百分之九十的平均所得在一九四七到一九七五年間穩定增加（或多少與消費同步），然而自此幾乎完全停止成長，儘管消費仍在持續增加。反之，平均負債在一九四七到一九七五年間的成長較所得緩慢，但是在所得停止成長幾年後即出現明顯上揚（多少與仍在持續增長的消費同步）。此一模式明確無誤地顯示：中產階級生活水準提升，有一段時間是受其所得增加的支撐所致，但是大約自一九七五年開始直至今日，所得成長停滯，債務則告增加。面對不斷加劇的不均情勢，美國挹注中產階級的生活方式不是靠重分配，而是舉債。在所得不足下，舉債成為支撐消費的力量。在經濟不均的陰影下，以發薪日貸款為基本模式的信貸發行已越來越成為中產階級家庭的日常用品。

圖十一：技能與教育投資之收益

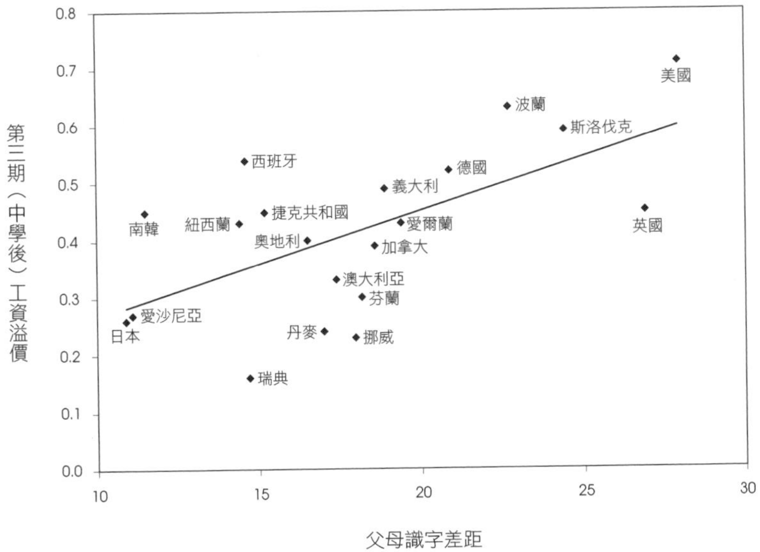

圖十一顯示 OECD 國家教育投資不均與技能收益間的關係。縱座標顯示大學工資溢價，乃是根據擁有大學學歷者工時中間值對沒有大學學歷者間的比率而得，是一直接顯示技能經濟報酬的指標。橫座標則是顯示父母教育程度對子女技能的影響（主要是根據一項國際測試機制的結果，該測試旨在「理解、使用、思考與從事作文，以達成其目標，發展其知識與潛能，進而投入社會參與」）。由於父母的教育程度與對子女的教育投資關係密切，由此即可顯示一個社會對培訓的注重程度。第三級教育工資溢價與父母教育對子女技能影響間的關係，顯示各國間對技能的崇拜與培訓的熱衷並非個別，而是群體的現象。

圖十二：子女所得超過父母的機率

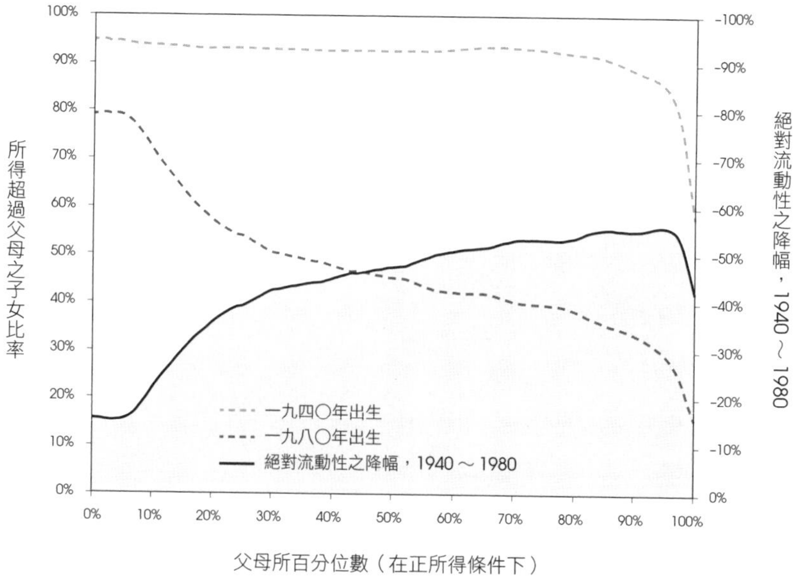

圖十二是根據父母所得百分位數，在上世紀中期與今日子女所得超過父母的比率。淺灰色虛線是顯示一九四〇年出生子女在上世紀中期的社會流動性。令人驚訝的是幾乎所有的子女——橫跨整個所得百分位數——所得都超過他們的父母，只除了父母所得在最頂端的子女，因為對他們而言，父母的所得無可避免地為他們設立了一個高門檻。深灰色虛線則是顯示一九八〇年出生子女的情況，在所有所得百分位數都下降，主要是因為經濟在最近幾十年間成長趨緩。不過此一曲線的形狀也大不相同。對於出生在一九八〇年的子女，由於父母所得提高脫離貧窮，子女所得超越父母的機率下降，接著降幅趨緩，然後到了父母非常富有的級別，子女所得超越父母的機率又告明顯下降（高所得父母再次為子女設下高門檻）。最後，黑線是顯示菁英體制不均對絕對流動性的影響。該曲線顯示上述兩個出生群的絕對流動性不論是哪個所得分配百分位數都告下降。子女流動性降幅最大的是父母所得位於第二十到第九十五百分位數的區間——這也正是受薪資成長停滯打擊最重的廣大中產階級。

表一：菁英階層與中產階級對子女教育投資的比較

人生階段	菁英投資	中級投資	投資差距
學前教育	二年學前教育，每年 15,000 美元	一年學前教育，一年 5,000 美元	三歲→ 15,000 美元 四歲→ 10,000 美元
中小學教育	7 年小學教育（K-6），每年 25,000 美元 6 年初中與高中教育，每年 60,000 美元 13 年的補習與充實教育支出，每年 9,000 美元	7 年小學教育（K-6），每年 10,000 美元 6 年初中與高中教育，每年 10,000 美元 13 年的補習與充實教育支出，每年 1,500 美元	5-11 歲，每年 15,000 美元 12-17 歲，每年 50,000 美元 5-17 歲，每年 7,500 美元
大學	4 年，每年 90,000 美元	0 美元，美中產階級不上大學	18-21 歲，每年 90,000 美元
研究所與專業學院	2-7 年，每年 90,000 美元	0 美元，美中產階級不上研究所或專業學院	22-28 歲，每年 90,000 美元

表一是以粗估的數字與保守的計算來顯示最高所得百分之一者與典型中產階級每年對子女人力資本投資的差異。本表的數字毫無疑問低估了菁英與一般階層對子女教育投資的差距。本表僅是以金錢來衡量教育的投資，並沒有包括非金錢方面的投資，因此所顯示的是投資金額而非品質。本表並沒有估算如降低初生兒壓力、增進住家環境安全性、額外的育兒時間、有錢父母對子女提供的教育，或是經常與受過培訓的孩童相處的同儕效應，或是富有與受過高等教育的父母能夠教導子女的特殊技能等方面的金錢價值。不過本表的數字確實能夠顯示現代菁英階層對子女教育的投資情況。

表二：菁英遺產總值之計算

子女接受教育投資之年齡	距離父母去世時間	複合因素		支出差距（美元）	父母去世時收益（美元）	
		8%	6%		8%	6%
3	47	37.2	15.7	15,000	558,000	232,500
4	46	34.5	14.6	10,000	345,000	146,000
5	45	31.9	13.8	22,500	717,750	310,500
6	44	29.6	13.0	22,500	666,000	292,500
7	43	27.4	12.3	22,500	616,500	276,750
8	42	25.3	11.6	22,500	569,250	261,000
9	41	23.5	10.9	22,500	528,750	245,250
10	40	21.7	10.3	22,500	488,250	231,750
11	39	20.1	9.7	22,500	452,250	218,250
12	38	18.6	9.2	57,500	1069,500	529,000
13	37	17.2	8.6	57,500	989,000	494,500
14	36	16.0	8.1	57,500	920,000	465,750
15	35	14.8	7.7	57,500	851,000	442,750
16	34	13.7	7.3	57,500	787,750	419,750
17	33	12.7	6.8	57,500	730,250	391,000
18	32	11.7	6.5	90,000	1,053,000	585,000
19	31	10.9	6.1	90,000	981,000	549,000
20	30	10.1	5.7	90,000	909,000	513,000
21	29	9.3	5.4	90,000	837,000	486,000
22	28	8.6	5.1	90,000	774,000	459,000
23	27	8.0	4.8	90,000	720,000	432,000
24	26	7.4	4.5	90,000	666,000	405,000
25	25	6.8	4.3	90,000	612,000	387,000
繼承總值					16,841,250	8,773,250

表二是利用表一的數字來計算菁英遺產總值，即是假設這些菁英教育支出如果用來儲蓄或是進行投資，在父母去世後遺贈給子女時的總值是多少。

這樣的估算需要菁英學生在研究所與專業學院研讀的時間有多少，更重要的是還須假設父母何時生下孩子、他們何時去世，以及他們的投資酬率。表一是顯示菁英學生在研究所與專業學院的時間是二到七年，表二則是採取兩者間大約的中間值，四年。同時，表二是假設菁英父母是在三十歲時生下第一個孩子，在八十歲時去世，年投資報酬率是百分之八。強度檢驗是假定為較低之百分之六的均報酬率。

這些假設都相當保守。擁有學士學歷之女性生下第一胎的年齡大約是三十歲，美國所得分配最高百分之一者的平均預期壽命，男性為八十七歲，女性為八十九歲。在股利再投資下，標準普爾五百指數自一九八〇年到二〇一八年的年名義回報率將近百分之十一·五%，而平均一年的實質回報率是約百分之八。同樣的，美國股市自一九二六年到二〇一五年的平均每年實質回報率，根據使用芝加哥大學證券研究中心 1-10 指數（CRSP 1-10 Index）與美國都市消費者物價指數（CPI-U Index）的計算，為百分之八·六。

next 292

菁英體制的陷阱

社會菁英為何成為威脅平等正義、助長貧富不均，甚至反噬自己的人民公敵？

THE MERITOCRACY TRAP

How America's Foundational Myth Feeds Inequality, Dismantles the Middle Class, and Devours the Elite

作者	丹尼爾．馬科維茨（Daniel Markovits）
譯者	王曉伯
主編	王育涵
責任編輯	王育涵
責任企畫	林進韋
封面設計	張巖
內頁設計	張靜怡
總編輯	胡金倫
董事長	趙政岷
出版者	時報文化出版企業股份有限公司 108019 臺北市和平西路三段 240 號 7 樓 發行專線｜ 02-2306-6842 讀者服務專線｜ 0800-231-705 ｜ 02-2304-7103 讀者服務傳真｜ 02-2302-7844 郵撥｜ 1934-4724 時報文化出版公司 信箱｜ 10899 臺北華江郵政第 99 號信箱
時報悅讀網	www.readingtimes.com.tw
人文科學線臉書	http://www.facebook.com/jinbunkagaku
法律顧問	理律法律事務所｜陳長文律師、李念祖律師
印刷	綋億印刷有限公司
初版一刷	2021 年 7 月 30 日
初版三刷	2023 年 12 月 16 日
定價	新臺幣 580 元

時報文化出版公司成立於一九七五年，並於一九九九年股票上櫃公開發行，於二〇〇八年脫離中時集團非屬旺中，以「尊重智慧與創意的文化事業」為信念。

ISBN 978-957-13-9197-7 ｜ Printed in Taiwan

菁英體制的陷阱：社會菁英為何成為威脅平等正義、助長貧富不均，甚至反噬自己的人民公敵？／丹尼爾．馬科維茨（Daniel Markovits）著；王曉伯譯．｜ -- 初版．-- 臺北市：時報文化，2021.08
448 面；14.8×21 公分．｜譯自：The meritocracy trap: how America's foundational myth feeds inequality, dismantles the middle class, and devours the elite. ｜ ISBN 978-957-13-9197-7（平裝）
1. 中產階級 2. 知識分子 3. 階級社會 4. 美國｜ 546.16 ｜ 110010505